O LUGAR DE PORTUGAL NA HISTORIA DO IRÃO

MITRA SHAHABI

2016

Apoio Financeiro da Foundação Calouste Gulbenkian

FUNDAÇÃO
CALOUSTE
GULBENKIAN

Direitos Autorais 2016
Mitra Shahabi
Todos os direitos reservados, incluindo o direito de reprodução, no seu todo ou em parte, sob qualquer forma..

Title: O LUGAR De PORTUGAL Na HISTORIA Do IRAO (The PORTUGAL Place in IRAN's History): (In Persian and Portuguese version)
Author: Mitra Shahabi
ISBN: 978-1-939123-80-0
Publisher: Supreme Century, USA

Prepare for publishing by FastPublication

Agradecimentos

Gostaria de exprimir a minha sincera gratidão à Fundação Calouste Gulbenkian pelo apoio ao projeto, concedendo-me uma bolsa de estudos.

O meu agradecimento especial ao meu caro orientador Professor Doutor António Nuno Rosmaninho Rolo que gentilmente e pacientemente me orientou e apoiou com os seus imensos conhecimentos, comentários e sugestões detalhadas e construtivas sobre o projeto ao longo deste ano.

4

Preâmbulo

Este livro conta uma história que, obscurecida pela distância e colorida pela lenda, se encontra no imaginário de todos os Portugueses. A presença portuguesa no Irão teve uma importância estratégica nos séculos XVI e XVII e, no contexto dos Descobrimentos, constitui um elemento identitário sujeito a persistentes reivindicações. E contudo a história condicionada pelo patriotismo não pode prevalecer sobre o exame dos documentos.

A pesquisa empreendida por Mitra Shahabi graças a uma bolsa da Fundação Calouste Gulbenkian apresenta, com notável equilíbrio, os aspectos políticos e militares dessa relação atribulada e violenta que se estendeu até meados do século XVIII e sobre a qual devemos meditar para compreender os impulsos de domínio, a busca de riqueza e os laços históricos formados nessas condições. A autora mostra-nos Afonso de Albuquerque irrompendo no Golfo Pérsico, pelejando com ímpeto, exercendo a força, alterando os equilíbrios políticos e comerciais. Apresenta-nos a ascensão do poder português na Ásia e o seu declínio.

A novidade deste trabalho reside, para o leitor de Português, no facto de a narração político-militar assentar nas fontes e nos ensaios em língua Persa. A presença portuguesa nesta região é parte de uma dinâmica histórica que inclui a preponderância do Império Otomano, a posterior chegada dos Holandeses e dos Britânicos e a própria capacidade governativa dos sucessivos Xás da dinastia Safávida. O poder militar e político dos Portugueses tanto aproveita as preocupações do Irão com os Otomanos como se reduz em face da invulgar capacidade governativa de Abbas I, tanto altera as regras do comércio mundial como a seguir declina com o avanço das outras potências marítimas europeias.

A presente obra, que tive o prazer de acompanhar, constitui um contributo muito apreciável para o estudo da cultura portuguesa na Ásia. Faço votos para que seja o primeiro de muitos. Mercê das suas qualificações e da sua capacidade de trabalho, Mitra Shahabi está em perfeitas condições para prosseguir a investigação das ligações históricas entre o Irão e Portugal.

Nuno Rosmaninho
Universidade de Aveiro, Julho de 2016

Prefácio

Este livro, realizado a partir do estudo das obras de historiadores e autores persas, pretende expor a presença dos Portugueses no Irão durante a dinastia safávida.

A relação entre Portugal e o Irão aumentou e ganhou importância entre 1507 e1750 (Teles e Cunha, 2015); isto é, no período da dinastia safávida no Irão. Este livro apresenta uma sequência de eventos, focalizando o papel de Portugal na formação história do Irão nessa época. O meu interesse surgiu com a tradução para persa (Shahabi, 2015) do ensaio de Teles e Cunha (2015) intitulado "Olha da Grande Pérsia o Imperio Nobre: Relações Entre Portugal e a Pérsia na Idade Moderna (1507-1750)". O trabalho foi o resultado de um projeto conjunto de cooperação entre a Secretaria de Estado da Cultura de Portugal, a Fundação Calouste Gulbenkian, o Arquivo Nacional da Torre do Tombo (Lisboa), e a Embaixada do Irão em Lisboa.

O livro bilingue foi muito bem recebido e apreciado pelas autoridades dos dois países, considerando-se um passo importante na promoção das relações entre as duas nações. A obra foi lançada em Portugal, na Fundação de Calouste Gulbenkian, no âmbito de uma exposição com o mesmo título, na presença do Ministério da Cultura do Irão e da Secretaria de Estado da Cultura de Portugal, e no Irão, com a presença dos Ministérios dos Negócios Estrangeiros dos dois países.

O trabalho de Teles e Cunha partiu do exame de documentos, relatórios e outras fontes portuguesas. O presente livro analisa os mesmos factos históricos na perspectiva dos historiadores iranianos, a fim de esclarecer como o Irão vê a contribuição de Portugal para a sua história.

Neste contexto, acredito que a história dos países fica mais rica quando é estudada por historiadores de diferentes nacionalidades, especialmente quando esses historiadores revelam sentimentos de pertença e perspectivas culturais muito diferentes. Fazendo isso, obtêm-se dados mais completos ou confiáveis que podem ter sido ignorados, não revelados, ou falsificados em alguns escritos. Neste sentido, não se deve ignorar que os historiadores têm a sua própria visão quando escrevem sobre os eventos. Ou seja, eles provavelmente nunca escrevem toda a *verdade*. Eles escrevem de acordo com as normas e necessidades do seu próprio tempo e com a finalidade que cada época atribui à própria historiografia. A história, condicionada pela subjectividade dos historiadores e pelas convicções patrióticas, religiosas, étnicas e sociais, sofre muitas vezes supressões e adições, falsificações e adaptações (Burns, 2006). Mesmo as pessoas que procuram deliberadamente a objectividade sabem que têm de escolher o ângulo de estudo, de cuidar da escrita e de lutar contra a tendência para satisfazer as suas crenças, as suas opiniões e os seus sentimentos.

Em suma, este livro apresenta o lugar de Portugal na história do Irão na perspectiva dos autores persas. Os dados coligidos, originalmente em língua persa, foram compilados numa ordem coerente, em Inglês, e traduzidos para Português. A tradução forma a segunda parte do livro, de modo que leitores interessados e estudiosos, tanto iranianos como portugueses, possam consultá-lo. As informações provêm de recursos de biblioteca e de sítios na internet. O foco está nos aspectos da história do Irão em que Portugal desempenhou um papel relevante.

Seria desejável que, num próximo estudo, pudesse comparar as duas abordagens historiográficas, portuguesa e persa, e preparar um livro que expusesse as diferenças culturais subjacentes.

Como se conclui das fontes listadas em cada capítulo, valorizei as obras de Parsadust (2011) e Vosughi (2013). Cada autor, dependendo dos seus objectivos, destaca um determinado período, um reino específico, questões geográficas particulares, conquistas, explorações e poderes peculiares, e fá-lo clareza e detalhes variáveis. Por exemplo, Falsafi (1982), no livro *A história das relações* entre o Irão e a Europa na era Safávida: relações do Irão com Portugal, Espanha, Holanda, Grã-Bretanha e Alemanha, concentrou-se mais na história do Xá Abbas. A este respeito, Vosughi (2013) escreve que, em relação à história das alterações relacionadas com a presença de Portugal no Oriente, especialmente no Irão, Falsafi destaca mais a história das relações diplomáticas portuguesas no Irão no período Safávida, especialmente no período do Xá Abbas I, e Ghaem Maghami salienta a questão de Ormuz nas relações entre o Xá Abbas e os Portugueses.

Espero que este livro seja um guia útil e valioso para os historiadores e um estímulo para o estudo das relações históricas entre Portugal e o Irão. Espero também que, ao chegar aos leitores, contribua, através da sua visão objectiva, para um melhor entendimento entre os povos.

Contents

Capítulo Um Introdução _____ **15**
   1   Irão no Início da Época Safávida _____ 17
   2   A Europa e o Oriente: O início das Relações _ 18
      2.1   Encerramento do Comércio Terrestre com o Oriente _____ 18
      2.2   O Cabo de Boa Esperança e as Grandes Descubetas Marítimas _____ 19
   3   Os Portugueses, o Oceano Índico e o Golfo Pérsico 20

Capítulo Dois Século XVI _____ **23**

   Xá Ismail (1502–1524) _____ **25**
     1   A Primeira Presença dos Portugueses no Irão 25
     2   Afonso de Albuquerque e as suas Conquistas 26
        2.1   Tomada de Qalhat _____ 26
        2.2   Tomada de Qurayyat _____ 27
        2.3   Tomada de Muscat _____ 27
        2.4   Tomada de Sohar and Khor Fakkan ___ 28
        2.5   Tomada de Ormuz _____ 29
     3   "Guerra da Água" em Ormuz e a Derrota do Albuquerque _____ 32
     4   Retorno de Afonso de Albuquerque à Índia _ 33
     5   Xá Ismail I, Khaje Ata e Afonso de Albuquerque 34
     ٦   Albuquerque, Xá Ismail I e os Ottomanos ___ 35
     7   Reconquista de Ormuz por Albuquerque ___ 35
     8   A Morte de Afonso de Albuquerque _____ 37
     9   Motins contra os Portugueses_____ 37
     10 A morte do Xá Ismail _____ 39
     11 Conclusão _____ 40

   Xá Tahmasp I (1524–1576) _____ **42**
     1   O declínio de Ormuz e a chegada dos Otomanos ao Golfo Pérsico _____ 43
     2   Xá Tahmasp I e os Portugueses _____ 45
     3   Aquisição do Uso de Armas de Fogo a partir dos Portugueses _____ 47

   Xá Ismail II (1576–1577) _____ **49**

Xá Mohammad Khodabandeh (1578–1587) __ 50
1 Anexação de Portugal pela Espanha _____ 50
2 A presença dos Britânicos no Irão _____ 53

Capítulo Três Século XVII _____ 55

Xá Abbas I (1588–1619)_____ 57
1 Relações Diplomáticas do Irão com os Governos Europeus _____ 58
2 Os Irmãos "Shirley" _____ 60
3 Tomada do Bahrein e do Porto de Cambarão 63
4 Início de Relações Políticas do Xá com a Espanha 65
5 Agravamento das Relações entre o Irão e a Espanha 71
6 A Companhia das Índias Orientais e a Batalha no Mar de Jask _____ 72
7 Cooperação Militar Britânica com o Irão ___ 78
   7٫1 A força dos Portugueses contra os Britânicos 79
   7.2 Companhia das Índias Orientais e a Ilha de Ormuz 80
   7.3 A Hostilidade Aparente dos Portugueses em relação à Companhia das Índias Orientais ____ 80
   7.4 Atração pelo Mercado Iraniano _____ 80
   7.5 A intimidação e persuasão da Companhia das Índias Orientais _____ 81
   7.6 A Iniciativa de Cooperação Militar dos Britânicos 81
8 Captura da Ilha de Ormuz e Qeshm _____ 83
9 As Razões da Derrota dos Portugueses_____ 87
10 Ormuz e os Portugueses após a Guerra __ 89

Xá Safi (1619–1642)_____95
1 Estabelecimento de Postos Comerciais dos Portugueses no Porto de Kong _____ 96

Xá Abbas II (1642-1666) _____ 101

Xá Suleiman (1666-1694) _____ 103

Capítulo Quatro Século XVIII _____ 105

Xá Sultan Hossein (1694–1722) _____ 107

Xá Tahmasp II (1722-1732) _____ 113
Capítulo Quinto Conclusão _____ *119*
   Conclusão _____ 121
   Bibliografia Citada _____ 123
   Bibliografia de Enquadramento _____ 125

Capítulo Um
Introdução

Resumo

Este capítulo apresenta o início do relacionamento entre a Europa e o Oriente, incluindo o Irão, durante a era Safávida. Os dados foram coligidos a partir de [1], [2] e [3].

As Cruzadas (1099-1270 AD) provocaram uma aproximação entre a Europa e a Ásia e promoveram as relações políticas e comerciais entre os dois continentes. Mas, depois da dominação dos turcos otomanos sobre Constantinopla em 1453 AD, a rota comercial da Europa para o Oriente foi praticamente fechada. Assim, os europeus procuraram outras rotas para chegar à Índia e à China e para adquirir produtos asiáticos, e isso levou à descoberta do caminho marítimo da África do Sul. Espanha e Portugal foram pioneiros nesta tentativa. Desde aí, os territórios do Oriente, incluindo o Irão, foram explorados pelos europeus. Vasco da Gama, o navegador português, estabeleceu a primeira base colonial portuguesa na Índia e definiu o porto de Goa como o principal entreposto no Oriente. Afonso de Albuquerque, outro importante navegador português, fortaleceu a presença dos Portugueses no Golfo Pérsico ao tomar Ormuz e outras áreas no sul do Irão.

1 Irão no Início da Época Safávida

Devido à localização geográfica e à sua importância comercial, o Irão foi frequentemente invadido quer com o propósito de saqueá-lo quer com o propósito de o utilizar como porta de entrada para as regiões ocidentais. Entre essas invasões, a dos Mongóis resultou na destruição completa do Irão e desviou-o do caminho do progresso. Na época, o Irão foi transformado num país muito instável e, por causa disso, mais fácil de dilacerar. Foi nesse caos que a dinastia Safávida se procurou impor e mudar a religião. Os Safávidas criaram uma unidade política e uma unidade religiosa. Consequentemente, o país ganhou importância, estabilidade e integridade, e "em breve o Irão, que era uma estação importante no caminho para uma das rotas comerciais do mundo, transformou-se no centro de uma rede de vias que levou, por um lado, à Mesopotâmia e aos portos do Mediterrâneo, à Anatólia e a Constantinopla, e, por outro lado, ao Extremo Oriente e à Ásia Central, e também ao Cáucaso, à Ucrânia e à Crimeia" ([1] p. 19). No entanto, a ideologia religiosa Safávida provocou, na primeira metade da dinsastia, muitas guerras com os uzbeques e os otomanos.

Nesta época, o mundo estava a passar por circunstâncias

especiais, tais como a conquista de Constantinopla pelos otomanos, o encerramento das rotas terrestres de comércio, a invenção da bússola para grandes viagens marítimas, o descobrimento da Índia via Cabo da Boa Esperança em África, a descoberta da América, o uso da pólvora e a sua aplicação em canhões. Tudo isto ocorreu por volta do século XVI e em paralelo com a ascensão dos safávidas.

2 A Europa e o Oriente: O início das Relações

As Cruzadas (1099-1270 AD) levaram ao estabelecimento de relações comerciais entre a Europa e o Oriente. Os comerciantes europeus conduziam as mercadorias do Ocidente para o Oriente e traziam as mercadorias do Leste. Nesta actividade, os mercadores venezianos desempenharam um papel fundamental, comprando as mercadorias asiáticas que chegavam por via terrestre ao leste do Mediterrâneo e distribuindo-as pela Europa.

2.1 Encerramento do Comércio Terrestre com o Oriente

O ataque dos turcos otomanos a Constantinopla – atual Istambul – e a sua queda, em 29 de maio de 1453 AD, criou problemas graves na rota de comércio entre a Europa e a Ásia. Os otomanos começaram a maltratar os comerciantes europeus por causa do seu cristianismo, uma vez que os consideravam religiosamente infiéis. Impuseravam direitos alfandegários pesados aos seus produtos e passaram a realizar inspecções rigorosas nas cidades fronteiriças fazendo uso de violência. Portanto, os comerciantes europeus deixaram de utilizar as antigas rotas de comércio e começaram a procurar alternativas.

Enquanto os otomanos impunham restrições ao comércio, a Europa, vivendo um Renascimento económico, cultural e científico, realizava o esforço oposto e procurava matérias-primas e mercados para os seus produtos. Os constrangimentos dos otomanos estimularam os Europeus a conquistar os oceanos e a estabelecer uma rota marítima para o Oriente. Espanha e Portugal foram os pioneiros nessa tentativa. Estes países, localizados no sudoeste da Europa e com experiência marítima no Oceano Atlântico, desenvolveram avançadas frotas militares e comerciais e criaram um escol de marinheiros experientes e qualificados que acabaram por chegar à América e ao Oriente.

As conquistas marítimas dos países da Península Ibérica abriram uma época de mundialização da economia e de colonização de terras distantes. A competição pela captura de outros países e pela obtenção de ganhos nas trocas comerciais resultou em grandes descobertas que serão brevemente explicadas.

2.2 O Cabo de Boa Esperança e as Grandes Descubetas Marítimas

Em 1487 AD, o navegador português Bartolomeu Dias, a fim de encontrar uma rota para a Índia, dirigiu-se para o sul do Atlântico, sob a supervisão e o apoio do governo de Portugal. Depois de atravessar toda a costa ocidental da África, chegou ao extremo sul deste continente. Apesar das tempestades severas, conseguiu ultrapassar o chamado Cabo das Tormentas mas não prosseguiu para a Ásia. Regressou a Portugal, onde o rei Dom João II mudou o nome do cabo para Cabo da Boa Esperança, demonstrando assim a sua intenção de prosseguir com as navegações até ao Extremo Oriente. Em novembro de 1497 AD, o navegador português Vasco da Gama foi incumbido por D. João II de retomar o feito de Bartolomeu Dias e de prosseguir até onde nenhum marinheiro europeu tinha ido. Obteve de um marinheiro experiente de Omão informações sobre as rotas no Oceano Índico e, em 20 de maio de 1498, chegou ao porto de Calecute, que era o centro do comércio de especiarias da Índia. No ano seguinte, regressou a Portugal, concretizando assim a primeira rota marítima directa entre a Europa e a Ásia.

Em 1492, a rainha Isabel de Castela – o reino central da Península Ibérica, que agregou os territórios que deram origem a Espanha após a adesão de Aragão, situada no nordeste da península – ([1]) financiou a expedição marítima de Cristóvão Colombo, que pretendia encontrar uma rota para a Índia viajando para oeste. Ele, ao contrário de Bartolomeu Dias e de Vasco da Gama, que navegaram pelo Atlântico Sul, presumiu erradamente que essa era a via mais direta para chegar ao Oriente, mas acabou por descobrir a América.

Depois de passarem o Cabo da Boa Esperança, os Portugueses conseguiram chegar à Índia, invadiram os territórios no Oriente, incluindo o Irão, alteraram os equilíbrios políticos, criaram sérios problemas para os países asiáticos e assim afetaram a história de todos eles.

3 Os Portugueses, o Oceano Índico e o Golfo Pérsico

De acordo com [2], o objetivo dos Portugueses ao entrar na Índia e no Golfo Pérsico era alcançar as terras de especiarias no Extremo Oriente, e, por isso, a conquista da Índia era esencial.

Quatro anos depois de ter retornado a Portugal, Vasco da Gama regressou à Índia em 1502 AD. Estabeleceu a primeira base colonial portuguesa na Índia e escolheu o porto de Goa como a principal sede de Portugal no Oriente. O domínio dos portugueses na Índia foi alcançado com o mínimo de resistência, devido ao conflitos e às longas e constantes guerras entre os cinco governos muçulmanos locais e os hindus. Assim, os Portugueses, tendo cometido atrocidades, conseguiram tomar facilmente o controlo da região.

Antes do domínio dos Portugueses no Oceano Índico, o negócio era feito pelos marinheiros árabes, especialmente pelo povo de Omão. Os marinheiros de Omão levavam as mercadorias do Extremo Oriente e do Oceano Índico para o porto de Alexandria, no Egito, através do Mar Vermelho, e os comerciantes venezianos compravam-nas e transportavam-nas para os países europeus.

Para dominar um negócio tão lucrativo, os Portugueses construíram feitorias em lugares estratégicos da Índia.

D. Manuel I, o rei de Portugal, determinado a fomentar a expansão do domínio português, procurou impedir as atividades venezianas no Mar Vermelho e as relações comerciais dos Árabes com a Índia. Por isso, em março de 1506 AD, enviou Tristão da Cunha para os mares do Oriente e, com ele, um navegador corajoso: Afonso de Albuquerque. A missão de Tristão da Cunha era construir uma fortaleza na ilha de Socotra no Mar Vermelho e a de Afonso de Albuquerque consistia em tomar as regiões de Áden e de Jeddah.

De acordo com [1], Afonso de Albuquerque tinha planeado, desde o início, capturar Áden. Ele acreditava que, a fim de estender o domínio português na Índia, deveria empreender as seguintes medidas:

1. Ocupar Áden para dominar o estreito de Bab el-Mandeb

2. Tomar a ilha de Ormuz para dominar o Golfo Pérsico

3. Manter Diu e Goa como opoios para tomar outras regiões da Índia. pp. 490-489

Com a captura da Fortaleza de Áden, Afonso de Albuquerque poderia tomar Qalhat, Mascate e depois Ormuz, os três pontos principais do comércio no Oceano Índico naquela época. No entanto, às condições de emergência da frota portuguesa e a falta de provisões obrigaram-no a navegar para o Estreito de Ormuz.

Capítulo Dois
Século XVI

24

Resumo

Este capítulo destaca as relações entre o Irão e Portugal durante o reinado do Xá Ismail I, o primeiro rei da dinastia Safávida (1502-1524 AD). As informações foram coletadas a partir das fontes [1], [2], [3], [4], [5] e [6].

Os primeiros europeus no Irão foram os Portugeses. A sua entrada, que começou com Afonso de Albuquerque, coincidiu com os primeiros anos do reinado do Xá Ismail I e com o período durante o qual o Irão passava por um momento difícil. O Golfo Pérsico também se encontrava numa situação política instável. O Xá Ismail I, envolvido em problemas com os uzbeques e otomanos, as duas grandes potências regionais, situadas a oriente e a ocidente do Irão, provavelmente não se deu conta da presença dos Portugueses no sul antes de 1510 AD. Portanto, o Golfo Pérsico estava quase indefeso perante as invasões cruéis de Afonso de Albuquerque, o que lhe permitiu prosseguir as capturas na costa de Omão.

Xá Ismail (1502–1524)

O Xá Ismail I (1502-1524 AD) foi o fundador da dinastia Safávida. Como mencionado no capítulo anterior, ele, após séculos de invasão árabe, conseguiu reunir todos os governos separados do Irão numa unidade política centralizada e unificar a própria religião. Declarou o xiismo como a religião oficial do país, apesar de a maioria dos iranianos ser sunita. Neste período, o Irão era considerado o mais antigo e poderoso império marítimo no Golfo Pérsico.

1 A Primeira Presença dos Portugueses no Irão

No ano de 1495 AD, o rei de Portugal, Dom Manuel, seguindo uma política de expansão marítima, enviou Afonso de Albuquerque para dominar o Golfo Pérsico e o Golfo de Omão. Afonso de Albuquerque navegou na direção de Ras al-Hadd e os ventos favoráveis levaram-no para a região de Dhofar. Durante os oito dias em que fundeou a sua frota, incendiou muitos navios de pesca ancorados na praia. As notícias da violência destes portugueses espalharam-se de imediato por todo o litoral de Omão e assustaram a população.

Depois, a frota portuguesa, continuando o seu caminho, zarpou para Qalhat, onde as capturas se iniciaram. Apresenta-se a seguir uma breve descrição das conquistas de Afonso de Albuquerque no sul do Irão.

2 Afonso de Albuquerque e as suas Conquistas

2.1 Tomada de Qalhat

O porto de Qalhat foi a segunda capital de Ormuz e uma paragem para os navios que navegavam para a Índia e para o Golfo Pérsico.

No dia seguinte à entrada em Qalhat, Afonso de Albuquerque pisou a praia e conheceu o governador da cidade. O governador, conhecedor da violência dos portugueses, preferiu assinar um tratado de paz com ele. Ao abrigo desse acordo, concordou em fornecer alimentos e apetrechos necessários à continuação da viagem e em pagar um tributo. Em troca, o povo de Qalhat poderia circular livremente pelos mares dominados pelos Portugueses.

De acordo com [2], este acordo foi a primeira tentativa dos portugueses para influenciar as entidades administrativas e criar uma separação entre elas. O acordo confidencial entre Afonso de Albuquerque e o governador de Qalhat constitui o primeiro exemplo de uma estratégia que visava dividir os poderes políticos no Oriente. p. 70

Quando Afonso de Albuquerque procedia ao aprovisionamento dos víveres recebidos em Qalhat, descobriu que uma parte das tâmaras estava estragada. Isso instigou-o a saquear a cidade, acção que não concretizou porque dois capitães lhe fizeram ver a grande necessidade de chegar depressa ao destino seguinte.

2.2 Tomada de Qurayyat

Após a conquista triunfante de Qalhat, Afonso de Albuquerque rumou para norte e ancorou na praia de Qurayyat. O povo tentou defender a cidade, mas não resistiu mais de dois dias. Após a pilhagem e destruição da cidade, Afonso de Albuquerque prosseguiu a viagem que o conduziu, em quatro dias, ao porto de Muscat.

2.3 Tomada de Muscat

O porto de Muscat, na costa do mar de Omão, tinha grande importância, depois de Qalhat. Naquele tempo, era aí a sede de governo do rei da ilha de Ormuz. De acordo com [1], o porto tinha sido, durante muito tempo, uma ligação relevante do Golfo Pérsico com o Mar Vermelho e o Oceano Índico, graças à sua localização privilegiada. Os marinheiros de Muscat eram responsáveis por uma parte significativa do comércio no Oriente. Viajavam até à Índia, ao Ceilão, à Península Malaia e à China e levavam os produtos orientais, através do Mar Vermelho, para o porto de Alexandria, no Egito. p. 489

O governador de Ormuz, informado sobre a pilhagem e destruição de Qurayyat, enviou dois anciãos ao encontro dos navios portugueses quando estes aportaram em Muscat. Os emissários exigiram que a cidade não fosse danificada e, em troca, aceitavam tornar-se súbditos do rei de Portugal e entregar-lhe o tributo que costumavam pagar ao rei de Ormuz. As negociações falharam e Afonso de Albuquerque ordenou de imediato que a cidade fosse bombardeada e saqueada.

Em cada porto capturado, desde que a sua localização fosse estratégica para o domínio marítimo, Afonso de Albuquerque estabelecia uma feitoria e construía uma fortaleza capaz de suster eventuais revoltas. Foi o que fez em Muscat: ordenou a construção de uma fortaleza e, cumprida essa tarefa, deixou a cidade.

2.4 Tomada de Sohar and Khor Fakkan

As longas batalhas de Afonso de Albuquerque na costa de Omão e a dureza da vida a bordo produziram insatisfação nos seus subordinados e, depois da saída de Muscat, os primeiros sinais de desobediência da parte de oficiais e soldados.

O principal objetivo de Afonso de Albuquerque consistiu em capturar a ilha de Ormuz, mas uma tempestade arrastou a frota para os portos de Sohar e de Khor Fakkan. Tal como havia feito antes, decidiu capturar e destruir o porto de Sohar. Quando a frota fundeou na praia, o governador da cidade enviou uma mensagem dizendo que Sohar pertencia ao rei de Ormuz e que os portugueses não podiam permanecer ali. Afonso de Albuquerque respondeu ao mensageiro que se o rei de Ormuz não se rendesse, atacaria a cidade na manhã seguinte e a tomaria.

À chegada de Afonso de Albuquerque a Sohar, as forças de Bonojabur[1], oriundas das tribos de Najd, tinham conseguido entrar na cidade, aproveitando os conflitos tribais na costa de Omão. Aparentemente, antes da chegada de Afonso de Albuquerque a Sohar, tinham tido uma disputa com o governador da cidade e, devido aos conflitos com ele, agiram a favor de Portugal, o que enfraqueceu a posição de Sohar. ([2] p. 74). O povo da cidade foi forçado a um compromisso com Afonso de Albuquerque, que assim logrou capturar Sohar sem esforço e içar nela a bandeira de Portugal.

O destino seguinte de Afonso de Albuquerque foi o porto de Khor Fakkan. Esta cidade também não resistiu aos ataques e foi capturada. De acordo com [2], a conquista dos portos e das costas de Omão, durante um período relativamente

---

[1] Os Bonojaburs, que eram originalmente de Omão, emigraram da Nerd para as costas da região do Golfo Pérsico e para Ahsa na segunda metade do século IX AH. Depois de ter derrotado o último governante local, governaram as zonas costeiras de Bahrein e consolidaram o seu poder na região. [2] p. 216

curto, ficou a dever-se à poderosa artilharia da frota portuguesa, que podia destruir à distância e obter vitórias retumbantes sem necessidade de acostagens nem de combates corpo a corpo. p. 75

A captura de Sohar e Khor Fakkan e as consequentes destruições enfraqueceram o rei de Ormuz mais do que antes e afetaram terrivelmente o sistema económico e político de Ormuz.

Albuquerque, depois, navegou em direção à ilha de Ormuz, situada na entrada do Golfo Pérsico.

2.5 Tomada de Ormuz

A ilha de Ormuz fica 18 quilómetros a sudeste de Bandar Abbas, à entrada do Estreito de Ormuz. A ilha, devido à sua localização geográfica privilegiada, era um dos importantes pólos comerciais da Ásia e um importante centro de comércio entre a Ásia e a Europa[2]. Esta posição destacada manteve-se após a dominação dos portugueses. Na verdade, o porto era uma das maiores bases de comércio entre o Irão, a Índia, a Arábia Saudita e a costa sul do Golfo Pérsico. De acordo com [2], esta ilha, devido às suas características naturais e geográficas e à importância económica, era o principal obstáculo à entrada dos portugueses no Golfo Pérsico. p. 32

Afonso de Albuquerque, à frente de uma grande frota constituída por 20 navios, entrou em Ormuz em 1507 AD. Nesta frota, havia 1500 portugueses e 600 pessoas do Malabar. ([4], p. 146). Na altura, a Ilha de Ormuz era chefiada por governantes locais, chamados "reis de Ormuz", que eram normalmente tributários de

---

[2] A ilha de Ormuz tinha areia fina, preta e brilhante que os comerciantes usavam para secar a tinta no papel. A areia nos recibos de venda indicava que o produto era de alta qualidade e autêntico. Mas, depois de algum tempo, os comerciantes usaram-na para convencer os compradores em Lisboa, a capital de Portugal, de que as mercadorias eram provenientes da ilha de Ormuz, assim enganando os clientes e vendendo mais caras as mercadorias. [1] pp. 492-493.

governadores de Fars. Na verdade, quando os Portugueses entraram no Golfo Pérsico, a região era chefiada por diversas autoridades locais. Os reis de Ormuz, que eram as mais importantes, governavam todas as ilhas do Golfo Pérsico e as zonas costeiras centrais e orientais. A outra entidade local eram os governantes de Larestan que chefiavam as áreas costeiras entre os portos de Gombroon e Sarif e para o interior. Os Bonojabures dominavam as regiões do leste e a costa de Bahrein. No entanto, todos esses poderes locais eram tributários dos Safávidas.

Quando Afonso de Albuquerque entrou em Ormuz, o rei da ilha era uma criança de doze anos de idade e estava sob a tutela e supervisão de um político inteligente e poderoso: Khaje Ata. A sua primeira reacção à chegada de Albuquerque, foi proibir que os navios estrangeiros atracassem no porto de Ormuz e recrutar forças militares nas áreas vizinhas.

Albuquerque, no terceiro dia da sua chegada à ilha, tomando conhecimento dos preparativos de guerra na ilha, ordenou o ataque. Os portugueses cometeram crimes chocantes em Ormuz, como já sucedera em muitas áreas ocupadas antes. De acordo com o viajante português Faria e Sousa, na batalha de Ormuz, "mil e setecentos dos inimigos foram mortos. Os corpos estavam flutuando na água, e muitos deles tinham jóias e uma vez que as jóias eram consideradas um bom saque para os soldados portugueses, as nossas forças pescaram os corpos flutuantes[3]." [1] p. 499

Confrontado com uma batalha de artilharia para a qual não estava preparado, Khaje Ata pediu um acordo de cessar-fogo e de paz. Assim, Afonso de Albuquerque ganhou e a ilha foi conquistada em 10 de outubro de 1507. Os termos do acordo de paz, abaixo apresentados, foram assinados entre as duas partes:

---

[3] Manuel de Faria e Sousa, Asia Portuguesa, En la Officina Valente de Olíueira, 166, Vol. 1, p. 520.

O rei de Ormuz foi forçado a aceitar a supremacia de Portugal e as pesadas condições impostas por Albuquerque. Pagou 5.000 Ashrafi[4] pelos custos da guerra e concordou em entregar um imposto anual de 15.000 Ashrafi[5]. Além disso, o rei de Ormuz prescindiu dos direitos aduaneiros sobre as mercadorias importadas de Portugal e os portugueses foram equiparados aos moradores no imposto pago pelas transacções efectuadas na ilha. Albuquerque, determinado a dominar o comércio do Golfo Pérsico, impôs outra pesada condição: nenhum navio local teria o direito de realizar negócios no Golfo Pérsico sem permissão dos Portugueses. Os marinheiros árabes, especialmente de Omão, que faziam negócio no Golfo Pérsico foram dos mais prejudicados. [1] p. 501

De acordo com [5], a acção de Afonso de Albuquerque foi decisiva para integrar no domínio português um vasto território, incluindo "as terras de Minab, Moghestan na costa norte do Golfo Pérsico, regiões de Qatif na Arábia Saudita, Qatar, Qalhat até Ras al-Hadd na margem sul do Golfo Pérsico, o Mar de Omão, e as suas ilhas, como Ormuz, Qeshm, Kish, Bahrein e as outras ilhas"[6]. p. 22

Para consolidar o domínio português sobre a ilha, Afonso de Albuquerque considerou necessário construir uma fortaleza. Para o efeito, escolheu um local próximo do palácio do rei, numa região chamada "Morena" localizada no extremo do cabo noroeste da ilha ([1] p. 501). Khaje Ata não assistiu de braços cruzados a esta ocorrência. Tentou fomentar uma separação entre as forças portuguesas e beneficiar dela, como a seguir explicaremos.

---

[4] Ashrafi era uma moeda de ouro corrente no século XV.

[5] Mas Vosughi (2012) escreve que esta quantia de 5000 Ashrafi deveria ser paga aos Portugueses por conta da manutenção dos navios. p. 84

[6] Em tradução do livro *Comentários* (Don García de Silva Figueroa), por Gholamreza Samii, Teerão: Nashr-e-no, 1984, p. 52.

3 “Guerra da Água” em Ormuz e a Derrota do Albuquerque

Como mencionado por Vosoughi [2], a insistência de Albuquerque em construir um forte, as manobras dilatórias de Khaje Ata e a prolongada permanência a bordo por falta de segurança para desembarcarem na ilha desencadearam um grave descontentamento nos marinheiros e oficiais. Por fim, forçado pela deserção de três capitães, Afonso de Albuquerque deixou Ormuz (p. 89), acreditando que se dominasse o leste de África poderia monitorizar os movimentos dos navios que transportavam especiarias e outras mercadorias do Oriente e isso seria mais benéfico para o rei de Portugal do que permanecer ao largo da ilha de Ormuz.

O descontentamento dos marinheiros e oficiais resultou em que quatro deles procuraram refúgio em Ormuz. Khaje Ata, informado pelos refugiados sobre a situação precária de Albuquerque, resistiu às suas imposições. Quando Albuquerque exigiu o regresso dos refugiados, aproveitou para lhe dizer que, sabendo ser seu propósito destruir a cidade e construir um forte, ele se oporia. Em resposta, Afonso de Albuquerque ordenou o cerco naval de Ormuz. Fazendo isso, queria impedir o abastecimento de água à ilha e assim colocar Khaje Ata numa posição difícil. Também ordenou a destruição, durante a noite, dos poços de água na região e a grande cisterna da cidade. Os conflitos entre os guardas e os soldados provocaram vários mortos. Os portugueses lançaram os cadáveres das pessoas e de animals nos poços de modo a impedir o uso da sua água. Alguns habitantes, especialmente as crianças, morreram por falta de água. Confrontado com esta situação extrema, Khaje Ata enviou uma carta a Albuquerque solicitando-lhe o levantamento do cerco. Afonso de Albuquerque pôs como condição que Khaje Ata autorizasse a conclusão do forte.

Nesta situação, Khaje Ata enviou uma carta ao vice-rei da Índia, reclamando seriamente sobre os atos de Albuquerque. Esta carta, o descontentamento dos marinheiros, as dificuldades em abastecer de água os navios, a resistência tenaz de Khaje Ata e a conspiração de alguns oficiais no sentido de zarparem para Goa com quatro navios sem a permissão do comandante da armada obrigaram Afonso de Albuquerque a aceitar a derrota e a sair de Ormuz.

A fim de fornecer alimentos e água para a viagem, Albuquerque atacou, primeiro, Qeshm e, em seguida, a ilha de Lark durante a noite. Depois de permanecer um ano na ilha de Ormuz e apesar de não ter terminado a construção da fortaleza[7] ([5], p. 36), saiu de Ormuz em 1508 AD. Assim Afonso de Albuquerque experimentou pela primeira vez o sabor amargo da derrota. Depois de reagrupar, decidiu voltar a Ormuz na primeira oportunidade, a fim de compensar o falhanço. Assim, como Vosughi [2] menciona, a primeira ronda de incursões de Albuquerque no Golfo Pérsico terminou com a sua derrota em Ormuz. p. 97

4 Retorno de Afonso de Albuquerque à Índia

Afonso de Albuquerque, sabendo que o vice-rei de Portugal tinha sido informado das suas violências e que se opunha a elas, evitou voltar à Índia e, em vez disso, dirigiu-se para Socotra. Aqui ficou durante algum tempo. Depois de planear a conquista completa de Ormuz, dirigiu-se para esta ilha em 1508 AD.

Entretanto, Khaje Ata conseguiu derrubar Bonojabur, o governante pró-português de Qalhat. Portanto, quando Albuquerque regressou à Qalhat e tentou tomá-la, os habitantes ofereceram grande resistência. Por isso, ele, a fim de tomar uma vingança sobre eles, dirigiu-se novamente para Qalhat, incendiou a cidade e encaminhou-se para Ormuz. Khaje Ata, que, de acordo com os documentos portugueses, tinha completado o forte iniciado pelos Portugueses, usou-o como uma fortaleza defensiva e

---

[7] Homayun [12] escreve que a fortaleza foi concluída em janeiro de 1508 (p. 11). De acordo com Bayani [10], a construção levou 30 anos (p. 515).

derrotou Albuquerque. [2] pp. 100-99

Como mencionado anteriormente, o Xá Ismail I, assoberbado com os problemas criados pelos otomanos e uzbeques, não estava ao corrente do que se passava no sul do Irão e, de acordo com fontes históricas, é provável que não estivesse ciente da presença dos Portugueses no Golfo Pérsico até ao ano de 1510 AD. [2] p. 96

5 Xá Ismail I, Khaje Ata e Afonso de Albuquerque

Preso à resolução de alguns problemas na Índia, Afonso de Albuquerque não conseguiu, nos oito anos seguintes, retornar ao Golfo Pérsico a fim de capturar Ormuz. Khaja Ata aproveitou o interregno para agir em termos diplomáticos. Enviou várias cartas e embaixadores ao Xá Ismail I no sentido de obter o seu apoio contra os Portugueses. Ao mesmo tempo, o Xá Ismail I também enviou um embaixador à Índia com o objetivo de ganhar o apoio português contra os otomanos. No entanto, Albuquerque manteve-se indiferente e o embaixador voltou sem resposta. (Note-se que, entre 1511 e 1520, o Xá Ismail I enviou outros quatro embaixadores ao porto de Goa, a Deccan e a outros estados do leste da Índia. O primeiro deles chegou a Goa em 1511 AD).

Aparentemente, o rei de Ormuz ficou preso, sem querer, numa posição complicada: de um lado, as atitudes religiosas do Xá Ismail I e o seu forte desejo de ganhar a obediência dos governantes locais, incluindo dos reis de Ormuz, e, do outro, a entrada dos Portugueses no Golfo Pérsico, e, em particular, nas regiões orientais da Índia e nos seus portos, considerados os mais importantes parceiros comerciais de Ormuz. Era evidente que se o Irão e Portugal não vissem totalmente satisfeitos os seus intuitos de poder, a posição de Ormuz ficaria em risco. [2] p.105

Em 1513, o Xá Ismail I conseguiu obter o apoio do rei de Ormuz de modo que, a partir desse momento, deixou de pagar o tributo anual aos Portugueses. [6] p. 22

6 Albuquerque, Xá Ismail I e os Ottomanos

Albuquerque era um católico fervoroso marcado pelas violências dos Otomanos turcos que haviam invadido os países cristãos, praticando saques e a escravização e venda de pessoas. Além disso, o governo otomano, detentor de uma boa armada de guerra, disputava com os portugueses o domínio do Golfo Pérsico. E, por fim, estava ciente de que o Xá Ismail I favorecia os xiitas contra os sunitas e que não dispunha de uma marinha capaz de se impor no Golfo Pérsico. Por isso, em 1515, saudou o emissário do Xá Ismail I e, quando este regressou ao Irão, mandou o seu embaixador Rui Gomes para reforçar o desejo de se unir a ele contra os otomanos. Esta embaixada não cumpriu a sua missão devido à morte do embaixador durante a viagem. O Xá Ismail I solicitou outra embaixada, mas Afonso de Albuquerque, envolvido em batalhas contra os rebeldes na Índia, não pôde enviar outro emissário naquele ano.

7 Reconquista de Ormuz por Albuquerque

A fim de proteger Ormuz contra os ataques de Albuquerque, Khaje Ata fez todos os esforços, até ao fim da sua vida, para se aproximar do rei de Portugal e para estabelecer relações diplomáticas com ele mediante o envio de correspondências e embaixadores ao vice-rei da Índia. Os seus esforços conseguiram reduzir a violência dos Portugueses. Ele tentou estabelecer um equilíbrio razoável entre as forças externas e internas, e assim manter a condição geral de Ormuz como estado seguro. No entanto, a sua morte, em 1514, que coincidiu com a derrota do Xá Ismail I pelo sultão otomano na guerra Chalderan, abriu caminho para Albuquerque consolidar a posição dos Portugueses no Golfo Pérsico. Após a morte de Khaje Ata, eclodiu uma guerra civil entre as elites da ilha para assumir a liderança. Neste contexto, Albuquerque enviou o seu sobrinho Pero de Albuquerque para Ormuz a fim de supervisionar a situação e para adquirir informações. Ele teve a missão de capturar a ilha de Bahrein e de cobrar os impostos em atraso. Pero não conseguiu capturar Bahrein mas conseguiu identificar a situação geral da ilha. Um ano depois, Albuquerque navegou para o Golfo Pérsico com vinte e seis navios e dois mil e trezentos soldados, e a ilha foi completamente ocupada em 20 de fevereiro de 1515. Deste modo, a bandeira de Portugal foi mais uma vez desfraldada no topo da fortaleza de Ormuz.

Naquela altura, o Xá Ismail I, que estava em luta com o Império otomano e também na esperança de adquirir o apoio dos Portugueses na batalha contra os otomanos, não empreendeu medidas e aceitou o seu domínio na ilha.

Depois da instalação completa de Albuquerque em Ormuz, o governante do Bahrein enviou-lhe uma carta e anunciou a sua lealdade ao Rei de Ormuz. Aparentemente, devido ao aumento da influência do Rei no Bahrein, ele não tinha outra opção senão alinhar com Albuquerque e com o rei de Ormuz. Por outro lado, de acordo com o contrato entre o embaixador de Albuquerque e o Xá Ismail (abaixo falamos sobre esse ponto), os Portugueses foram obrigados a ajudar o exército safávida em marcha para o Bahrein e Qatif.

Em 1515, o Xá Ismail I mandou outra delegação a Afonso de Albuquerque. Este correspondeu à solicitação do Xá e enviou-lhe o embaixador Miguel Ferreira, que chegou a Ormuz quando Albuquerque já tinha entrado na ilha através de Socotra.

Após negociação, o Xá Ismail I e Miguel Ferreira concordaram com os seguintes termos:

1. A marinha de Portugal ajudará o rei do Irão na sua expedição a Bahrein e Qatif;

2. A marinha de Portugal ajudará o rei do Irão a suprimir os motins na costa de Makran;

3. Os governos do Irão e de Portugal unir-se-ão para combater os otomanos.[8]

---

[8] Arnold Wilson, p. 134. Traduzido por Nasrollah Falsafi, p. 20.

De acordo com Parsadoost [1], os termos deste acordo, o Xá Ismail I concordou com a soberania de Portugal na ilha de Ormuz e o rei de Ormuz foi reconhecido como cidadão português. [6] p. 23

8 A Morte de Afonso de Albuquerque

Em 1515, Afonso de Albuquerque enviou outro embaixador, Fernão Gomes de Lemos, ao Xá Ismail I, para propor que, além do apoio português em navios, tropas e artilharia na batalha do Xá Ismail I contra o sultão otomano, os cristãos na sua corte constituíssem os elementos de ligação entre as duas partes e com Roma. O Xá Ismail I, insatisfeito com a perda da ilha de Ormuz e com a soberania de Portugal, desta vez não recebeu o embaixador português de forma calorosa.

De acordo com Parsadoost [1], a troca de delegações entre os dois países revela que Afonso de Albuquerque tentou manter relações amistosas com o estado safávida enquanto procurava impor o domínio português no Golfo Pérsico. p. 344

Albuquerque ficou em Ormuz até ao fim de novembro de 1515, quando a doença o obrigou a regressar à Índia, deixando o seu sobrinho Pero de Albuquerque como seu substituto. Em 15 de dezembro de 1515, morreu de doença no porto de Goa. "Assim, a vida de um dos líderes mais violentos de Portugal no Oriente chegou ao fim." [6] p.120

9 Motins contra os Portugueses

Após a morte de Albuquerque, Lopez Soares tornou-se o governador da Índia. Durante o seu governo, a política portuguesa no Golfo Pérsico privilegiou o desenvolvimento dos negócios e o aumento do comércio.

Depois de se estabelecerem na ilha de Ormuz, os Portugueses conseguiram dominar o comércio em todos os portos do Golfo Pérsico. Aproveitando os conflitos internos entre os líderes de Bahrein, capturaram a ilha em 1529, e, ao contrário do que haviam acordado no tratado acima referido, mantiveram-na na sua posse em vez de a entregarem ao Irão e construíram uma fortaleza na sua capital.

Os maus-tratos infligidos pelos Portugueses aos comerciantes e habitantes dos portos do Golfo Pérsico provocaram motins em algumas cidades. Em 1520 AD, quando o governador de Qalhat se rebelou, o governador português de Ormuz enviou alguns navios para acabar com o tumulto, mas sem sucesso. Mesmo as tropas de apoio enviadas pelo vice-rei de Goa não conseguiram restabelecer a paz. Durante a rebelião, alguns portugueses foram mortos e muitos outros fugiram. A acção bem-sucedida de Qalhat encorajou as pessoas de outras partes do Golfo Pérsico. Não mais de um ano após a captura de Bahrein, o governante de Bahrein, recusou-se a obedecer aos Portugueses e provocou uma rebelião. Bahrein tornou-se, a partir de então, a principal base de revoltas contra os Portugueses. Esse acto conduziu à execução do chefe da casa de comércio portuguesa e de outros portugueses e cristãos. Depois de neutralizarem a revolta, os Portugueses retaliaram e tomaram os costumes da ilha de Ormuz em 1522. Isso resultou em mais rebeliões em Ormuz, Bahrein e Muscat.

As revoltas populares contra os Portugueses, no Bahrein, coincidiram com a expansão da influência dos turcos Otomanos no Iraque e, assim, abriram o caminho para a presença naval dos Otomanos no Golfo Pérsico.

Durante esstas revoltas, o rei de Ormuz fugiu para a ilha de Qeshm e ali foi morto. O seu filho Mohammad Xá, que lhe sucedeu no trono, concluiu um novo tratado com Portugal conhecido por "acordo de Minab", cujos termos são os seguintes:

1. O território de Ormuz passa a pertencer ao rei de Portugal e este nomeia Mohammad Xá para reinar na ilha.

2. Mohammad Xá pagará, anualmente, ao rei de Portugal, um tributo de sessenta mil Ashrafi.

3. Todos os cristãos que se converteram à religião do Islão deverão entregar-se ao governo de Portugal.
4. Os súbditos do rei de Ormuz, à excepção dos oficiais, não serão autorizados a transportar armas na ilha.
5. As forças armadas do rei de Ormuz serão restringidas aos guardas e funcionários no palácio real.
6. O rei de Portugal apoiará o rei de Ormuz contra a invasão de qualquer inimigo estrangeiro. [2] p. 145

Apesar de neste acordo, os Portugueses procurarem satisfazer o rei de Ormuz, nomeadamente através de uma maior flexibilidade em relação aos impostos anuais, e tentarem evitar as revoltas populares, mediante a restrição no transporte de armas, prosseguiram as revoltas e a repressão dos Portugueses. Ormuz estava em muito más condições. Além disso, o rei de Lorestan atacou as áreas costeiras de Ormuz naquela situação. Quando o rei de Ormuz solicitou o apoio dos Portugueses, baseado no artigo VI do acordo de Minab, estes não corresponderam ao pedido e a condição da ilha tornou-se mais crítica.

A morte de Xá Ismail, em 1523, e as prioridades governativas do novo rei, o Xá Tahmasp, acabaram com a esperança de receber ajuda do Irão naquela altura. Assim, os políticos de Ormuz decidiram solicitar o apoio do seu poderoso vizinho: os Otomanos, que se tinham tornado, na época, os rivais marítimos dos Portugueses após a conquista do Egito.

10 A morte do Xá Ismail

O novo vice-rei da Índia tentou obter a amizade do Xá Ismail, enviando uma delegação, chefiada por Balthazar Pessoa, ao Irão. Na época, o Xá Ismail, que estava tentando criar uma aliança militar com outros países europeus contra os otomanos, aceitou bem a delegação portuguesa. Mas nesses dias, o rei ficou muito doente e, com a sua morte, a delegação retornou sem nenhum resultado.

Assim, falharam os esforços do Xá Ismail para se aproximar dos Portugueses e estabelecer uma aliança militar contra os Otomanos. [1] p. 506

11 Conclusão

Apesar de Ormuz se ter tornado um importante entreposto português no Golfo Pérsico durante o reinado do Xá Ismail I e mesmo depois, até 1533 AD, nunca foi totalmente colonizada, graças aos esforços de Khaje Ata. Nos termos do contrato estabelecido, Ormuz deveria ficar sob a soberania de Portugal. No entanto, conseguiu manter a sua independência mediante o pagamento de um tributo anual aos Portugueses, que nem sempre era integralmente cumprido.

Após a morte de Afonso de Albuquerque, os Portugueses, a fim de obterem maiores benefícios económicos da ilha de Ormuz, lançaram impostos e tributos regulares recorrendo ao uso da força, e isso levou a revoltas públicas. Os Portugueses, devido à sua artilharia superior, enfrentaram as revoltas e conseguiram suprimi-las. Ormuz, Muscat e Qalhat foram algumas das regiões que se sublevaram. Naquela ocasião tão difícil, Ormuz viu-se privada da ajuda dos seus vizinhos, uma vez que o Irão e os Otomanos se revelaram incapazes de acorrer. Portanto, a ilha, que não era suficientemente poderosa nem dispunha de marinha eficiente, ficou indefesa contra os ataques a partir do mar. Finalmente, em 1533 AD, Ormuz foi derrotada pelos Portugueses e perdeu a sua independência. Assim começou o declínio político e económico de Ormuz e do Golfo Pérsico, que será explicado no próximo capítulo.

41

Resumo

Este capítulo destaca as relações entre o Irão e Portugal durante o reinado do Xá Tahmasp I, o segundo rei da dinastia Safávida (1524-1576 AD). As informações foram coletadas a partir das fontes [1], [2], [3], [7], [8] e [9].

O Xá Tahmasp, ocupado com a ameaça dos Otomanos e os ataques dos Uzbeques, não pôde empreender, durante grande parte do seu reinado, medidas contra os Portugueses na ilha de Ormuz e de Qeshm e nos outros portos do sul do Irão. Por causa dessa indisponibilidade e da desqualificação do rei de Ormuz, a ilha perdeu a sua independência económica e política. Por outro lado, neste período, a supremacia marítima portuguesa no Oceano Índico, no Mar de Omão, e no Golfo Pérsico garantia um controlo eficaz de todos os centros comerciais. No entanto, os Portugueses, também em guerra com os Otomanos, buscaram uma aliança com o Irão com vista à realização de ataques conjuntos. Estas guerras provocaram uma grave recessão económica no Golfo Pérsico.

Xá Tahmasp I (1524–1576)

Quando o Xá Ismail I morreu com a idade de 38 anos, em 1524 AD, o seu filho, o Xá Tahmasp I, tornou-se rei com apenas 11 anos.

Durante o reinado do Xá Tahmasp I, a violência e agressão dos Portugueses aumentou e, nestas circunstâncias, o ministro de Ormuz, Rais Sharaf al-Din, incapaz de obter um entendimento com eles, propôs que fossem combatidos através de uma aliança com os Otomanos. O rei aceitou a proposta e, assim, o ministro enviou várias cartas confidenciais ao sultão otomano.

A violência dos Portugueses aumentou tanto que o rei de Ormuz, Muhammad Xá, através do seu ministro, apresentou ao vice-rei uma reclamação contra as agressões do comandante português Diogo Dumlu em Ormuz. Sem esperar pela resposta, prendeu Diogo Dumlu sob a acusação de cumplicidade com o seu tio Rais Amad no assassinato do ministro, e logo ordenou uma rebelião pública. Quando o povo de Muscat e Qalhat se revoltou, o vice-rei dirigiu-se para Omão com uma frota e conseguiu apaziguar os ânimos nestas duas regiões prometendo satisfazer as principais reclamações e punir o comandante português. Em seguida, foi a Ormuz e prendeu Muhammad Xá e Rais Sharaf al-Din, que inspiraram os motins, e exilou-os em Goa. A situação crítica na região impôs, contudo, o rápido regresso destes dois homens a Ormuz.

Mohammad Xá governou Ormuz nestas condições tão instáveis até 1533 AD, ano em que morreu. Apoiado no seu ministro, conseguiu combater os Portugueses sem a ajuda do Irão e, quando o acordo com os Otomanos também falhou devido à traição de alguns burocratas, a última alternativa foi a rebelião pública.

1 O declínio de Ormuz e a chegada dos Otomanos ao Golfo Pérsico

Após a morte de Muhammad Xá, Solqar Xá II tornou-se o governador de Ormuz. Nesta situação, os turcos Otomanos, que dominaram gradualmente as costas do Mar Vermelho e do sul da Arábia Saudita nos anos de 1518 a 1546 AD, tentaram expulsar os Portugueses do mar de Omão, do Golfo Pérsico e do Oceano Índico. Sabendo isso, o vice-rei dirigiu-se para Bab el Mandeb. Em Muscat, prendeu Rais Sharaf al-Din, deportou-o para Lisboa e substituiu-o por Rashid-e-bin. A notícia inspirou ainda mais revolta.

As batalhas navais entre os Otomanos e os Portugueses continuaram entre 1537 e 1553 AD. Embora os Portugueses tenham saído sempre vitoriosos, estas batalhas diminuíram o seu poder comercial marítimo. Os Otomanos atacaram Muscat em 1546 AD e foram derrotados. E em 1550 AD, no contexto da guerra no Golfo Pérsico, sitiaram a ilha de Ormuz durante um mês. Os Portugueses ganharam a guerra e capturaram Muscat. Em seguida, atacaram a ilha de Ormuz e saquearam-na. Em 1550 AD, dominaram Basra e Qatif, localizada na costa sul do Golfo. Enfurecidos, os Otomanos dirigiram-se de novo ao Golfo Pérsico em 1551 e 1552 AD. Um duro confronto ocorreu entre os dois poderes. Na segunda batalha, os Otomanos conseguiram capturar Muscat mas foram derrotados perto da ilha de Ormuz. Deste modo, os Portugueses conseguiram, mais uma vez, impor-se de forma absoluta nas costas do Golfo Pérsico.

Os ataques dos turcos Otomanos ao Irão e as batalhas navais no Golfo Pérsico entre eles e os Portugueses – as duas potências marítimas que procuravam obter o controlo exclusivo do Golfo Pérsico e do Mar Vermelho e expulsar o seu rival da área – influenciaram fortemente o comércio do Golfo Pérsico e de Ormuz e contribuíram para o seu declínio económico. A principal razão desta queda foi a desqualificação do rei de Ormuz Solqar Xá II. Ele era, de facto, um dos governantes mais enfraquecidos de Ormuz e cometeu um grande erro ao escolher Ahmed-e-bin Rashid para ministro. Apoiando totalmente os Portugueses, Ahmed-e-bin Rashid conduziu a situação económica e política da ilha à ruína. Com ele, os Portugueses puderam tomar conta dos negócios aduaneiros de Ormuz, das mais importantes rendas da ilha, e, assim, da sua economia e da sua política.

Até ao reinado de Solqar Xá (ou seja, até 1533 AD), Ormuz era economicamente independente. Isto significa que os Portugueses reconheciam o poder do rei e do Ministro de Ormuz, e, apesar de permanecerem na ilha, a sua única ligação com o rei de Ormuz era através do pagamento de impostos anuais, não interferindo em quaisquer outros assuntos. Mas depois de 1533 AD, devido às vastas revoltas nas regiões sob a sua soberania, a política administrativa do vice-rei da Índia, em Ormuz, mudou.

Estes motins levaram os Portugueses a empreenderem medidas para evitar novas rebeliões públicas, incluindo a intervenção directa na escolha de ministros, o fortalecimento de redes de informação por meio de subornos e ameaças, a obtenção de todas as receitas aduaneiras da ilha de Ormuz e o corte do rendimento do rei e dos ministros. Estas medidads foram baseadas nas experiências que obtiveram durante meio século de colonialismo no Oceano Índico e no novo continente da América. ([2] p. 162)

Os Portugueses tentaram, na medida do possível, reduzir os poderes do rei e do ministro. Em 1541 AD, tomaram as receitas aduaneiras de Ormuz, aumentaram o seu controlo sobre as receitas locais e as rotas comerciais, e diminuiram o poder do rei de Ormuz. Nos primeiros anos do controlo português, o tributo anual de Ormuz era de 150.000 Ashrafi (pagamento em ouro). Em 1522 AD, era de 170.000 Ashrafi e em 1533 AD ascendeu a 198.000. Mas o pleno domínio sobre Ormuz fez baixar as receitas fiscais, devido ao envolvimento directo dos militares portugueses no comércio, para cem mil Ashrafi em 1540 AD e setenta mil Ashrafi em 1587 AD. Em 1594 AD, o valor recuou para trinta mil Ashrafi. ([2] p. 262)

Depois, Ormuz foi perdendo o seu domínio comercial até este se tornar muito diminuto. Durante este período, Ormuz perdeu o controlo de muitas regiões costeiras e, posteriormente, até de uma grande parte das receitas provenientes do trânsito de mercadorias. Assim, o reinado de Solqar Xá marcou o início do declínio total de Ormuz.

2 Xá Tahmasp I e os Portugueses

Embora o Xá Tahmasp I fosse um fanático religioso, insatisfeito com a violência e a opressão dos Portugueses contra os muçulmanos, não fez nada para os desafiar e para recuperar as ilhas do sul do Irão. Naquela época, estava envolvido numa guerra de vinte anos com os Otomanos e ocupado com os motins dos Uzbeques. Além disso, não possuía uma marinha para os enfrentar.

De acordo com Navai [7], as relações políticas entre o Irão e Portugal não foram muito marcantes no tempo do Xá Tahmasp I visto que o primeiro contacto formal entre eles ocorreu apenas dezassete anos após o início do reinado deste Xá. Em 1540 AD, o Xá enviou um embaixador ao vice-rei da Índia portuguesa em Goa com o fim de solicitar ajuda para recuperar Basra e Bahrein, que tinham caído nas mãos dos Otomanos. O resultado desta embaixada é desconhecido.

O Xá Tahmasp, diminuído no seu poder devido aos

repetidos ataques dos Otomanos, propôs finalmente a paz em 1555 AD. O tratado de paz, chamado "Paz de Amasya", foi cumprido até ao final do reinado do Xá.

Enquanto isso, os Portugueses, buscando obter o apoio do irão na luta contra os Otomanos, enviaram uma embaixada ao Xá. O Rei de Portugal Dom Sebastião (1557-1578 AD) enviou embaixadores à corte do Xá em 1551 AD (no início das atividades da marinha otomana no Golfo Pérsico, de acordo com Eskandar Beig Monshi [8] p. 116) e 1574 AD.

No entanto, informado da violência dos Portugueses que haviam destruído a mesquita da ilha de Ormuz, impedindo a sua restauração, queimado o Alcorão e maltratado os muçulmanos e os comerciantes iranianos na ilha, o Xá recebeu com fortes reservas o primeiro embaixador (Henrique de Macedo) e, após alguns dias, autorizou-o a regressar. Mas a segunda embaixada não só foi ignorada pelo Xá mas também punida e retida. Apenas foi autorizada a regressar a Portugal dois anos depois da morte do Xá em 1576 AD, com a permissão do seu sucessor, o Xá Mohammad Khodabandeh. Assim, a embaixada portuguesa permaneceu mais de dois anos no Irão e esteva presente na cerimónia de coroação do Xá Ismail II, em 1576 AD.

De acordo com Parsadust [1], a razão pela qual o Xá Tahmasp não quis aproveitar esta oportunidade para fazer uma aliança militar com Portugal contra os Otomanos pode ser sido o seu preconceito religioso. Encarava os cristãos como infiéis e reagia assim aos maus-tratos inflingidos pelos Portugueses aos muçulmanos. Além disso, outra razão pode ser o interesse do Xá na manutenção da paz com os Otomanos após o Tratado de Amasya. Pp. 509-508

No entanto, segundo Navai [7], quando a guerra entre o Império Otomano e o Irão se intensificou e eles dominaram Qatif em 1550 AD e Muscat em 1553 AD, o Xá Tahmasp, contrariando o seu propósito, uniu-se aos Portugueses para enfrentar os Otomanos e para os expulsar do país. Com esta aliança, conseguiram atacar Qatif e expulsar os Otomanos.

Mas, quanto às relações entre o Xá Tahmasp e os Portugueses, observamos diferentes pontos de vista. Já lemos que a relação da corte Safávida com o governo português de Ormuz foi boa durante os primeiros vinte e cinco anos (1524-1549) do reinado do Xá, que governou 53 anos. Sabemos também que, durante o segundo ataque otomano ao Irão (1548 AD), os Portugueses, que estavam em guerra com o Império otomano no Oceano Índico e no Norte da África, ajudaram o Irão a expulsar os Otomanos de regiões como Qatif. O relacionamento do Xá com os Portugueses degradou-se em 1549 AD e permaneceu ruim até ao fim do seu reinado.[9]

3 Aquisição do Uso de Armas de Fogo a partir dos Portugueses

A fim de cumprir dois objectivos, em primeiro lugar tornar a ilha de Ormuz o centro do seu comércio e em segundo lugar enfraquecer o poderoso Império otomano, os Portugueses procuraram familiarizar o exército do Xá Tahmasp com as armas de fogo. Assim, escolheram a elite dos jovens guardas reais (constituída por cinco mil soldados chamados Qurchi) e armaram-nos com mosquetes, formando assim o núcleo principal e básico de um pequeno exército.[10]

A este respeito, o britânico Thomas Herbert, que esteve na Índia e no Irão nos anos de 1627 a 1630, confirmou ter sido com os Portugueses que os Iranianos aprenderam a usar a artilharia.[11]

---

[9] http://www.shahbazi.org/pages/moscovy6.htm

[10] http://shahabodin.blogfa.com/post/53

[11] http://www.shahbazi.org/pages/moscovy6.htm

48

Resumo

As informações desta seção foram coletadas a partir das fontes [1], [6], e [7] que concordam no facto de que o Xá Ismail II, o terceiro da dinastia Safávida (1576-1577 AD), não teve tempo para estabelecer uma relação com Portugal, devido a curta duração do seu reinado.

Xá Ismail II (1576–1577)

Após a morte do Xá Tahmasp I, os seus filhos entregaram-se a uma grande disputa pela sucessão. Com a ajuda de apoiantes e por meio da conspiração, o Xá Ismail II conseguiu apropriar-se do trono em 1576 AD. Começou por matar todos os seus adversários. Depois, dominado pelo fanatismo religioso e pelo ódio contra o Império Otomano, tentou anular a Paz de Amasya e preparar-se para a guerra contra os Otomanos. Os seus adversários, principalmente os comandantes de Ghezelbash, acabaram por envenená-lo. Assim, o Xá Ismail II, que reinou durante 18 meses, foi morto com a idade de quarenta e três anos, em 1577 AD.

Devido ao seu curto reinado, não teve tempo para desenvolver o relacionamento com Portugal. Escrevemos na seção anterior que o Xá Tahmasp não permitiu o regresso da embaixada portuguesa e assim ela ainda se encontrava no Irão quando teve lugar a cerimónia de coroação do Xá Ismail II. Esta embaixada foi a última medida que o rei de Portugal Dom Sebastão (1577-1578 AD) empreendeu para estabelecer uma conexão entre o Irão e Portugal. Após a sua morte numa expedição militar ao norte de África, sucedeu-lhe o Cardeal Dom Henrique, cujo reinado durou dois anos (1580 AD) e durante o qual o Xá Ismail foi morto e substituído pelo Xá Mohammad Khodabandeh.

Resumo

Este capítulo apresenta o relacionamento entre o Irão e Portugal durante o reinado do Xá Mohammad Khodabndeh, o quarto rei da dinastia Safávida (1578 -1587 AD). Os dados foram coligidos a partir de [1], [2], [3], [5], [9], [10] e [11].

Durante o período do Xá Mohammad Khodabandeh não ocorreram relações sérias entre o Irão e Portugal. Por um lado, o seu reinado foi preenchido pela guerra com os turcos Otomanos. Por outro, Portugal foi anexado pela Espanha no início deste reinado, e a partir de então a Espanha passou a dominar as relações de toda a Península Ibérica com o Irão. Aconteceram algumas trocas de embaixadores e de correspondência entre Filipe II, o rei de Espanha (1556-1598), e o Xá Mohammad Khodabande para criar uma aliança militar contra os Otomanos. Falharam todas.

Xá Mohammad Khodabandeh (1578–1587)

O Xá Mohammad Khodabandeh era quase cego. Devido a este problema físico e à sua falta de coragem e determinação, deixou que o controlo dos assuntos do país caísse nas mãos da sua esposa e dos Qizilbashes[12]. Devido a muitos desentendimentos entre os Qizilbashes e a esposa do rei, o país caiu no caos e os turcos Otomanos aproveitaram a oportunidade para atacar o Irão. Mediante repetidos ataques, capturaram muitos territórios e conquistaram uma grande parte do noroeste e do oeste do Irão. Também tomaram Tabriz, onde construíram uma fortaleza.

1 Anexação de Portugal pela Espanha

Em 1578 AD, devido à morte de Dom Sebastião, Portugal caiu num grave problema de sucessão que durou dois anos e conduziu à perda da independência. Filipe II, o rei de

---

[12] Na era Safávida, o exército iraniano chamava-se "Qizilbash". Este contribuiu para a fundação da dinastia Safávida.

Espanha (1556-1598), aproveitando o facto de o rei de Portugal ter morrido sem descendência, anexou Portugal em 1580 AD. Na história de Portugal, tomou o título de Filipe I. Portugal ficou sob a soberania espanhola durante sessenta anos, até 1640 AD. No entanto, as suas colónias no Oriente permaneceram controladas pelos Portugueses, embora existam diferentes pontos de vista a este respeito. De acordo com Parsadust [1], com a anexação de Portugal pela Espanha, Filipe II tomou posse de Portugal, incluindo a ilha de Ormuz, no Golfo Pérsico. Apoiando essa visão, Vosughi [2] concorda que, após esta ocorrência, o governante de Ormuz declarou a sua lealdade a Filipe II em 1581 AD. Outra fonte salienta que, com a soberania de Espanha sobre Ormuz, as relações comerciais do Irão reorientaram-se para Espanha e, por causa disso, o Rial[13] difundiu-se no Irão.[14]

Filipe II, que não queria que a mudança política na Península Ibérica prejudicasse a posição portuguesa no Golfo Pérsico e era um fanático religioso com um ódio intenso aos muçulmanos, quando foi informado de que os Otomanos turcos tinham invadido o Irão procurou restabelecer as relações com o Xá iraniano. Em 1582 AD, ordenou ao vice-rei de Portugal na Índia Dom Francisco de Mascarenhas que enviasse um embaixador à corte do Irão e apresentasse ao Xá as três propostas seguintes ([9] p. 25 e [2] p 16):

1. Permitir que os católicos realizassem livremente os

---

[13] Rial era o nome de uma moeda de prata cunhada em Espanha entre 1497 e 1870, muito comum nas colónias espanholas. 285 anos mais tarde, no período do Xá Reza, o rial foi escolhido como moeda oficial iraniana em vez do quiran (moeda do Irão entre 1825 e 1932), com um peso líquido de 0/3661191 gramas de ouro.

[14] https://www.google.pt/url?sa=t&rct=j&q=&esrc=s&source=web&cd=5&ca d=rja&uact=8&ved=0ahUKEwimgcmjye_JAhVGORoKHb3GAWEQFgg9M AQ&url=http%3A%2F%2Falef.ir%2Fgetgw39y.ak9xu4prra.html&usg=AFQj CNHqfXc6uuccqWoOJ7d1KfVics_Zew&sig2=AdyrmfX8GL2VoJ9NvyAprw

seus ritos e construíssem igrejas no Irão;

2. Estabelecer uma aliança militar com a Espanha contra os Otomanos, devendo o Irão continuar a guerra contra esse país;

3. Conceder privilégios comerciais aos Espanhóis e aos Portugueses.

Naquela época, a presença portuguesa no Oceano Índico registou um declínio comercial com fortes consequências militares e políticas. O grande erro dos Portugueses consistiu em ter assentado a política numa actividade militar violenta. Esta acção acentuou a quebra das relações económicas até ao ponto de o vice-rei da Índia, por causa da sua precária condição financeira, não ter podido enviar um embaixador ao Irão, como Filipe II lhe ordenara. Em alternativa, mandou um padre chamado Simão Morals, que vivia no Irão há algum tempo e tinha adquirido o domínio da língua persa, juntamente com outro padre da Ordem de Santo Agostinho chamado Simão da Conceição, que vivia na ilha de Ormuz.

Em 1582 AD, Simão Morals convenceu o rei do Irão a parar as negociações de paz com os Otomanos, e informou Filipe II do desejo do rei de se unir a ele contra os Otomanos. Como Morals tinha algum conhecimento de diferentes ciências, especialmente de matemática, o Xá pediu-lhe para ensinar matemática e astronomia ao seu filho. Ficou no Irão até 1585 AD, ano em que o Xá o autorizou a partir acompanhado de um embaixador. Morais e o embaixador iraniano partiram no navio "Boa Viagem". Na África Oriental, foram apanhados por uma tempestade que os fez naufragar. Não se conhecem outras medidas diplomáticas empreendidas por Filipe II e o Xá Mohammad.

A razão pela qual o vice-rei enviou ao Irão ministros cristãos, em vez de um embaixador, talvez se relacione com a política da Igreja Católica de enviar para o Oriente padres treinados, apoiados pelos reis europeus, que conciliassem os objectivos coloniais e religiosos. E como se vê, neste período, os Safávidas necessitavam em absoluto da ajuda do Ocidente, por várias razões, incluindo a falta de preparação militar e a vantagem de ter um poderoso aliado contra os Otomanos. Foi nestas circunstâncias que a Igreja Católica, o órgão religioso dos colonizadores ocidentais, apoiada pelo governo e pelas cortes, iniciou as suas atividades em algumas cidades do Irão.[15]

No reinado do Xá Mohammad Khodabandeh, o Papa Gregório XIII também procurou aproximar-se do Xá e fortalecer as suas forças armadas para criar uma aliança militar com os governantes europeus no sentido de combater os Otomanos. Para este efeito, enviou um embaixador à corte do Xá em 1579 AD. A resposta do Xá à proposta do Papa foi positiva. Como Parsadust [1] refere, apesar da troca de embaixadores e de correspondência, o Xá Mohammad não recebeu qualquer ajuda financeira ou militar do papa ou do rei de Espanha e Portugal. E nenhuma aliança militar contra os Otomanos foi criada entre o Xá e as potências europeias. p. 512

2 A presença dos Britânicos no Irão

Em 1582 AD, um comerciante inglês chamado John Neueri viajou até ao Golfo Pérsico, com mais três comerciantes, para abrir uma sede comercial em Ormuz e assim expandir as suas actividades económicas no Irão. Este foi o início de uma séria competição entre Portugal e o Reino Unido que será apresentada na próxima secção.

A fraqueza e a incompetência do Xá Mohammad Khodabandeh lançou o Irão em tumultos e no caos. Em 1588 AD, os líderes qizilbash de Khorasan rebelaram-se contra ele e o Xá Abbas I foi colocado no trono.

---

[15] http://iranzamin-tarikh.persianblog.ir/post/101/

54

Capítulo Três
Século XVII

Resumo

Este capítulo destaca as relações entre o Irão e Portugal durante o reinado do Xá Abbas I, o quinto rei da dinastia Safávida (1588-1619 AD). As informações foram coletadas a partir das fontes seguintes: [1], [2], [4], [6], [7], [8], [12], e [13].

No início do século XVII, o domínio português sofreu fortes abalos: por um lado, o surgimento dos poderes britânico e holandês no Oriente, que estabeleceram uma competição séria com os Portugueses, e, por outro lado, o início de um poderoso reinado no Irão (o Xá Abbas I, o quinto rei da dinastia Safávida, 1588-1619 AD) e o interesse principal do rei em desviar as rotas comerciais para o Golfo Pérsico. O ódio que o Xá Abbas I votava aos agentes portugueses e espanhóis por causa dos crimes e atos de violência praticados no Irão não o impediu de negociar com eles na expectativa de estabelecer uma aliança militar contra os turcos Otomanos e de recuperar as terras perdidas pelos seus antecessores. Enquanto o Xá Abbas subia ao trono do Irão, os Britânicos derrotaram a Espanha no Oceano Atlântico, ganharam poder marítimo e procuraram expandir os seus negócios com o Leste, através do mar. Fundaram a Companhia das Índias Orientais, iniciaram as relações comerciais com o Irão e passaram a rivalizar seriamente com os Portugueses.

A situação mudou quando o Xá Abbas finalmente fez as pazes com os Otomanos e deixou de precisar de uma aliana militar com os governos europeus, nomeadamente a Espanha, para os combater. Confrontados com este novo contexto, os Portugueses adoptaram políticas económicas e sociais erradas e duras que agravaram as relações com o Irão e conduziram à expulsão dos Portugueses de Ormuz, numa guerra sangrenta travada com a ajuda da Companhia Britânica das Índias Orientais. Assim, a bandeira portuguesa, colocada no topo da fortaleza por Albuquerque mais de um século antes, foi arriada em 1612 AD.

Xá Abbas I (1588-1619)

Um dos principais objectivos do Xá Abbas, durante o seu reinado, foi retomar os territórios que os estrangeiros haviam capturado durante os reinados anteriores. Também trabalhou para ter de volta as províncias que fora forçado a ceder aos turcos Otomanos no início do seu reinado. O Xá Abbas também lutou contra os Otomanos para garantir uma via de exportação das mercadorias iranianas para países europeus, que até ao seu reinado seguiam do território otomano: de Tabriz para Trabzon ou de Bagdad para a Europa. Embora os Portugueses tivessem tomado a ilha de

Ormuz e aberto desse modo o caminho marítimo do Golfo Pérsico para a Europa, os oficiais portugueses consideravam o comércio do Golfo Pérsico exclusivamente seu e não permitiam uma transferência directa da seda e de outros produtos iranianos para a Índia e a Europa. Assim, os comerciantes iranianos não podiam beneficiar do comércio através do Golfo. O Xá viu-se assim na contingência de exportar as mercadorias iranianas através dos territórios turcos, o que implicava pagar uma grande quantidade de direitos aduaneiros ou de obter uma autorização de passagem. Assim, o Xá considerava os turcos Otomanos um grande obstáculo que convinha remover. Ele sabia que se conseguisse retirar esta barreira, poderia também livrar-se da pressão portuguesa.

Sabendo que os governos europeus também estavam sob a ameaça dos Otomanos turcos, que procediam a ataques militares, a saques e à escravização de cristãos, o Xá Abbas enviou embaixadores à Europa com o fim de estabelecer uma aliança contra o inimigo comum.

1 Relações Diplomáticas do Irão com os Governos Europeus

Na dinastia Safávida, floresceram as relações diplomáticas do Irão com os países europeus. Foi a guerra entre o Irão e os turcos Otomanos que levou os reis Safávidas a estabelecer relações económicas e políticas com outros países e a procurar uma aliança militar contra o antigo e poderoso inimigo. Estas atividades aumentaram extraordinariamente no período do Xá Abbas I. É isso que explica a presença de europeus na corte safávida, como tradutores, embaixadores, diplomatas e especialistas em comércio, entre os quais se pode referir o português António de Gouveia.

O segundo objetivo do Xá Abbas consistiu em estabelecer relações comerciais com os países europeus a fim de vender seda. Ele ofereceu o acesso à seda iraniana, sobretudo a partir da ilha de Ormuz, por metade do preço daquela que obtinham nos portos do Mediterrâneo Oriental e ainda mais barata do que aquela que adquiriam nos portos otomanos de Bahr al-rum. O principal objetivo do Xá foi portanto tomar de volta as províncias perdidas do Irão e o segundo objetivo alcançar uma solução global com os Europeus para combater os sultões otomanos. A venda da seda incrementava as relações diplomáticas entre o Irão e os governos europeus, mas também subtraía aos turcos Otomanos uma fonte de receita fundamental, uma vez que os direitos aduameiros eram vultuosos.

Neste período, os países europeus também enviaram muitos embaixadores a fim de estabelecerem contratos comerciais e alianças políticas contra os turcos Otomanos. Mas, na prática, os governos europeus não fizeram tanto esforço como o Irão a este respeito. Frequentemente, os esforços redundavam no envio de embaixadores e cartas. O interesse dos governos europeus centrava-se no estabelecimento de relações comerciais para aproveitar os ricos recursos deste país. A seda era o produto favorito. Cada comprador tentava obter a exclusividade do seu comércio. O Xá Safávida aproveitou esse interesse para alargar as relações comerciais e incentivar a aliança militar contra o poderoso império otomano.

Nesse tempo, os papas eram muito poderosos e tinham influência sobre os católicos de todo o mundo, especialmente os europeus. Portanto, impunham com facilidade as suas exigências aos governantes cristãos. Assim, o Xá Abbas estava particularmente esperançoso em fazer uma aliança militar contra os Otomanos com o Papa e o rei de Espanha, as entidades políticas europeias mais poderosas. Foi assim que o Xá Abbas I, ao contrário de outros reis safávidas, que não prestavam atenção aos padres missionários, os ajudou e apoiou financeiramente na construção de uma igreja. Ele mesmo ia à igreja cristã. Mas, apesar da perseverança do Xá para se relacionar com a Espanha e o Vaticano e das muitas cartas e promessas que deles recebeu, nada se concretizou durante o seu reinado.

De acordo com Parsadust [1], o mais importante para a Espanha não era fazer uma aliança com o Irão a fim de lutar contra os Otomanos, mas expulsar os navios de guerra britânicos e holandeses do Golfo Pérsico e do Oceano Índico. Naquela época, o rei da Espanha, Filipe II, era o principal inimigo do Reino Unido. A inimizade era religiosa e tinha subjacente a supremacia na política europeia.

A outra razão para a relutância espanhola em formar esta aliança residia na longa distância entre o Irão e os países europeus. No entanto, por cartas e embaixadores e com promessas de apoio militar, as potências europeias animavam o Xá a lutar contra os Otomanos sem chegarem a concretizar qualquer tipo de ajuda.

2 Os Irmãos "Shirley"

Em 1598 AD, durante a época de Elizabeth I, a rainha de Inglaterra, os irmãos Shirley, Sir Anthony Shirley e Robert Shirley, pessoas poderosas neste país, foram designados para ir ao Irão, juntamente com uma delegação de vinte pessoas. Pretendiam incentivar o Xá Abbas na guerra com os Otomanos e pedir-lhe a concessão de privilégios aos comerciantes ingleses. O Xá, que buscava formar um exército para lutar contra os Turcos e retomar as províncias ocupadas por eles no início do seu reinoado, recebeu-os. Os dois irmãos organizaram o exército Ghezelbash (carapuças vermelhas) do Xá Abbas e colocaram-no sob a autoridade do Xá.

Quando o Xá Abbas decidiu enviar um embaixador à corte de Espanha, Anthony Shirley desencorajou-o e pediu-lhe, em alternativa, para mandar embaixadores às cortes de todos os reis europeus e ao papa. Ao proceder deste modo, obteria um reforço militar mais amplo. Também sugeriu ao Xá que deixasse esta embaixada sob a sua direção. Ressaltou que seria melhor estabelecer relações diplomáticas com os governos europeus que tinham interesses comerciais na Índia e nos seus mares adjacentes e com outros governos que estivessem em guerra ou hostilidade com os Otomanos, como a Rússia, a Áustria e a República de Veneza.

O Xá ficou muito satisfeito com as suas sugestões e

recomendações. Não tendo nenhuma pessoa à altura desse esforço diplomático, o Xá aceitou a sua proposta para chefiar a embaixada. Ficou portanto assente que Robert Shirley, um especialista em assuntos militares, ficasse na corte do Xá a reformar a estrutura militar e a treinar as tropas do Irão, e que Sir Anthony Shirley, como representante e embaixador do Irão juntamente com Hosseinali Beyg, o comandante de Ghezelbash, levasse cartas do Xá Abbas às cortes dos reis europeus e ao papa.

Em 1598, quando o Xá Abbas estava a ultimar os preparativos da delegação aos países europeus, chegaram, de Ormuz, ao Irão, dois padres portugueses: o franciscano Afonso Cordeiro e o dominicano Nicolodi Melo. Nicolodi Melo apresentou-se como o bispo de Ormuz e o representante especial do papa e do rei da Espanha. O Xá recebeu ambos os padres, que lhe solicitaram permissão para construir uma igreja no Irão para que os católicos pudessem realizar livremente os seus rituais religiosos.

Quanto à chegada dos dois padres portugueses ao Irão, Vosughi [2] indica que eles provavelmente entraram na corte do Xá a fim de atenuar a influência britânica que havia prosperado após a entrada dos irmãos Shirley. A provar o seu ponto de vista, menciona expressamente o itinerário de Anthony Shirley) (pp. 183-184). O facto de os padres, quando foram informados da embaixada chefiada por Anthony Shirley, terem pedido autorização para acompanhar o embaixador pode ser considerado outra confirmação desta hipótese.

Navai [7] também defende esta interpretação. A chegada repentina dos dois padres pouco depois da entrada dos irmãos Shirley no Irão não pode ser uma coincidência. Eles eram, na verdade, os representantes do Governo português na cidade de Goa, na Índia, e haviam sido designados para descobrir a intenção da delegação britânica e impedir o desenvolvimento da sua influência no Irão. Ele acrescenta que Nicolodi Melo recomendou ao Xá Abbas para não confiar nas promessas expressa por Sir Anthony Shirley nem no governo britânico e para manter a sua amizade com o rei de Espanha. Também sugeriu que, se o Xá do

Irão interrompesse as suas negociações com Sir Anthony Shirley, ele reuniria todos os países cristãos na luta contra os Turcos (pp. 93-92).

Na verdade, a forte presença britânica no Oriente e a atenção que colheu do Xá levaram o rei da Espanha a iniciar uma série de atividades diplomáticas, desde o início do século XVII, a fim de reconstruir a condição económica da ilha de Ormuz. Ele tentou atrair o interesse do Xá para a aliança contra os Otomanos e evitar a entrada de cada vez mais rivais comerciais provenientes do Reino Unido e dos Países Baixos no Oceano Índico.

Mas o Xá Abbas não conseguiu obter os benefícios que esperava da delegação à corte papal e dos reis da Europa: não formou uma aliança militar contra os Otomanos e não conseguiu reorganizar o comércio da seda. Porque, em primeiro lugar, devido a uma disputa entre Anthony Shirley e Hosseinali Beyg, aquele deixou a delegação e não retornou ao Irão. Sozinho na chefia da comitiva, Hosseinali Beyg também não alcançou nenhum resultado.

Não tendo conseguido nenhum benefício da delegação de Anthony Shirley, o Xá enviou Robert Shirley às cortes europeias (1607 AD). Os seus esforços também foram em vão. Os governos europeus apenas fizeram promessas e não mantiveram nenhuma delas. Assim, o Xá Abbas decidiu começar a guerra, sozinho, contra o Império otomano e não esperar mais por promessas mentirosas ou dilatórias. Ele esperava que, se começasse a guerra, os líderes europeus seriam incentivados a juntar-se-lhe. No enanto, não recebeu nenhuma assistência militar durante os quatro anos de guerra contínua travada com os Otomanos.

Entretanto, os Portugueses na ilha de Ormuz continuavam os maus-tratos aos comerciantes iranianos e não só negligenciavam os avisos do Xá Abbas, como também forçavam alguns iranianos a converter-se ao cristianismo. O Xá tolerava esta situação porque precisava da presença marítima dos portugueses no Golfo Pérsico. A sua presença promovia a segurança e a confiança dos comerciantes ao manterem à distância os pirates árabes e turcos. Além disso, o Xá Abbas necessitava de navios de comércio e de guerra para o transporte da seda entre a ilha de Ormuz e a Europa.

3 Tomada do Bahrein e do Porto de Cambarão[16]

Desde 1601 AD, os habitantes da ilha de Ormuz e das outras áreas do Golfo Pérsico, que estavam sob o domínio português, empreenderam medidas a fim de expulsar os Portugueses e de se livrarem da sua autoridade. Uma dessas medidas foi a ocupação do Bahrein. O Bahrein estava, desde meados do século XVI, no território da ilha de Ormuz, e porque Ormuz estava sob o controlo dos Portugueses, estes também se consideravam donos do Bahrein.

Em 1601 AD, após a morte do Emir de Ormuz Farrukh Xá, sucedeu-lhe o filho Firuz Xá. Sharaf al-Din, que era o ministro de Ormuz, nomeou o seu irmão Rukn al-Din Masud como governador do Bahrein. No caos da morte do Emir de Ormuz e da deficiência do seu sucessor, Rukn al-Din Masud, procurando parar as invasões e opressões dos Portugueses e libertar o Bahrein da sua dominação, aproveitou a instabilidade política para declarar a independência. Allahverdi Khan, o governador de Fars, quando ouviu a notícia, fingiu ajudar Rukn al-Din Masud, mas, na verdade, com a finalidade de capturar o Bahrein, formou um exército que se intrometeu, à noite, na casa de Rukn al-Din Masud, matou-o e tomou o Bahrein.

Ao ouvir a notícia da tomada do Bahrein, o Emir de Ormuz e o seu regente português enviaram vários navios à ilha e ali aconteceu uma batalha entre as tropas do Irão e de Portugal. Os Portugueses sitiaram a ilha por três meses, mas sem sucesso. Os iranianos venceram a contenda, libertaram o Bahrein do domínio dos Portugueses e

---

16 Ou "Porto Comorão".

anexaram-no a Fars.

Ao retomar a posse do Bahrein, o Irão passou a dominar o comércio com os vizinhos e abriu uma rota marítima para a Europa, libertando-se assim dos constrangimentos impostos pelos Otomanos. Depois do Bahrein, o Xá Abbas foi incentivado a conquistar as outras regiões. Assim, ordenou a Allahverdi Khan que atacasse o porto de Jeroen (chamado mais tarde o porto de Cambarão[17]).

O porto de Cambarão localiza-se à entrada de Ormuz. Quando os Portugueses dominaram a ilha, consideraram-se senhores de todas as áreas que lhe estavam adstritas, como o porto de Cambarão que pertencia ao Emir de Ormuz, e tomaram medidas para o seu controlo efetivo. Construíram uma fortaleza no porto de Cambarão que funcionava como uma ancoragem para os seus navios de guerra. Ali estavam sempre quinze a trinta navios atracados. Quando o vigia da ilha de Ormuz detetava um navio estrangeiro no Golfo Pérsico, informava o guarda da fortaleza mediante um disparo de canhão. Ao mesmo tempo, os navios de guerra navegavam imediatamente para o interceptar e receber os direitos aduaneiros.

A conquista do Bahrein e a tentativa fracassada dos Portugueses de o retomarem causaram grande preocupação ao vice-rei da Índia. Ele enviou cinco navios de guerra para a região a fim de defender a ilha de Ormuz. O Xá Abbas, ao tomar conhecimento das novas forças deslocadas para o Golfo Pérsico, e consciente de que também estava envolvido numa guerra contra os

---

[17] Os Portugueses mudaram o nome do porto de Jeroen para Porto Comorão ou Cambarão. A maioria das fontes atribui o nome à abundância de caranguejos na praia deste porto. No entanto, o mais natural é que o nome derive de "camarão" Em breve, passou a ser conhecido por "Gombroon" pelos comerciantes britânicos. Em 1622 AD, o Xá Abbas mudou o nome para Bandar Abbas. (Retirado de file:///C:/Users/Jesica/Desktop/published-pdf-0317-6-The%20Comparative%20Study%20of%20Women%20s%20Clothing%20in%20Hormozgan%20and%20India.pdf, p. 234, acessado em 24/03/2016.

Otomanos, ordenou a Allahverdi Khan que suspendesse o bloqueio de Jeroen e do território de Ormuz e voltasse as suas forças para Shiraz. Ao mesmo tempo, autorizou os padres espanhóis, que tinham vindo ao Irão, recomendados pelo rei de Espanha, para adquirir a permissão de construir uma igreja agostiniana, a retornarem ao seu país. Eles regressaram de imediato. António de Gouveia, o chefe da missão, garantiu ao Xá Abbas que o vice-rei da Índia não atacaria as margens do Golfo Pérsico. Em 1602 AD, o embaixador iraniano Allahverdi Beyg acompanhou António de Gouveia até Ormuz com o objetivo de seguir para a Índia e daqui para Portugal, a fim de se apresentar na corte de Espanha

Em 1614 AD, Imam Quli Khan, o filho de Allahverdi Khan, instruído pelo pai, atacou a fortaleza e capturou o porto de Gombroon. Depois, destruiu a cerca e construiu uma fortaleza sólida, a três passos de distância da anterior.

Filipe III sofreu um duro revés ao perder o Bahrein e o porto de Cambarão e ficou muito preocupado ao verificar o estreitamento de relações entre o Irão e os Ingleses. A fim de evitar novos atos hostis do Xá Abbas, mandou o embaixador García de Silva y Figueroa à corte do Xá. Apresenta-se a seguir uma breve descrição das delegações enviadas por Filipe III à corte do Xá Abbas.

4   Início de Relações Políticas do Xá com a Espanha

Em 1602 AD, Filipe III, rei de Portugal e Espanha, um católico devoto e interessado em promover o cristianismo na Ásia, enviou ao Irão uma delegação composta por três padres católicos da ordem agostiniana: Jérôme de la Croix, Christophe de Saint-Esprit, e António de Gouveia. A delegação, presidida por António de Gouveia, reuniu-se com o Xá Abbas I, após seis meses de viagens por mar e terra, com três objetivos: 1) consolidar a base de negócios de Espanha e Portugal, 2) impedir o Xá de celebrar novos contratos com comerciantes ingleses, e 3) obter o acordo do Xá para promover o cristianismo no Irão. Em troca desses privilégios, os embaixadores prometeram ao Xá

Abbas que a Espanha o ajudaria na guerra contra os Otomanos.

O Xá Abbas autorizou o padre António de Gouveia a construir em Isfahan uma igreja para os cristãos agostinianos e a prosseguirem livremente a sua actividade missionária. Desta forma, vários padres portugueses residiram em Isfahan e dedicaram-se aos seus deveres religiosos. Depois, o Xá Abbas enviou António de Gouveia com um de seus comandantes, Allahverdi Beyg Turkmen, a Espanha para declarar a sua concordância em relação às outras duas propostas de Filipe III.

António de Gouveia e Allahverdi Beyg Turkmen chegaram a Espanha em 1603 AD e entregaram as cartas e presentes do Xá Abbas a Filipe III. Ao mesmo tempo, o governador português da ilha de Ormuz, decepcionado por regressar ao Barhein, enviou uma carta de reclamação ao rei da Espanha. Filipe III, tendo sido informado da captura do Bahrein por tropas iranianas, enviou novamente o mesmo embaixador ao Irão a fim de protestar e exigir o retorno do Bahrein. Mas o Xá Abbas não lhe prestou atenção e anunciou, em resposta, que havia herdado a ilha do Bahrein do seu antepassado. Também lhe comunicou que a ilha pertencia ao Irão e permaneceria sob domínio iraniano. Assim, o embaixador saiu frustrado da corte do Xá, voltou a Ormuz e foi de lá para Goa. O Xá Abbas pretendia manter o Bahrein sob ocupação do Irão para que, em caso de invasão otomana, pudesse evitar possíveis ataques da Espanha e de Portugal no sul do Irão. Tratava-se de prevenir a eventualidade de duas frentes de guerra.

O rei da Espanha, considerando que as medidas do Xá ignoravam os interesses dos Portugueses e preparavam um ataque às suas possessões, começou a reforçar a sua frota militar. Em 1607 AD, enviou catorze navios grandes e pequenos para o Oceano Índico, e ordenou ao vice-rei da Índia que mandasse embaixadores ao Irão para incentivar o Xá na guerra contra os Otomanos e a manter relações amigáveis. Mas a frota portuguesa foi atacada pelos holandeses e perdeu parte dos navios. Três deles afundaram-se e assim apenas três chegaram ao destino.

Por causa disso, Filipe III enviou mais seis navios ([7] p. 98).

Note-se que os Holandeses, tendo fundado a Companhia Holandesa das Índias Orientais em 1602 AD, começaram a competir com os Portugueses e os Britânicos e conseguiram, nesse mesmo ano, expulsar os Portugueses do Ceilão e tomar o negócio da região.

Em 1608 AD, Filipe III enviou novamente António de Gouveia ao Irão. O Xá Abbas, acompanhando este gesto, mandou o seu general Dongiz Beyg Romelu a Espanha. Na carta que escreveu a Filipe III, o Xá Abbas referiu-se à sua decisão de continuar a batalha contra os Otomanos e ao incumprimento dos Europeus nesta matéria. Após a reunião, o rei da Espanha, baseado na proposta do Xá, determinou a elaboração de um acordo comercial regulando a exportação de seda do Irão para a Europa a partir da ilha de Ormuz. Nesta conformidade, a exportação de seda iraniana deixava de se fazer pelo Império Otomano e por elevados direitos aduaneiros. Este entendimento também favorecia a Espanha, porque o Império otomano era o inimigo comum de ambos os países e perdia assim uma importante fonte de receitas para preparar e equipar as tropas. Apesar das vantagens mútuas que trazia a Espanha e ao Irão, aparentemente o acordo não chegou a ser assinado.

Naqueles dias, Robert Shirley permaneceu por um longo tempo em Lisboa na esperança de obter uma resposta favorável do rei de Espanha para atacar o Império Otomano. Fracassados estes intentos, foi secretamente a Inglaterra, em 1611 AD, e incentivou o rei a fazer comércio com o Irão. Preocupado com a sua partida repentina para Inglaterra, o rei de Espanha escreveu aos seus oficiais em Goa que Robert Shirley tinha estimulado o governo britânico a tomar Ormuz e trabalhava para oferecer o comércio da seda à Inglaterra com base num contrato com o Xá do Irão. Por outro lado, remeteu uma mensagem ao vice-rei da Índia para fortalecer Ormuz contra os Britânicos. A este respeito, Iskandar Beyg Munshi escreve que o ataque dos Portugueses à fortaleza e ao porto de Cambarão e a sua captura, em 1612 AD, constituíram, provavelmente, a implementação desta ordem. [2] p. 273

Em 1612 AD, o embaixador foi ao Irão pela segunda vez em cumprimento das ordens do rei de Espanha e do papa. Desta vez, o Xá Abbas recebeu-o com frieza. Em primeiro lugar, o rei de Espanha, apesar das suas repetidas promessas, não tomava medidas contra os Otomanos. Em segundo lugar, os Portugueses, após a captura do porto de Cambarão e de algumas regiões do litoral do Golfo Pérsico, haviam intensificado o uso de violência. Esta situação motivava queixas constantes ao Xá, mas o rei de Espanha, avisado várias vezes por via diplomática, não tomava medidas para resolver o problema.

Apesar disso, o Xá Abbas tentava manter as relações com a Espanha. Ainda que a Espanha não o apoiasse na luta contra os Otomanos, um bom relacionamento evitaria ataques espanhóis no sul do Irão. Também procurava manter relações amistosas com a Grã-Bretanha, inimiga de Espanha, porque possuía uma armada forte, capaz de o apoiar em caso de guerra com os Portugueses no Golfo Pérsico.

Uma vez que a Companhia Britânica das Índias Orientais, fundada em 1600 AD sob as ordens da rainha Elizabeth, desejava expandir as suas atividades comerciais na Ásia e no Golfo Pérsico, o Xá Abbas decidiu propor-lhe o exclusivo do comércio da seda do Irão na Europa com a condição de ser apoiado em caso de guerra contra os Portuguess na ilha de Ormuz. O Xá Abbas tinha ainda planos para adquirir navios à Grã-Bretanha a fim de constituir uma frota naval no Golfo Pérsico.

Em 1611 AD, Robert Shirley apresentou as propostas do Xá na Grã-Bretanha. James I, que desejava expandir os laços comerciais com o Irão, transmitiu-os à Companhia das Índias Orientais. Considerando que esta oferta marginalizava os seus interesses no vasto Império Otomano, a Companhia não aceitou os termos do acordo.

Filipe III não desistiu e enviou ao Irão Luís Pereira de la Cerda com dois padres e cinco companheiros a fim de reiterar os seus pedidos. O embaixador tinha a missão de retomar o Bahrein com medidas pacíficas e estratégicas, impedir a reconciliação entre o Irão e os Otomanos e levar o governo iraniano a afastar-se do governo britânico. O Xá Abbas não deu uma resposta clara ao embaixador e apenas, em resposta ao padre, prometeu o envio de alguém a Espanha para prosseguir o estreitamento das relações diplomáticas. Na verdade, o embaixador espanhol regressou na companhia de Imam Quli Khan Turkmen com o objetivo de, em nome do Xá, assinar uma aliança entre os dois países.

Os dois embaixadores viajaram para o porto de Goa. Mas o navio que os devia levar para a Europa tinha zarpado há pouco e, por causa das condições de navegação, foram forçados a esperar nove meses pelo navio seguinte. Quando chegaram à Espanha, as circunstâncias políticas haviam-se alterado. Filipe III, seguindo a recomendação do seu primeiro-ministro, que não acreditava nas vantagens de uma guerra contra os Otomanos, já não estava interessado em assinar o tratado. Assim, os esforços diplomáticos não produziram quaisquer resultados.

Desta vez, Robert Shirley falou com Filipe III sobre a sugestão do Xá. Disse-lhe que o Xá optara por oferecer o comércio da seda, sob algumas condições, aos comerciantes portugueses e espanhóis. Para investigar a autenticidade desta oferta e as condições do negócio, o rei de Espanha enviou ao Irão um embaixador, chamado Dom Garcia de Sylva y Figueroa, dois padres e cinco companheiros. A delegação viajou de Espanha para Goa, o centro comercial dos Portugueses na Índia, em 1614 AD.

Dom Garcia de Sylva y Figueroa conhecia melhor os princípios e as formalidades diplomáticas do que outros embaixadores da era Safávida, e observou-os muito bem. Era uma pessoa familiarizada com as regras da diplomacia. Além disso, sabia a língua persa e estudara a história e a geografia do Irão antes de encetar a sua missão.

Neste contexto, em que os Portugueses estavam sujeitos à tutela de um rei espanhol, esse domínio era cada vez mais contestado. Entre outros aspectos, estavam insatisfeitos com o facto de a Espanha se intrometer nos assuntos da

Ásia e do Irão. É preciso lembrar que quando a união dinástica se consumou, foi feita a promessa de que a administração dos assuntos das colónias portuguesas ficasse na alçada exclusiva dos Portugueses. Neste contexto, o envio de embaixadores à corte do Xá Abbas foi considerado uma intromissão espanhola nos assuntos exclusivamente portugueses. Assim, o vice-rei de Portugal que, administrativamente, teria de cumprir as ordens do rei espanhol, recusou esta tarefa usando processos dilatórios. Por exemplo, quando Dom Garcia de Sylva y Figueroa quis ir de Goa para o Irão, a fim de proteger os seus interesses e reforçar a sua posição no Golfo Pérsico, retiveram-no, com vários estratagemas, cerca de três anos e colocaram muitos obstáculos no seu caminho. Finalmente, partiu para Ormuz em 1617 AD. Em Ormuz, como em Goa, foi confrontado com perseguições e obstáculos. Foi hostilizado e atrasado, as suas necessidades e exigências não eram cumpridas, demoraram a fornecer-lhe transporte para o porto de Cambarão.

Dom Garcia de Sylva y Figueroa conseguiu reunir-se com o Xá em 1618 AD. Enquanto estava em Goa, foi informado de que o Xá Abbas havia capturado as ilhas do Bahrein e de Kish e a fortaleza de Cambarão. Para além das missões acima referidas, teve de negociar sobre as regiões sob controlo dos Portugueses mas recentemente conquistadas pelo Xá. Como referimos, também tinha a missão de incitar o Xá Abbas à guerra contra o Império otomano e de o impedir de assinar qualquer acordo comercial com os Britânicos. A permissão de construir igrejas cristãs no Irão também esteve entre as questões tratadas com o Xá. O Xá Abbas recebeu Dom Garcia. Mas depois de o ouvir, não tomou medidas e enviou-o para Isfahan. Em seguida, ele próprio foi a Yerevan e assinou lá um tratado de paz com os Turcos otomanos.

Durante a sua estada em Isfahan, Dom Garcia recebeu, por um mensageiro, uma carta do rei da Espanha. Foi incumbido de a entregar ao Xá Abbas e de obter informações estratégicas. Filipe III escreveu que Robert Shirley lhe tinha sugerido o envio de navios de guerra para a entrada do Mar Vermelho e o fecho da rota de comércio com a Índia aos Turcos otomanos. Robert Shirley também propunha que fosse exigido ao Xá Abbas que não interferisse nas possessões espanholas e portuguesas no Golfo Pérsico e que devolvesse o porto de Cambarão. O rei da Espanha concordou com a proposta e deu ordens a Dom Garcia para a apresentar ao Xá. Na verdade, Robert Shirley tinha-se permitido avançar com esta promessa ao rei da Espanha a fim de provocar a sua entrada na guerra contra os Otomanos.

Uma vez que na altura o Xá Abbas tinha feito as pazes com os Turcos otomanos (1619 AD), declarou ao embaixador que não precisava mais dos navios de guerra do rei de Espanha. Em relação ao Bahrein e ao porto de Cambarão, respondeu que não os devolveria porque o Bahrein pertencia ao Emir de Ormuz, e os governantes de Ormuz sempre tinham estado sujeitos aos reis do Irão. Por isso, realmente tinha tomado o Bahrein e as regiões dependentes ao Emir do Bahrein, mas não aos Portugueses. O porto de Cambarão também se localizava no Irão e completamente fora dos territórios de Portugal. A respeito do pedido do embaixador para construir uma igreja cristã no Irão, respondeu que isso tinha sido autorizado há muito tempo e permanecia em vigor. Mas não disse nada sobre não fazer quaisquer novos acordos com os Britânicos.

A Delegação de Dom Garcia de Silva y Figueroa foi a última tentativa diplomática para resolver a crise entre o Irão e Espanha-Portugal. A principal razão para o fracasso desta missão foi a situação satisfatória em que o Xá Abbas se encontrava após a assinatura do contrato de paz com os Otomanos e o início das relações comerciais com a Grã-Bretanha. [2] p. 278

5 Agravamento das Relações entre o Irão e a Espanha

O Xá Abbas I estava determinado a vender mais seda a vários países e a abrir rotas de comércio a todos os europeus e asiáticos, a fim de desenvolver a economia do Irão. Além disso, uma vez que não queria continuar esta actividade através dos Otomanos por causa dos conflitos políticos e dos elevados direitos aduaneiros, procurou outras vias. A rota do norte do Irão não era boa devido às tempestades do Mar Cáspio, à insegurança da Rússia e aos piratas. A única rota satisfatória era pelo Golfo Pérsico e pela ilha de Ormuz, usando navios portugueses. Mas, uma vez que os Portugueses se consideravam titulares do monopólio do Golfo Pérsico, os navios estrangeiros só passavam mediante uma licença e o pagamento de uma grande quantia de dinheiro. Portanto, o Xá tentou manter uma relação amigável com o rei de Espanha, embora isso significasse tolerar os abusos portugueses no sul do Irão.

Mas depois de perderem o Bahrein e o porto de Cambarão para o Xá Abbas, que pretendia retomar os territórios dissipados pelos seus antecessores, os Portugueses intensificaram a violência e os saques contra os habitantes do sul do Irão e os comerciantes iranianos. Eles prosseguiam esta atitude na medida em que, ao contrário do habitual, recebiam direitos aduaneiros sobre os próprios bens do Xá. O Xá Abbas reclamou continuamente junto do rei de Espanha, mas este não tomava medidas e, além disso, não concretizava as suas repetidas promessas de uma aliança militar contra os Otomanos. E foi por isso que o Xá Abbas, que costumava tratar bem todas as nações europeias, considerou os Portugueses inimigos do Irão e dos iranianos e decidiu expulsá-los do sul do Irão. Especialmente depois do estabelecimento de um tratado de paz entre o Irão e o Império Otomano em 1619 AD, deixou de precisar das relações amistosas com o rei de Espanha e de tolerar os maus-tratos dos Portugueses.

6 A Companhia das Índias Orientais e a Batalha no Mar de Jask

No reinado da rainha Elizabeth, os Britânicos expandiram de forma notável a sua atividade comercial e foram atraídos pelas riquezas do Oriente. Para fomentar os contactos, criaram a Companhia Britânica das Índias Orientais e abriram o caminho para fazer negócios com a Índia. Definiram o porto de Surat como a sua base de negócios e infiltraram-se gradualmente no subcontinente indiano. Ao mesmo tempo, procuravam novos mercados para as mercadorias inglesas, especialmente têxteis de lã que não tinham muitos compradores na Índia. Foi nessa altura que prestaram atenção ao mercado iraniano. Assim, quando Robert Shirley regressou à Grã-Bretanha em 1614 AD e conversou com as autoridades britânicas sobre o comércio com o Irão, os agentes da Companhia Britânica das Índias Orientais solicitaram a Robert Shirley que estabelecesse conversações com o Xá no sentido de lhes permitir a realização de negócios com o Irão.

Não dispondo de navios de guerra para enfrentar os Portuguese, o Xá Abbas tinha todo o interesse em obter a colaboração de uma potência marítima. Assim, autorizou a Companhia Britânica das Índias Orientais a executar livremente as suas actividades comerciais em todo o país. O Xá tomou esta medida na esperança de que o poder naval britânico fosse superior ao dos portugueses, e assim beneficiar da sua ajuda para expulsar os Portugueses. A superioridade naval britânica ficou provada em 1612 AD e 1615 AD, quando os britânicos derrotaram as forças marítimas portuguesas perto do porto de Surat.

Os Britânicos encontraram no porto de Jask, localizado a vinte quilómetros da ilha de Ormuz, à entrada do Golfo Pérsico, o local mais adequado para ancorar os seus navios porque não estava sob a ameaça permanente dos navios portugueses.

Apesar dos esforços empreendidos pelos Portugueses para impedir a chegada dos Britânicos, quatro navios comerciais e um navio de guerra entraram no porto de Jask. Os Britânicos encetaram as relações comerciais com o Irão em 1615, e estabeleceram feitorias em Jask, Isfahan e Shiraz em 1617 AD.

Baseada na ordem do Xá e no acordo das partes, a Companhia das Índias Orientais deveria enviar navios da Índia para o Irão, receber em Jask todos os produtos de seda do Irão, e vendê-los na Europa. Com esta ação, o Xá queria envolver e beneficiar a Companhia em mais negócios. Na verdade, o monopólio da seda concedido à

Companhia das Índias Orientais foi uma das suas políticas para expulsar os Portugueses da ilha de Ormuz.

A Espanha, que via a Grã-Bretanha como inimiga e a sua presença no Oceano Índico e nas águas do Oriente como uma ameaça aos seus interesses, tentou, de diversas formas, impedir o movimento dos seus navios nessas águas e o seu estabelecimento no Irão. Ao fazer isso, queria manter a posse do comércio do Irão e de outras áreas em redor do Golfo Pérsico. Por exemplo, quando, em 1618 AD, um agente chamado Edward Connock, da Companhia das Índias Orientais, foi da Índia à ilha de Ormuz para supervisionar os navios britânicos, ele e seus companheiros morreram de uma forma súbita e misteriosa. Dizia-se que os Portugueses os tinham envenenado.

Ao ser informado da concessão do monopólio do comércio da seda à Companhia das Índias Orientais, Filipe III viu os seus interesses no Oriente seriamente ameaçados pelos Britânicos. Por isso, enviou Rui Freire de Andrada ao Golfo Pérsico em 1619 AD, como comandante de cinco navios, em companhia do padre Pére Redemeto de la Cruz. O padre foi enviado com a missão de assinar um acordo em nome do rei de Espanha. Rui Freire de Andrada tinha a missão de, se o Xá concordasse com as sugestões de Filipe III, dirigir-se ao Mar Vermelho, capturar os navios otomanos e fechar o acesso a este mar. Assim poderiam supervisionar a entrada do Mar Vermelho e, portanto, proteger Ormuz. No caso do Xá se opor, a missão seria atacar e capturar o Bahrein, o porto de Cambarão, bem como Qeshm, que era a principal fonte de água potável para os habitantes da ilha de Ormuz, construir em Qeshm uma fortaleza e colocar guardas portugueses no seu interior.

O envio de Rui Freire de Andrada ao Golfo Pérsico e o teor da sua missão eram um anúncio de guerra entre os dois países. Silva Figueroa considerou esta decisão dos comandantes espanhóis uma loucura e a decisão mais irrealista do Conselho do Estado da Espanha. [2] p. 279

No seu projeto de acordo, Filipe III referiu as seguintes

questões:

1. O Xá iria lutar, a pedido de Robert Shirley, contra o sultão otomano no Mar Vermelho e fechar-lhe a rota de comércio marítimo.

2. Os comerciantes iranianos poderiam negociar a seda em Ormuz e Goa sem pagar direitos aduaneiros. Mas deveriam gastar dois terços da renda daí proveniente em território espanhol e um terço disto na ilha de Ormuz para comprar mercadorias.

3. Os comerciantes iranianos poderiam pagar apenas metade da taxa habitual se residissem em Ormuz, Goa e Lisboa até 4 anos, e após este tempo dois terços disso.

4. Os comerciantes poderiam ter um consulado iranianao, arménio ou português em Lisboa, a fim de tratar dos seus assuntos.

5. Dois oficiais seriam nomeados para resolver os conflitos e disputas entre os Iranianos e os Portugueses. [8] P. 66

Em troca das propostas acima mencionadas, pedia ao Xá do Irão para devolver o porto de Cambarão aos Portugueses, a ilha do Bahrein ao Emir de Ormuz e sair da ilha de Qeshm.

O Xá Abbas ficou tão zangado com o conteúdo da carta que a rasgou e respondeu a Filipe III que não só iria retomar as terras ocupadas, mas também atacar a ilha de Ormuz. Em seguida, enviou uma parte das tropas do Irão para o Golfo Pérsico para apresar, em momento oportuno, todos os navios portugueses e espanhóis. Ordenou a Imam Quli Khan, governante de Fras, para atacar e tomar Julphar – Atual Ras Al Khaimah – no sul do Golfo Pérsico, que tinha estado sob o domínio do Emir de Ormuz. Fazendo isso, pressionaria os portugueses na ilha uma vez que os bens de alguns comerciantes de Ormuz se encontravam ali armazenados. Com outra parte das suas tropas, cercou a fortaleza portuguesa na ilha de Qeshm, para os privar da água doce da ilha de Ormuz.

O embaixador enviado pelo rei da Espanha morreu nas costas da Guiné. As cartas que levava foram enviadas para um padre carmelita em Isfahan e este, ultrapassando as suas competências, informou as autoridades portuguesas de Ormuz que o Xá Abbas não voltaria às áreas ocupadas; que o Xá era contra o monopólio; que o Xá não precisava da opinião do rei da Espanha sobre como continuar as comunicações; e que iria realizar as ordens do rei da Espanha como ele pensava que deviam ser executadas. Portanto, as autoridades espanholas de Ormuz e Goa não tomaram conhecimento adequado da resposta firme do Xá e assim permaneceram indecisos nas ações a tomar.

Entretanto, Rui Freire, ao contrário do vice-rei de Portugal na Índia e de Silva Figueroa, o embaixador da Espanha no corte do Xá, que estava na altura em Goa, era a favor da guerra e de operações militares. Mas o governador português, a fim de manter relações amistosas com o Irão, tentou moderar os seus ímpetos. No entanto, ao ser informado de que o Xá Abbas tinha recusado com hostilidade as sugestões do rei da Espanha, Freire de Andrada encetou operações militares em três frentes: contra os Britânicos em Jask, contra os Iranianos em Qeshm e contra os moradores dos portos de Shibkoh e Larestan.[18]

No seu caminho para o Golfo Pérsico, travou uma batalha com vários navios britânicos perto do Golfo de Aden. A batalha terminou com o afundamento de dois navios britânicos e a vitória de Freire de Andrada. Em seguida, dirigiu-se para a ilha de Ormuz com quatro navios de guerra e os três navios comerciais britânicos que tinha capturado. Aportou à ilha em 1620 AD.

Neste momento, os comerciantes britânicos tinham escolhido Jask como a sua base de negócios e tentaram a cercar a ilha de Ormuz através do envio de navios comerciais para esse porto, controlando o tráfego no porto

---

[18] O seu antigo nome é Ras Al Khaimah, Actualmente, localiza-se no território dos Emirados Árabes Unidos.

de Jask. Assim, o rei de Espanha, depois de saber da chegada dos britânicos a Jask, ordenou a Freire de Andrada que se dirigisse ao porto de Jask e evitasse o desenvolvimento da presença dos britânicos no Golfo Pérsico, que ameaçava os interesses de Espanha. Em novembro de 1620, Andrada impediu, com a sua frota de combate, a entrada de dois navios britânicos no porto de Jask.

A Companhia das Índias Orientais procurou enviar novamente estes dois navios ao porto de Jask, juntamente com dois outros navios britânicos e dois navios portugueses que haviam capturado numa batalha no Oceano Índico. Assim, os seis navios britânicos dirigiram-se para o porto de Jask. Após ter sido informado da aproximação desta armada, Freire de Andrada navegou de Ormuz para Jask com cinco embarcações. Mas os seus esforços para impedir a entrada da frota britânica falharam e os navios ancoraram no porto de Jask. Em seguida, aconteceu uma dura batalha entre as duas frotas, durante a qual o fraco dispositivo militar de Freire de Andrada provocou a sua derrota e um elevado número de vítimas portuguesas. Este episódio constituiu um duro golpe no prestígio militar da Espanha.

Freire de Andrada regressou a Ormuz com os navios restantes e, em 1621 AD, dirigiu-se para a ilha de Qeshm, a fim de restabelecer o fornecimento de água doce à ilha de Ormuz. Depois de capturar uma parte da ilha, deu início à construção de uma fortaleza. Esta acção constituiu um anúncio claro de uma guerra contra o Irão.

Construído o forte, colocou nele uma série de soldados portugueses e árabes e prosseguiu os ataques. Invadiu aldeias na costa do Golfo Pérsico, do Lar e Minab. Queimou, matou e saqueou. Prendeu os comerciantes iranianos. Os Portugueses acreditavam que poderiam forçar o Xá do Irão, pela violência e pelo terror, a aceitar as propostas de Filipe III. Com essas ações também procuravam paralisar a actividade marítima do Irão.

Mas Dom Garcia nega os ataques acima mencionados e

pergunta por que motivo haviam os Portugueses de "lutar contra um poderoso rei [como o Xá Abbas], no seu próprio país, para quem uma nação europeia inteligente como a britânica, tinha vindo ajudá-lo quer como pirata quer como comerciante".[19]

Quando o Xá Abbas ouviu esta notícia, enviou imediatamente um padre agostinho, residente em Isfahan e chamado Pere Nicolas Peret, à ilha de Ormuz. Também remeteu mensagens para o governador de Ormuz dizendo que, se os Portugueses tinham problemas com os Britânicos, deviam resolvê-los no mar e deixarem as costas iranianas a salvo das suas invasões agressivas, porque, caso contrário, as relações de amizade entre os dois governos seriam prejudicadas.

Freire de Andrada interpretou a mensagem do Xá Abbas como uma expressão de fraqueza militar. De acordo com Silva Figueroa, "ele, tolamente, informou Goa que o Xá do Irão ficara tão ssustado que tinha proposto a paz, e a sua proposta tinha sido aceite"[20] Portanto, com base nessa interpretação errada, continuou a saquear muitas zonas costeiras do Irão.

A opressão portuguesa sobre os aldeãos levou o Xá Abbas a conceber uma resposta conjunta do Irão e da Companhia Britânica das Índias Orientais. Os esforços de Silva Figueroa e Robert Shirley na segunda década do século XVII constituíram as últimas (e infrutíferas) tentativas diplomáticas para solucionar politicamente os diferendos entre o Irão e Espanha-Portugal.

7 Cooperação Militar Britânica com o Irão

O Xá Abbas nomeou Imam Quli Khan, o governador de Fars, como agente para negociar o acordo com a Companhia das Índias Orientais tendo em vista um ataque

---

[19] *O Itinerário de Dom Garcia de Silva y Figueroa*, traduzido por Gholamreza Samii, 1984, Teerão, Nashr-e não. p. 274.
[20] Figueroa, p. 475.

conjunto aos Portugueses. A Companhia das Índias Orientais era uma empresa privada, embora dependente do rei da Grã-Bretanha, James I. Por esse motivo, não podia tomar uma decisão sem a concordância e o comando do rei. Apesar das relações amigáveis então existentes entre a Espanha e a Grã-Bretanha, a Companhia mostrou-se disponível para empreender uma luta conjunta contra os Portugueses. Parsadust explica as razões do acordo da companhia como se segue: ([1] pp 673-667)

7.1 A força dos Portugueses contra os Britânicos

Quando os navios britânicos entraram no Golfo Pérsico, os Portugueses foram confrontados com um grande perigo. Tendo tomado a ilha de Ormuz, o principal centro de comércio dos Europeus na Ásia, desfrutavam de uma ampla riqueza. No entanto, foram informados de que a Companhia Britânica das Índias Orientais tinha obtido facilmente o acordo do Xá Abbas sobre a criação de uma feitoria em Jask. Sabiam que estavam enfrentando um poderoso país marítimo, que havia derrotado a forte armada espanhola em 1588 AD.

Os Portugueses, a fim de afastar essa ameaça, adotaram uma política de violência e ameaças e, assim, colocaram os Britânicos sob muita pressão. Por exemplo, como foi mencionado anteriormente, os navios estrangeiros só podiam passar pelo Golfo Pérsico se adquirissem uma licença emitida pelos Portugueses. A emissão de licenças aos Britânicos era extremamente dificultada e conseguida à custa de pagamentos de direitos aduaneiros mais elevados. A relutância e a perseguição estendia-se aos aventureiros britânicos da ilha de Ormuz. O diretor da Companhia das Índias Orientais e os seus companheiros, que tinham vindo à ilha de Ormuz para receber a carga dos navios que tinham fundeado, foram mortos por envenenamento. Este procedimento aumentou nos Britânicos o desejo de combater os Portugueses.

7.2 Companhia das Índias Orientais e a Ilha de Ormuz

Ormuz era um importante centro comercial na Ásia e proporcionava vastos rendimentos aos Portugueses. A Companhia das Índias Orientais sabia que, por um lado, não podia competir com esse país na ilha de Ormuz e, por outro lado, não permaneceria a salvo dos assédios e obstáculos que lhes criavam. Acreditava que a única solução era expulsá-los da ilha. No entanto, a fim de capturar a sua fortaleza, precisava de soldados e, portanto, necessitava da ajuda militar do Irão. Para esse efeito, despacharam quatro navios de guerra para Jask a fim de satisfazer o Xá Abbas.

7.3 A Hostilidade Aparente dos Portugueses em relação à Companhia das Índias Orientais

Os Portugueses não queriam perder o seu privilégio monopolista e os Britânicos, cada vez mais fortes, não pretendiam sujeitar-se ao poder português. Por isso, a hostilidade entre eles tornou-se cada vez mais evidente. Confrontaram-se numa batalha em 1612 AD e noutra em 1615 AD. Em ambas os Portugueses foram derrotados. Mas, na terceira vez, quando a Companhia das Índias Orientais não esperava, os Portugueses atacaram os seus navios de guerra estacionados na ilha de Jack, e obtiveram uma vitória. Este episódio irritou os Britânicos mais do que antes.

7.4 Atração pelo Mercado Iraniano

O preço da seda no Irão era cerca de metade daquele que se registava noutros mercados e, por isso, a Companhia das Índias Orientais beneficiava de um lucro de cinquenta por cento. O Xá Abbas também tinha concordado, a este respeito, que toda a seda do Irão devia ser enviada para Jask sem direitos aduaneiros, com a condição de dois terços do valor ser pago em mercadorias e de um terço ser paga em dinheiro. Por outro lado, o Irão era um bom mercado para vender os produtos britânicos, especialmente a sua lã (devido aos vários meses de tempo frio e da renda suficiente do povo para comprar bens). Este benefício mútuo encorajou-os a manter o mercado e a expandir as suas relações comerciais. Portanto, consideraram os Portugueses um dos principais obstáculos para atingir os seus objetivos.

7.5 A intimidação e persuasão da Companhia das Índias Orientais

Como mencionado antes, o Xá não podia tolerar por mais tempo a opressão dos Portugueses e ordenou ao governador de Fars, Imam Quli Khan, que negociasse e pusesse em prática com a Companhia das Índias Orientais uma acção militar conjunta contra os Portugueses em Qeshm e Ormuz. Imam Quli Khan ameaçou a companhia que, se não concordasse com o pedido do Xá, todos os privilégios que lhe tinham sido concedidos seriam cancelados e a seda deixaria de lhe ser vendida. Os Britânicos consideraram oportuno aceitar o pedido do Xá, devido às razões acima mencionadas, e enviaram cinco navios de guerra e outras embarcações para o Golfo Pérsico.

7.6 A Iniciativa de Cooperação Militar dos Britânicos

De acordo com Iskandar Beyg [8], foram os britânicos que propuseram cooperar militarmente com o Irão e capturar a ilha de Ormuz. Necessitavam de expulsar os Portugueses da ilha de Ormuz a fim de protegerem os seus interesses no Irão e no Golfo Pérsico, e, para este fim, precisavam da cooperação militar do Irão. p. 981

Vosoughi ([1]) confirma este ponto de vista e acrescenta que o interesse dos Britânicos em assinar a cooperação militar contra os Portugueses era maior do que o dos iranianos. Argumenta com o desejo dos Britânicos de removerem o seu rival no Oceano Índico, os seus conflitos com a Espanha, e o interesse da Companhia das Índias Orientais em obter um acordo com o Irão. Acrescenta que os conflitos militares entre a Espanha e a Gã-Bretanha na Europa e em outros lugares, não têm nada a ver com as questões de Qeshm e Ormuz, e que o seu primeiro conflito militar ocorreu no final do século XVI.

Esses conflitos começaram na América do Sul e no Oceano Atlântico, e continuaram até ao Oceano Índico e ao Golfo Pérsico antes do início do século XVII e do estabelecimento da Companhia Britânica das Índias Orientais. E coincidem com os graves problemas nas relações entre o Irão e Espanha-Portugal. Durante este período, as relações entre a Grã-Bretanha e a Espanha eram altamente hostis. Os agentes da Companhia das Índias Orientais precisavam da cooperação do Irão para remover o competidor da cena económica e política. Assim, o primeiro pedido de cooperação militar foi realizado pelos oficiais britânicos. [2] pp. 304-303

Imam Quli Khan negociou com o representante da Companhia das Índias Orientais. Chegaram à acordo nos seguintes assuntos: [1] p. 674

1. Dividir, igualmente, todos os despojos de guerra entre o Irão e a Companhia das Índias Orientais;

2. Entregar os cativos cristãos aos Britânicos e os cativos muçulmanos ao Irão;

3. Atribuir ao Irão todas as áreas tomadas, especialmente a fortaleza de Ormuz[21];

4. Isentar de direitos aduaneiros os produtos britânicos e dividir de forma equitativa os direitos aduaneiros recebidos no porto de Cambarão;

5. Partilhar os custos do abastecimento de alimentos e da guerra;

6. Manter em permanência dois navios de guerra da Companhia das Índias Orientais no Golfo Pérsico para regular a navegação e evitar potenciais ataques dos Portugueses

---

[21] No entanto, existem diferentes opiniões sobre este assunto.

8 Captura da Ilha de Ormuz e Qeshm

Após a assinatura do acordo de guerra contra os Portugueses, o Xá Abbas nomeou, em janeiro de 1622, um dos seus comandantes, o xá Quli Beyg, responsável pela logística das tropas e ordenou que atacasse Qeshm e capturasse o novo forte português. Ele próprio foi a Shiraz a fim de despachar as forças militares para o sul do Irão. Além disso, ordenou a Imam Quli Khan, o governador de Fars, que atacasse Ormuz.

Os navios britânicos recolheram Imam Quli Khan e três mil soldados no porto de Gombroon, e navegaram para a ilha de Ormuz. Na época, a marinha portuguesa na ilha era composta por cinco navios de guerra, dois navios comerciais e algumas outras embarcações. Portanto, os Portugueses, reconhecendo a insuficiência das suas forças em face da frota britânica, evitaram a batalha e fugiram para a ilha.

O xá Quli Beyg, à frente de um exército de três mil soldados árabes e os habitantes de Larestan, juntamente com os navios de guerra britânicos, atacaram e cercaram o forte português em Qeshm. Os defensores da fortaleza eram 200 Portugueses e 250 Árabes que não tinham outra maneira de escapar, excepto por via marítima. Rui Freire e os defensores da fortaleza tentaram defender a fortaleza. Ele, vendo-se numa situação difícil, enviou várias cartas ao vice-rei da Índia pedindo-lhe ajuda. O governador de Goa despachou para Ormuz doze barcos à vela e um grande navio de transporte de alimentos e armas, além de três centenas de soldados e alguns marinheiros. Mas, os reforços chegaram à ilha quando já era tarde de mais. Entretanto, Rui Freire já pedira a paz e aceitara indemnizar todos os danos de guerra que o governo iraniano tivesse sofrido até àquele momento. No entanto, uma vez que Imam Quli Khan não estava autorizado pelo Xá do Irão a fazer a paz e os Britânicos tentavam impedir que ela se concretizasse, os termos do acordo foram recusados.

Os Portugueses entregaram-se, em fevereiro de 1622, com a condição de que lhes seria permitido ir para a ilha de

Ormuz com os seus bens e armas, e que os soldados iranianos que os ajudaram durante a guerra seriam poupados. Embora estas condições tenham sido aceites, na prática, quando se dirigiam para Ormuz, os soldados iranianos e árabes foram mortos como traidores e as propriedades e armas dos Portugueses foram tomadas.

Após a expulsão dos Portugueses da ilha de Qeshm, chegou o momento de atacar e capturar a ilha de Ormuz. Um grupo de soldados iranianos e quatro Britânicos ficaram a defender a fortaleza enquanto as demais tropas se prepararam para atacar Ormuz. A captura de Qeshm significava, de facto, a perda da mais importante fonte de água potável em Ormuz e, na prática, um forte assédio à ilha. Silva Figueroa acreditava que a decisão imprudente de Rui Freire de construir um forte em Qeshm e a colocação nele de forças militares, levou a uma divisão do poder militar quando Ormuz necessitava desesperadamente de fortalecer as suas defesas.

Na época, os residentes portugueses em Ormuz, além dos soldados casados, perfaziam cerca de duas centenas de famílias[22], que se dedicavam a comerciar com os iranianos[23]. A fortaleza de Ormuz foi originalmente composta por duas torres, em cima de uma das quais tinha sido colocada uma estátua de Albuquerque. Com o tempo, a fortaleza foi ampliada e foram adicionadas mais quatro torres. No entanto, na opinião de Dom Garcia, ela não se tornou suficientemente sólida nem adquiriu as estruturas defensivas adequadas. Assim, tentou convencer o governador português de Ormuz a reforçar a fortaleza e a armar algumas pessoas na ilha, mas falhou nesse intento.

Dom Garcia escreve que os Portugueses, geralmente, não aceitavam recomendações de pessoas mais sábias e mais elevadas e consideravam-nas ofensivas, especialmente quando provinham de um Português[24] ([1] p. 682). Mas,

---

[22] Dom Garcia, p. 60.
[23] Os Portugueses que nasceram em Ormuz eram capazes de falar persa.
[24] Dom Garcis, p. 414.

Shadrin escreve, em relação à fortaleza de Ormuz, que os Orientais não sabiam como construir uma fortaleza e a única fortaleza sólida construída até essa altura em Ormuz fora obra dos Portugueses[25] ([1] p. 682). Imam Quli Khan invadiu a cidade de Ormuz em fevereiro de 1622. Uma vez que os Portugueses estavam escondidos, juntamente com suas esposas, na fortaleza de Albuquerque, a cidade tinha sido deixada indefesa e foi facilmente atacada e sitiada. O rei de Ormuz, em tais circunstâncias, não tinha qualquer autoridade para tomar medidas de defesa da cidade. Quando as tropas iranianas atacaram, ele e a sua família refugiram-se no forte português. Tinha-se afastado de tal modo da cena política e económica durante a dominação dos Portugueses que ele próprio teve de solicitar autorização ao governador português e a outras autoridades para se deslocar da sua residência para a fortaleza da cidade. Além disso, o povo de Ormuz, depois de ter sofrido a opressão dos Portugueses durante cem anos, não tinha vontade de defender a cidade contra as forças do Xá Abbas. Cabe o destaque de que, nesta batalha, o governador de Ormuz, apesar de dispor de um número significativo de navios de guerra e de soldados, evitou fornecer ajuda militar aos Portugueses.

A batalha de Ormuz durou dois meses e três dias e terminou com a rendição dos Portugueses em Abril de 1622. Depois, a bandeira portuguesa, que permanecia no topo da fortaleza de Ormuz há 115 anos, desde 1507 AD, foi arriada.

Em 17 de março, os soldados iranianos foram confrontados com a resistência feroz dos Portugueses e a maioria destes foi morta. Mas, dez dias depois, os Portugueses ficaram sob muita pressão por falta de comida e água. Além disso, alguns guardas foram infectadas com doenças contagiosas. Os navios britânicos atacaram a fortaleza com canhões

---

[25] Shardin, traduzido por Iqbal Yaghmaei, 1995, Volume III, Teerão, Toos Publications, p. 1187.

durante três dias até uma parte da muralha ter sido derrubada e as forças iranianas conseguirem entrar. Continuaram a luta no interior. Os Portugueses, vendo a derrota iminente, revoltaram-se e pediram a Rui Freire de Andrada que se entregasse. Alguns lançaram-se das muralhas e entregaram-se às forças iranianas e informaram-nas da fraqueza em que estavam os Portugueses devido à escassez de água e alimentos, ao grande número de mortos e ao surto de doenças. Os Iranianos ficaram mais confiantes quando ouviram esta notícia, e intensificaram os ataques.

Nesta situação e com muitos mortos, Rui Freire enviou uma mensagem dizendo que se as tropas iranianas levantassem o cerco, pagaria ao governo iraniano duzentos mil tomans em dinheiro e anualmente cem mil escudos portugueses. De acordo com Falsafi ([8]), ele pretendia, com esta proposta, ganhar tempo, a fim de que a ajuda pudesse chegar da Índia. Imam Quli Khan, que percebeu a sua intenção, contrapôs um tributo de quinhentos tomans em dinheiro e o pagamento anual de duzentos mil tomans[26]. p. 83

Quando os Portugueses perceberam que não havia esperança de negociar com os Iranianos voltaram-se para os Britânicos. Buscaram na proximidade religiosa (ambos eram de nações cristãs) uma maneira de obter um cessar-fogo. Propuseram-se indemnizar todos os seus danos e enviaram uma mensagem dizendo que "não há nenhuma razão para se entregarem aos muçulmanos, contanto que os temos a vocês"[27]. Os Britânicos recusaram esta proposta.

Finalmente, Rui Freire de Andrada não teve outra escolha senão desistir. Depois de um mês de resistência, os Portugueses entregaram-se mediante a promessa de

---

[26] Mas, a este respeito, Vosoughi refere-se a centenas de tomans em dinheiro, cinquenta mil moedas de ouro e o pagamento de todas as receitas aduaneiras. [2] p. 326
[27] Arnold Wilson, O Golfo Pérsico, p. 168.

serem poupados à morte e conduzidos em navios britânicos, com as suas famílias, para Muscat ou Goa. Os Britânicos enviaram Rui Freire e os oficiais portugueses para o porto de Surat, na Índia, onde permaneceram presos.

O poder da frota de guerra portuguesa diminuiu após três dos seus navios terem sido afundados anteriormente pelos Britânicos. Imam Quli Khan sitiou a fortaleza de Ormuz e disparou canhões a partir da frota inglesa. Além disso, mandou incendiar a cidade e capturou a alfândega.

Os Britânicos levaram os quase três mil Portugueses para Muscat e os portos de Omão. Alguns morreram por doença. Jovens e crianças foram mantidos cativos pelos iranianos. Imam Quli Khan ofereceu-os aos seus generais como escravos.

O xá de Ormuz, Mahmoud Xá, e o seu ministro, antes de terem sido feitos cativos, propuseram aos Portugueses, no início do cerco, que lhes dariam todos os seus bens se os enviassem para Muscat e Goa. Mas os Portugueses não aceitaram a proposta. O xá de Ormuz e a esposa acabaram por ser presos e deportados para o porto de Cambarão. Todos os militares na ilha de Ormuz foram mortos às ordens do Imam Quli Khan e as suas cabeças foram enviadas para o porto de Cambarão.

9 As Razões da Derrota dos Portugueses

A violência e a ganância dos espanhóis provocaram a inimizade dos Iranianos e o seu desinteresse em proteger colónias que, do seu ponto de vista, só beneficiavam a Espanha. Parsadoost ([1], pp. 690-685) refere outras três razões para o fracasso dos Portugueses na batalha de Ormuz:

A. A cobiça dos governantes portugueses na Índia e na ilha de Ormuz. Os governantes portugueses da Índia e da ilha de Ormuz, gananciosos, queriam sobretudo aumentar a sua riqueza. Usavam os navios sob o seu comando em benefício próprio, perdendo o senso de dever e responsabilidade. O comandante militar da cidade continuou a fazer negócios fora da ilha de Ormuz nos últimos dias dos ataques de tropas iranianas. Ninguém se preocupava com a segurança da cidade. Os agentes portugueses enviados para a ilha de Ormuz envolviam-se em festas e libertinagem em vez de cuidarem dos assuntos militares e da segurança da ilha. Neste estado de relativo laxismo, forçavam as pessoas a pagar impostos pesados. Se o rendimento não era suficiente, aumentavam os preços e

levaram os proprietários dos navios a afastarem as rotas dos portos de Goa para Ormuz. O rigor dos agentes portugueses, os impostos pesados e erráticos, e as tarifas aduaneiras desproporcionadas obrigaram os proprietários dos navios a deixar a rota de Ormuz e a carregar noutros portos. Assim, no início do século XVII, os adversários portugueses obtiveram o máximo de proveito desta oportunidade. Jask substituiu Ormuz como porto alternativo e, gradualmente, tornou-se atrativo e florescente. Os comerciantes iranianos também se mostraram relutantes em negociar por intermédio de Ormuz. Escolheram rotas terrestres ou os portos costeiros da Índia. Isto levou à perda das bases de poder dos Portugueses no Golfo Pérsico e, depois, na Ásia.

B. A incompetência de Filipe III. Filipe III, o rei de Espanha, era incompetente e indeciso e isso criou alguma incapacidade militar. Por outro lado, um poderoso rei como o Xá Abbas, aliado ao poderoso estado da Grã-Bretanha, revelou-se um adversário poderoso.

C. Comércio Governamental. Os assuntos comerciais da ilha de Ormuz corriam nas mãos de funcionários do governo que trabalhavam sob a supervisão do vice-rei da Índia, que agia de acordo com as ordens do rei da Espanha. Os funcionários do governo, em geral, recebiam um salário fixo mensal e, portanto, não estavam preocupados com os lucros e as perdas da entidade para quem trabalhavam. Por vezes, os funcionários utilizavam as instalações públicas para usos pessoais e punham o seu interesse económico acima do do Estado.

Na ilha de Ormuz, o governador português usava os navios para o transporte dos seus próprios bens. Quando os navios foram necessários para repelir os ataques, não os enviou. Claro que precisava de cumprir formalidades e coordenar a sua ação com os seus superiores. Sem a permissão do vice-rei português da Índia, o governador de Ormuz não podia empregar todos os navios de guerra portugueses no Oceano Índico para defender a cidade. Por isso, enviou um relatório ao vice-rei e pediu ajuda. Depois de muita procrastinação e delongas burocráticas, foram lhe enviados vários navios que nunca chegaram à ilha de Ormuz.

10 Ormuz e os Portugueses após a Guerra

Após a guerra, a cidade de Ormuz, com toda a sua beleza e riqueza imensa, foi saqueada por soldados iranianos e britânicos. Muitas casas e ruas foram destruídas em busca de dinheiro, ouro e objetos de valor que provavelmente teriam sido escondidos pelos moradores da ilha. Assim, Ormuz foi removida, para sempre, da cena das atividades económicas e políticas na região.

A fortaleza de Ormuz foi demolida e substituída por outra, construída pelos Iranianos perto do forte de Albuquerque, para estabelecer uma base militar. Todos os canhões ali instalados, cujo número seria de duzentos a seiscentos[28], foram apreendidos pelo Irão. Devido ao grande número de canhões, alguns deles foram transferidos para outras cidades iranianas, como Lar, Shiraz e Isfahan[29] ([1] p. 693). Falsafi fornece mais detalhes em relação aos despojos do forte, divididos em duas partes: cinquenta enormes canhões com rodas e quatro pequenos canhões, todos

---

[28] Um desses canhões está no museu Naderi, na cidade de Mashhad. Neste canhão pesado, foi gravada uma inscrição aludindo ao saque da ilha de Ormuz e à transferência desta peça para a cidade de Lar e depois para Mashhad por Nadir Xá, que o capturou durante os ataques a Lar. [2] pp. 343-342.
[29] Lord Curzon, p. 504.

feitos de latão, quinze zamburak[30] e uma catapulta e quase 150 carretas de canhões grandes e pequenas ([8], p. 84). Os outros despojos, recebidos pelo Xá do Irão, foram dois sinos da Igreja de Ormuz que as mulheres portuguesas tinham oferecido em 1609 AD.

Imam Quli Khan tomou completamente o controlo de fortaleza da cidade enquanto, nos termos do contrato, metade dess controlo deveria ter sido concedido aos Britânicos. Ele argumentou que os iranianos desempenharam um papel maior na conquista da ilha, porque a guerra de Ormuz era essencialmente um conflito de terra.

Os resultados da guerra foram satisfatórios para o Xá Abbas. Ele conseguiu capturar a ilha de Ormuz, que havia sido tomada pelos Portugueses na era do Xá Ismail I, juntamente com todas as praias e os portos do Golfo Pérsico, e expulsar os Portugueses de lá. Transferiu o centro comercial do sul da ilha de Ormuz para o porto de Cambarão, o porto mais próximo da ilha. Acreditava que, devido à sua falta de poder marítimo, a ilha de Ormuz não era um bom sítio para repelir os prováveis ataques das potências navais, como a Grã-Bretanha, Portugal e Holanda. O Xá Abbas mudou a designação do porto de Cambarão pondo-lhe o seu próprio nome: Bandar Abbas (o porto de Abbas).

A perda de Ormuz afetou decisivamente os fundamentos do poder português. Essa derrota foi o início de uma retirada gradual de Espanha-Portugal da primeira linha das rivalidades coloniais nos mares. Albuquerque acreditava que o centro das relações comerciais entre a Ásia e a Índia eram três pontos: Aden, o Estreito de Malaca e, o mais importante, Ormuz. Dizia que quem dominasse estes três pontos poderia ser dono do mundo, isto é, ganhar o monopólio da Índia, do Irão e de outros países asiáticos. [8] p. 87

---

[30] T- Zamburak é um tipo específico de canhão móvel da era Safávida.

Os Portugueses, que perderam a sua base de poder depois da guerra de Ormuz, não abandonaram o Golfo Pérsico. Desta vez, foram para o porto de Muscat, em Omão. Transferiram a maior parte da sua frota, equipamentos e forças humanas e tornaram Muscat uma base militar e comercial. Construíram várias fortalezas militares em diferentes cidades e portos, como Qurayyat, Muttrah, Sohar, Kalba, Khor Fakkan e Madha, a fim de proteger a rota costeira de Omão.

Deste modo, o porto de Muscat, que era fundamental na rota entre o Golfo Pérsico, o Oceano Índico e a África Oriental, desenvolveu-se cada vez mais e tornou-se o principal centro de troca de bens na costa de Omão. No entanto, ao contrário da ilha de Ormuz, que oferecia excelentes condições de segurança à frota portuguesa, Muscat não era um sítio seguro e nunca teve a importância de Ormuz.

Este porto, localizado na costa sul do Golfo Pérsico, tinha um acesso terrestre e por isso estava sujeito ao assédio dos árabes locais. Em contrapartida, o Xá Abbas, que acreditava que ao expulsar os Portugueses da ilha de Ormuz acabaria com a sua presença no Golfo Pérsico, não os deixou em paz e decidiu atacar Muscat para os afastar por completo do Irão.

A implantação da frota naval portuguesa em Goa era ainda uma ameaça contra os interesses iranianos. Essa ameaça era potenciada pelo controlo que os portugueses exerciam nos portos do litoral de Omão, de grande importância estratégica no Golfo Pérsico. Por esta razão, o Xá Abbas, mais uma vez, solicitou à companhia das Índias Orientais ajuda para os expulsar de Muscat. Mas, os Britânicos, insatisfeitos com os resultados da guerra anterior, recusaram a proposta. Por um lado, o Xá Abbas não tinha mantido as suas promessas sobre a divisão equitativa das receitas aduaneiras de Bandar Abbas e só lhes pagou uma quantia fixa anual. Por outro lado, foram seriamente admoestados por terem lutado contra os Portugueses sem a autorização do rei James I, o que agravou as relações entre a Grã-Bretanha e a Espanha.

No entanto, ao expulsarem os Portugueses do Golfo Pérsico, os Britânicos adquiriram segurança marítima e liberdade de movimentos no Golfo Pérsico. Pela ajuda prestada ao Xá Abbas, também lograram transferir a sua companhia de comércio do porto de Jack para o de Bandar Abbas, estabelecer um consulado em Bandar Abbas, obter o monopólio da seda do Irão e vantagens na venda de têxteis britânicos no Irão. O Xá Abbas acreditava que se lhes desse mais privilégios, isso equivalia, praticamente, a substituir os Portugueses pelos Britânicos no Golfo Pérsico, e por isso agia com muito cuidado.

Para atacar Muscat, o Xá Abbas enviou tropas para as costas de Omão. Os militares iranianos apreenderam os portos de Sohar e Khor Fakkan. No entanto, ao mesmo tempo que as forças iranianas lutavam na costa de Omão, em maio de 1623, Rui Freire de Andrada, que tinha escapado da prisão britânica em Surat e se havia dirigido para o Golfo Pérsico com a ideia de se vingar das forças iranianas e retomar a ilha de Ormuz, lutou contra as forças iranianas com a ajuda da Marinha proveniente de Goa e conseguiu expulsá-las das costas de Omão. Implantou uma parte das suas tropas no território conquistado e preparou-se para retomar a totalidade da ilha de Ormuz.

No seu caminho para a costa norte do Golfo Pérsico, atacou o porto de Ibrahimi, a três milhas da ilha de Ormuz. Em seguida, dirigiram-se para a ilha de Qeshm e saquearam-na também. Depois de Qeshm, foram para Bandar Lengeh e queimaram as aldeias vizinhas. Seguiram até Bandar Rig. Também planeavam atacar a ilha de Ormuz, mas falharam por insuficiência de forças.

As ações de Freire de Andrada preocuparam os britânicos e holandeses, que decidiram unir-se para o combater. No dia sete de dezembro de 1625 AD, eclodiu uma batalha entre as suas frotas, mas terminou sem qualquer resultado. Freire de Andrada sabia que tinha de enfrentar as objecções britânicas e holandesas para recapturar a ilha de Ormuz. Portanto, os conflitos entre eles continuaram. Em outubro de 1628 AD, seguiram oito navios para o Golfo Pérsico, juntamente com materiais de guerra e tropas, a partir da Índia, e reforços provenientes de Muscat com o objectivo de dissuadir as forças britânicas e holandesas.

Freire de Andrada voltou para Muscat, onde planeou atacar Ormuz e capturá-la. Enquanto isso, os Portugueses entraram no porto de Basra e estabeleceram uma feitoria. Competiram com os Britânicos naquele porto até 1640 AD. Também tentaram várias vezes atacar e capturar a ilha de Ormuz, uma vez em 1624 AD e novamente em 1629 AD e 1630 AD. Mas falharam sempre.

Os Portugueses, vendo baldados os esforços para retomar esta ilha, propuseram negociações ao Xá Abbas três anos após dela terem sido expulsos, isto é, em 1625 AD. O Xá, que precisava de uma potência marítima a fim de se defender de possíveis ataques britânicos ou holandeses, concordou com a proposta. Na sequência das negociações, os Portugueses concordaram em delegar no Irão todos os seus ativos no Golfo Pérsico. Em troca, estabeleciam uma feitoria no porto de Kong, localizado no nordeste de Bandar Lengeh, perto da ilha de Qeshm, onde as mercadorias portuguesas ficariam isentas de direitos aduaneiros, pagariam metade da renda aduaneira e apanhariam livremente pérolas nas águas do Bahrein. As duas partes aceitaram que o contrato continuasse em vigor mesmo em caso de guerra ou conflito.

O Xá Abbas morreu em janeiro de 1629 e, de acordo com o seu testamento, o seu neto, Sam Mirza, sentou-se no trono em fevereiro com o nome de Xá Safi.

Resumo

Este capítulo destaca as relações entre o Irão e Portugal durante o reinado do Xá Safi, o sexto rei da dinastia Safávida (1629-1642 AD). As informações foram coletadas a partir das fontes [1], [2], [4], [2], [4], [7], e [14].

Após a morte do Xá Abbas, Imam Quli Khan, o governador de Fars, assinou um contrato de comércio com os Portugueses. De acordo com este contrato, os Portugueses escolheram o Porto de Kong para estabelecer postos comerciais e para continuar o seu comércio no Golfo Pérsico, e aceitaram evitar a guerra contra o Irão. No entanto, o contrato apareceu como uma medida interina, tomada pelas partes para que pudessem prosseguir os seus objetivos. A permanência dos Portugueses neste desconhecido e pequeno porto caracteriza-se por sucessivos períodos de passividade, desenvolvimento e declínio. Durante o reinado do Xá Safi, o porto de Kong passou pelo período passivo. No final do seu reinado, uma nova dinastia, chamada "Yaruba", formou-se em Omão e criou muitos problemas aos Portugueses.

Xá Safi (1619–1642)

O sucessor do Xá Abbas, seu neto, o Xá Safi, era uma pessoa incompetente. Durante o seu reinado de catorze anos, a sua má gestão, embriaguez e ignorância causou grandes perdas na proeminência Safávida.

Com a morte do Xá Abbas em 1629 AD, Imam Quli Khan, apesar da perda do seu poder e posição, manteve os esforços para resolver o problema da presença dos Portugueses no Golfo Pérsico. Continuou a negociar com os responsáveis da Companhia Britânica das Índias Orientais um ataque a Muscat e a expulsão dos Portugueses. Quando estes esforços falharam, decidiu celebrar um contrato comercial com os Portugueses.

Por outro lado, os Portugueses, após um longo período de guerra (1622-1630 AD), com perdas e mortos, também não podiam tolerar mais a continuação do conflito. A presença dos poderosos competidores britânicos e holandeses acentuava o problema; portanto, tudo concorria para chegar a uma concordância. Assim, em 1630 AD, Imam Quli Khan e Freire de Andrada assinaram um acordo quando ambos estavam enfraquecidos, a fim de consolidar o seu poder.

Na verdade, esse acordo era instável, interino, porque tanto o Irão como Portugal aguardavam o momento certo para fortalecer o seu lugar no Golfo Pérsico. Por isso, quando Freire de Andrada voltou de Goa, em 1631 AD, tentou novamente tomar Ormuz. Ao mesmo tempo, Imam Quli Khan estava em negociações com os britânicos e os holandeses para os incentivar a atacar Muscat e expulsar os Portugueses. Durante estas negociações, Freire de Andrade morreu de doença. Com a sua morte, o poder militar português no Golfo Pérsico decaiu muito. A presença portuguesa tomou uma feição exclusivamente comercial e económica em Bandar Lengeh. Os estabelecimentos militares foram transferidos para Muscat.

Serão apresentados, a seguir, os termos do contrato entre Imam Quli Khan e Freire de Andrade, e o modo como os Portugueses estabeleceram a sua base comercial no Porto de Kong.

1 Estabelecimento de Postos Comerciais dos Portugueses no Porto de Kong

Nos termos do acordo entre os dois governos, os Portugueses escolheram o porto de Kong para estabelecer o seu entreposto aduaneiro e prosseguirem o comércio no Golfo Pérsico. O Irão comprometeu-se a conceder-lhes metade das receitas aduaneiras e concordou em manter a paz no porto sob qualquer condição, interditando a circulação dos Britânicos e dos Holandeses neste porto. Em troca, Freire de Andrade comprometeu-se a abandonar a luta contra o Irão. O governador de Fars iria enviar dois navios para a Índia em cada ano sem pagar direitos aduaneiros. Aqui, os detalhes do contrato não são apresentados.

De acordo com Vosoughi [2], os fundamentos mais importantes do acordo são os seguintes:

1. A morte do Xá Abbas, o enfraquecimento da posição de Imam Quli Khan na província de Fars e a sua preocupação por já não deter no sul do Irão o poder forte que tivera no passado.
2. O aumento da insegurança marítima devido à presença de Freire de Andrada, que afectava a posição económica de Bandar Abbas.
3. A falta de cooperação da Companhia Britânica das Índias Orientais e dos Holandeses na luta do Irão contra os Portugueses.
4. A presença efetiva dos Britânicos e Holandeses em Bandar Abbas e Ormuz e o enfraquecimento da posição dos Portugueses.
5. As sucessivas derrotas navais dos portugueses perante as frotas da Grã-Bretanha e dos Países Baixos e a perda de grande parte da sua potência marítima no Golfo Pérsico.
6. A tentativa falhada de Freire de Andrada em recapturar a ilha de Ormuz e a desesperança com que começou encarar a possibilidade de a recapturar. P.354

Assim, Imam Quli Khan, com a sua sabedoria e habilidade política, mediante a celebração de um contrato desse tipo, definiu o envolvimento comercial e económico dos Portugueses na região e evitou a continuação dos conflitos militares. Na verdade, a presença dos Portugueses no porto de Kong era bastante diferente da sua presença na ilha de Ormuz. Além disso, ao assinar este contrato, criou as bases para o desenvolvimento de um porto pequeno, desconhecido e não muito desenvolvido.

Com o estabelecimento de postos comerciais portugueses, o porto de Kong tornou-se, a partir daí, uma cidade próspera e populosa e uma das mais importantes estações comerciais internacionais no Golfo Pérsico, na qual diferentes nações se faziam representar e faziam negócios. Imam Quli Khan morreu dois anos após a assinatura do contrato, em 1632 AD, e não pôde observar o florescimento das mudanças que havia empreendido com dificuldade.

Os dados sobre o porto de Kong são muito poucos antes do estabelecimento dos Portugueses, e a maioria são relatos esporádicos de agentes das companhias estrangeiras no Irão. Descrevem o porto de Kong como um lugar pequeno composto por casas de agricultores[31] ([2] p. 370). O motivo por que os Portuguese escolheram o porto de Kong como entreposto comercial pode estar relacionado, de acordo com Vosoughi [2], com a curta distância a que se encontrava de Bandar Abbas, a sua posição de suporte para o tráfego de navios no sentido de Basra e, sobretudo, o estar desprovido dos britânicos e holandeses. Um dos principais obstáculos ao desenvolvimento do porto até essa altura era o facto de o caminho para Lar ser muito difícil, montanhoso e sem água, e portanto só se poder fazer com camelos.

De acordo com a carta de um diretor da Companhia das Índias Orientais, o primeiro agente português no porto de Kong foi Baltazar Borges.[32] [2] p. 370

Os Portugueses realizaram as suas actividades comerciais no porto de Kong durante 95 anos, de 1630 a 1722 AD (fim do reinado safávida). No entanto, a partir de 1650 AD, ao serem expulsos de Muscat, onde concentravam a maior parte da sua atenção, o porto de Kong tornou-se mais importante para eles.

Os anos de 1650-1690 AD constituíram o período de glória e prosperidade do porto de Kong. O seu declínio ocorre desde 1695 AD até 1722 AD. Esta secção descreve brevemente o período de inércia do estabelecimento dos Portugueses no porto de Kong, que coincidiu com o reinado do Xá Safi. Depois, nas próximas secções, será apresentado o desenvolvimento do porto sob o domínio português durante o reinado do Xá Abbas II e do Xá Suleiman, e, por fim, a fase de declínio no reinado do Xá Sultan Hussein.

Em 1640 AD, os Portuguese libertaram-se da dominação da Espanha e ganharam novamente a independência. A

---

[31] Ibid., Vol. 1, p. 313.
[32] Crónica dos Carmelitas na Pérsia, Londres, 1939, Vol. 2, p. 1115.

partir daí, o Irão continuou as negociações e relações apenas com os Portugueses.

No entanto, a insegurança do porto provocada por falta de cooperação, desacordos e ataques dos habitantes de Bandar-e Nakhilu, impediram-nos de ali permanecer e obrigaram-nos a regressar a Kong um ano depois. Entre outros problemas ocorridos no porto de Kong, o governante iraniano da cidade evitava o pagamento do tributo aos portugueses, usando diferentes desculpas, e isso conduziu a um conflito diplomático.

Não muito tempo depois da assinatura do contrato de Imam Quli Khan com os Portugueses, o Xá Safi, preocupado com a influência familiar de Imam Quli Khan na província de Fars, ordenou o seu assassinato (1631 AD). Com a sua morte e a desintegração posterior da província de Fars entre os diferentes governantes, ocorreram muitas mudanças na estrutura administrativa e isso causou muitos problemas aos agentes portugueses no início do estabelecimento dos seus postos comerciais no porto de Kong. Por isso, deslocaram-se no mesmo ano do porto de Kong para o de Rey Shahr.

A situação dos Portugueses não continuou a mesma no porto de Kong. Na segunda metade do século décimo primeiro AH / XVII AD, por práticas abusivas de alguns governadores de Bandar Abbas, os comerciantes preferiram transportar as suas mercadorias para o porto de Kong (1640 AD). Assim, portos como os de Qalhat, Sohar, Khor Fakkan e Kong, que estavam na posse dos Portugueses, tornaram-se rivais comerciais de Bandar Abbas.

Por outro lado, nas costas de Omão, surgiu uma poderosa dinastia, chamada "Yaruba", que governou estas áreas entre 1620 e 1744 AD. Uniu várias tribos e, depois de suprimir todos os chefes que residiam nas regiões internas de Omão e de consolidar o poder, tomou o porto de Muscat e derrotou os Portugueses, como se explicará na próxima secção.

100

Resumo

Este capítulo destaca as relações entre o Irão e Portugal durante o reinado do Xá Abbas II, o sétimo rei da dinastia Safávida (1642-1666 AD). As informações foram coligidas a partir das fontes [1], [2], [4], e [15].

Durante o reinado do Xá Abbas II, os Árabes de Omão atacaram Muscat e forçaram os Portugueses a render-se. Assim, estes perderam o seu último refúgio em Omão e as suas mais importantes bases comerciais na região.

Xá Abbas II (1642-1666)

Em 1647 AD, Sultan Bin Saif, um dos imames de Yaruba, atacou Muscat com quatro grandes navios de guerra e doze grandes navios de transporte. Como Muscat tinha uma posição estratégica e uma sólida fortaleza, o seu assédio durou quatro meses até que as forças de Omão finalmente conseguiram entrar e forçar os Portugueses à rendição. Depois, procurou ampliar as operações da sua frota para o Golfo Pérsico, aparentemente com o propósito de atrair a cooperação dos habitantes do Golfo Pérsico para a guerra contra os Portugueses. Na verdade, pretendiam prosseguir os seus objectivos expansionistas para obter posições comerciais nas áreas adjacentes a Bandar Abbas e ao porto de Kong, que eram, na época, os principais rivais dos portos de Omão. Para este fim, estabeleceu estreitas relações com os líderes tribais que residiam na costa, isto é, com os chefes das tribos árabes e baluques que viviam em Bandar Abbas e Bandar Lengeh.

Em seguida, expulsaram os Portugueses dos portos de Sur e Sohar e dominaram outras regiões costeiras onde os Portugueses não estavam presentes. Fazendo isso, obtiveram o controlo total dos portos de Omão. Os Portugueses, tendo perdido Muscat, perderam, na verdade, o seu último refúgio em Omão e os mais importantes centros comerciais da região. Portanto, o porto de Kong tornou-se o último refúgio dos seus negócios no Golfo Pérsico.

Graças à presença comercial mais destacada dos Portugueses, o porto de Kong desenvolveu-se e a sua receita aumentou. Apesar disso, depois de resistir por algum tempo, os Portugueses, finalmente, entregaram-se ao Emir de Muscat em 1650 AD e saíram de Muscat para sempre. Ao abandonarem Muscat, os Portugueses viram a sua posição enfraquecida também no porto de Kong. O Shahbandar[33] de Kong recusou-se a pagar o tributo aos Portugueses. Na verdade, o contrato do porto de Kong manteve-se em vigor enquanto os Portugueses dominavam Muscat. Depois de saírem deste porto, em 1650, no reinado do Xá Abbas II, o governo iraniano recusou-se a implementar as disposições do contrato e, em vez de lhes pagar anualmente centenas de milhares de tomans pelas receitas aduaneiras do porto de Kong, pagava apenas um décimo, ou seja, dez mil tomans. Perante esta situação, o vice-rei português da Índia enviou um embaixador à corte do Xá Abbas II e as partes concordaram que o Irão pagaria uma taxa anual de trinta mil tomans (quinze mil escudos) pelas receitas aduaneiras do porto de Kong e os Portugueses abdicariam de todos os seus direitos nas costas do Irão.

Em 1666, o Xá Abbas II morreu e o seu filho, o Xá Suleiman (o Xá Safi II), ascendeu ao trono.

---

[33] T-Shahbandar era um funcionário dos portos na época Safávida, também conhecido em outras costas do Oceano Índico. O Shahbandar tinha a tutela dos comerciantes e era responsável pela cobrança de impostos.

Resumo

Este capítulo destaca as relações entre o Irão e Portugal durante o reinado do Xá Suleiman, o oitavo rei da dinastia Safávida (1666-1694 AD). As informações foram coletadas a partir das fontes [2], [4], e [7].

O porto de Kong começou a sua vida económica com a presença dos Portugueses, e quase um século mais tarde tornou-se um dos principais portos de comércio de mercadorias no Golfo Pérsico e o principal rival dos portos de Muscat e, em certa medida, de Bandar Abbas. Essa prosperidade durou até ao ataque do Imam de Muscat ao porto de Kong, em 1695 AD, que trouxe um período de insegurança, guerra e declínio económico.

Xá Suleiman (1666-1694)

O Xá Suleiman, com o nome anterior de Xá Safi II, o filho mais velho de Abbas II, revelou-se um rei incompetente. Era o seu chanceler, Shaykh Ali Khan Zangana, que tratava dos assuntos do país. Durante o reinado do Xá Suleiman, o Irão passou por uma série de problemas internos e externos. Por um lado, a fome e a peste espalharam-se por todo o país, e, por outro lado, os Otomanos voltaram a ameaçar o Irão. Além disso, os Cazaques invadiram de forma inesperada as províncias costeiras do Mar Cáspio. Tudo isto aconteceu enquanto o Xá adoecia devido à gota e à excessiva ingestão de bebidas alcoólicas.

A situação económica do porto de Kong prosperou até 1744 AD, quando vários problemas surgiram no pagamento de receitas aduaneiras. Após reclamações e negociações, o Xá Suleiman Safávida deu várias ordens ao governante de Kong, em 1749, e exigiu que lhe pagasse as receitas aduaneiras que eram devidas aos Portugueses. Ao mesmo tempo, realizaram-se negociações entre as autoridades dos dois governos a fim de concluir um acordo entre o comandante português, o General Dom Rodrigo de Dacosta, e o responsável das finanças iranianas (Shahbandar de Kong). O acordo foi alcançado.

Nos termos deste contrato, as partes acordaram no

seguinte: pagamento de um montante fixo por conta de todos os fundos devidos aos Portugueses no valor de nove mil tumans; pagamento de um montante anual de mil tumans pela contribuição do agente português e cem tumans para custear a presença do representante de comércio português no porto de Kong; isenção fiscal para os navios que transportassem os bens do Xá; oferta de instalações aos Portugueses e aos seus navios comerciais; entrega das pessoas fugidas da frota portuguesa e manutenção da bandeira portuguesa no topo da sede da alfândega portuguesa no porto de Kong. [8] P. 110

Oito anos mais tarde, os Portugueses e os Iranianos assinaram outro contrato pelo qual a situação económica do porto de Kong – e, consequentemente, de Bandar Lengeh – no sul do Irão, prosperou ao ponto de se tornar um importante centro comercial. O crescimento do porto preocupou o governante de Muscat, especialmente o chefe da dinastia de Omão. Em sua opinião, os portos de Kong e Bandar Abbas eram sérios rivais para o de Muscat. Portanto, a partir de 1695, concentrou as suas ações militares contra Bandar Abbas e Kong.

Em 1695, o Imam de Muscat invadiu o porto de Kong com quinze navios e, com o apoio dos moradores, disparou canhões, entrou na cidade e saqueou tudo.

Os trinta e cinco anos finais da dinastia Safávida (1100 - 1135 AD) foram de insegurança, guerra e declínio económico para o porto de Kong e arredores. O poder naval dos Árabes omanis aumentou com o Imam de Muscat, a expulsão dos Portugueses das costas de Omão e o confisco dos seus navios, o ataque às frotas estrangeiras e a captura e confisco dos navios dos comerciantes indianos.

Capítulo Quatro Século XVIII

Resumo

Este capítulo destaca as relações entre o Irão e Portugal durante o reinado do Xá Sultan Hossein, o nono e último rei da dinastia Safávida (1694-1722 AD). As informações foram coletadas a partir das fontes [2], [8] e [13], e dos sítios *Tabnak* (Site Profissional de Notícias) e *Isna* (Agência de Notícias dos Estudantes Iranianos).

Nas últimas décadas do império safávida, o crescimento do poder do Imam de Muscat no mar e o seu expansionismo marítimo comercial em outras regiões do Golfo Pérsico, a sua hostilidade antiga contra os Portugueses e os seus repetidos ataques aos interesses de Portugal no porto de Kong provocaram grande instabilidade política e militar. As intimidações e ameaças duraram trinta anos, desde 1694 a 1722. Nestas circunstâncias, os Portugueses sofreram com a falta de cooperação das autoridades administrativas do Irão no fornecimento de segurança às caravanas comerciais, foram perdendo a capacidade de manter as actividades económicas e abandonaram a sua base no Golfo Pérsico. O porto de Kong, cujo destino dependia da presença dos Portugueses, declinou com a sua saída e voltou a um estatuto de insignificância estratégica.

Xá Sultan Hossein (1694–1722)

O Xá Suleiman morreu de gota ou em consequência do alcoolismo em 1694 AD, depois de 28 anos no trono, e foi sucedido por seu filho, o Xá Sultan Hossein. O Xá Sultan Hossein foi o último rei da dinastia Safávida. Não tinha praticamente nenhum poder no governo e demonstrava um grande desinteresse pelo que se passava à sua volta e em tomar medidas políticas significativas. O Irão caiu no caos. O seu governo terminou com a revolta dos Afegãos, liderada por Mahmoud afegão, e o colapso de Isfahan, a capital do país na altura. Assim acabou a dinastia Safávida. Apresenta-se, a seguir, a situação no sul do país neste período.

No último reinado Safávida, a incompetência dos responsáveis administrativos de Lar e do porto de Kong provocou a insatisfação intensa do povo. O desconhecimento completo dos governantes safávidas acerca das condições internas e externas levou o porto de Kong a um estado dramático. Na verdade, a economia deste porto entrou num processo de absoluto declínio após 1669.

Em 1694, os Portugueses, ocupados com os problemas no Golfo Pérsico, fecharam o seu posto comercial em Basra e procuraram instalar-se novamente em Ormuz. Ao mesmo tempo, em dezembro de 1693 e janeiro de 1694, os Árabes de Muscat atacaram o porto de Kong e saquearam a cidade, enquanto os Britânicos e os Holandeses, apesar de terem forças suficientes no Golfo Pérsico, nada fizeram para evitar esse descalabro.

Os sucessivos ataques da frota do Imam de Muscat ao porto de Kong e Bahrein paralisaram gradualmente a economia de Kong. A hostilidade em relação os Portugueses fez o Irão e Portugal aproximarem-se para uma luta conjunta contra ele. O vice-rei de Portugal na Índia propôs ao Xá do Irão assistência marítima contra o Imam de Muscat, e a frota naval portuguesa, sob o comando de Francisco Pereira da Silva, foi enviada ao Golfo Pérsico.[34]

Em 1696, foi apresentada uma proposta de contrato comercial entre os dois governos. O vice-rei sugeriu os seguintes termos: [2] pp 393-394.

1. O Irão mobilizará as suas tropas terrestres e Portugal fornecerá 20 navios de guerra a fim de atacar Omão.
2. Portugal fornecerá 6 barcos para proteger o porto de Kong, e o Irão fornecerá todos os navios e barcos de comerciantes iranianos no ataque a Muscat.
3. Durante a batalha, os comandantes serão portugueses.
4. O Xá do Irão pagará, por cada ataque, um montante anual de dois mil tumans para os custos.

---

[34] Documentos das relações históricas entre o Irão e Portugal: "Orientações confidenciais de Francisco Pereira da Silva, o vice-rei, dirigidas a Dom Pedro Antonio, o comandante da marinha", p. 355

5. Os navios inimigos que forem capturados serão entregues às forças portuguesas e a carga será dividida entre as duas partes.
6. Todos os portos do litoral de Omão, se capturados, pertencerão ao Irão, à excepção do porto de Muscat.
7. Os Portugueses serão autorizados a estabelecer postos comerciais em todos os portos capturados, e beneficiarão de um privilégio equivalente ao do porto de Kong.
8. Nenhuma das partes fará separadamente paz e aliança militar com outros países.
9. Os Europeus com postos comerciais no Irão serão proibidos de vender pólvora e armas ao Imam de Muscat.
10. As receitas aduaneiras do porto de Kong serão divididas, como antes, entre as duas partes.

Em 12 de março de 1696, o vice-rei de Portugal na Índia enviou o embaixador Gregório Pereira Fidalgo à corte do Xá do Irão para assinar o contrato. O Xá atendeu o embaixador em 23 de dezembro e disse-lhe que o caminho que o exército devia percorrer não dispunha de comida e água suficientes. Assim, o contrato não poderia ser executado este ano e deveria ser adiado para o ano seguinte. Por este motivo, a aliança militar não se materializou.

De acordo com Navai [8], a razão pela qual o rei rejeitou este aliado voluntarioso, embora naquela época procurasse apoios para atacar os bandidos árabes no Golfo Pérsico, e para este fim até já tivesse negociado com os Britânicos e os Franceses, pode relacionar-se com as ações dos Portugueses em Ormuz e no Golfo Pérsico e com o ataque que fizeram ao povo de Ormuz e Qeshm. O embaixador acima mencionado foi muito arrogante e teve um comportamento violento. Em Lar, esperou que o governante da cidade fosse vê-lo. E na cerimónia de audiência do Xá, onde todos os participantes, Iranianos ou não, incluindo os embaixadores estrangeiros, desceram do cavalo para receber o Xá, ele permaneceu montado e desceu apenas quando o Xá chegou à sua frente. Esta altivez deixou o Xá descontente e a promessa de enviar vinte navios de guerra pareceu-lhe oca e inútil. O vice-rei despachou apenas três navios para o Golfo Pérsico, um dos quais voltou para Goa devido aos ventos desfavoráveis ou à traição e oposição de alguns marinheiros. pp. 113-112

Embora o contrato tenha ficado por concretizar, as relações entre o Irão e Portugal não foram cortadas e continuou a troca de correspondência. O Xá não quis rejeitar os Portugueses antes de ter uma resposta definitiva dos Franceses. Os Portugueses, por outro lado, insistiam em recapturar Ormuz e Bandar Abbas. Portanto, ambos os países acreditavam que a manutenção das relações era imperativa nas suas políticas.

Em 1714 AD, a frota do Imam de Muscat atacou novamente o porto de Kong. Ele queria tomar o posto de comércio do porto, mas falhou. Isso levou os Portugueses, mais uma vez, a procurarem conduzir o Xá do Irão para um ataque conjunto ao Imam de Muscat. Em 20 de fevereiro de 1715, o vice-rei enviou o general Francisco Pereira ao Irão para negociar a aliança militar. Ao mesmo tempo, a frota do Imam de Muscat atacou o porto de Kong, queimou o posto aduaneiro português e, em seguida, foram embora.

Em 1716 AD, os Árabes de Omão capturaram a ilha de Bahrein, Lark e Qeshm. O Xá Sultan Hussein, que se mantinha à espera da resposta dos Franceses, teve a garantia de que eles não o iam ajudar e enviou, em 1719 AD, o embaixador Tahmores Beyg ao vice-rei de Portugal em Goa, Don Luís de Meneses, Conde da Ericeira, declarando a sua concordância em proceder a um ataque conjunto aos Árabes de Muscat. Os Portugueses, na esperança de recuperar a sua posição no Golfo Pérsico, enviaram vários navios de guerra.

Os dois países realizaram duas batalhas contra os Árabes em 1719. Na primeira batalha, os Portugueses conseguiram retomar Bahrein com a ajuda de soldados iranianos, mas não conseguiram capturar Muscat. Em troca da reconquista de Bahrein e como compensação pelas despesas de guerra, solicitaram privilégios comerciais ao Xá do Irão. O Xá não aceitou e só concordou em pagar uma taxa anual de vinte e um mil escudos como recompensa.

Mas antes que a segunda batalha fosse travada, os Afegãos, que faziam parte do povo iraniano e estavam cansados da tirania do governante de Kandahar[35], rebelaram-se contra o Irão e, liderados por Mahmoud afegão, cercaram Isfahan. O cerco durou vários meses. Por fim, o Xá Sultan Hussein desistiu e entregou a coroa persa a Mahmud afegão. Os amplos ataques dos Baluches, dos Afegãos e do Imam de Muscat levaram ao colapso do governo safávida. Do mesmo modo, a actividade económica dos Portugueses, que mantiveram uma longa presença no porto de Kong, desde 1499 a 1722 AD, terminou temporariamente no Golfo Pérsico.

Em abril de 1722, a presença portuguesa desapareceu das regiões do norte e do sul do Golfo Pérsico e das costas do Estreito de Ormuz, Abu Musa, Qeshm, e Bahrein. O dia da derrota final dos Portugueses e da sua retirada do Irão (10 de maio) está assinalado no calendário oficial do país como o Dia Nacional de Golfo Pérsico.[36]

Os anos da queda dos Safávidas foram tumultuários. A corrupção do governo, os saques dos governantes das cidades, a grande prodigalidade do Xá, os impostos exorbitantes, a queda do comércio e outros fenómenos correlativos provocaram o colapso económico do Irão e, posteriormente, do porto de Kong. Com esta situação caótica, os Portugueses, cuja presença no porto de Kong estava associada ao recebimento da sua parte das receitas aduaneiras, não tinham motivo para permanecer na cidade e, portanto, deixaram a sua última base no Golfo Pérsico. Dois navios comerciais chegaram ao porto de Kong e

---

[35] T-Kandahar foi capturada pelo Irão durante o reinado do Xá Abbas II.

[36] http://www.tabnak.ir/fa/news/397119/392-سال-پس-از-آزادی-خلیج-فارس-و-٤٤-سال-پس-از-جدایی-بحرین

esvaziaram os equipamentos do posto de comércio. Depois disso, apesar de terem realizado grandes esforços, não conseguiram retornar com êxito ao Golfo Pérsico.

Resumo

Este capítulo, com que se encerra a história da presença dos Portugueses no Irão, destaca as relações entre o Irão e Portugal durante o reinado do Xá Tahmasp II, o décimo e último rei da dinastia Safávida (1722-1732 AD). As informações foram coletadas a partir das fontes [1], [2], [4] e [15], e dos sítios da *Enciclopédia Urbana do Irão* (citypedia.ir) e do *Periódico Online de IranDidar*.

Xá Tahmasp II (1722-1732)

Embora a entrega da coroa do rei a Mahmud afegão tenha encerrado a dinastia Safávida, duas outras pessoas desta dinastia continuaram a ostentar o título de rei: o Xá Tahmasp II e o Xá Abbas III. Estes são os chamados reis Safávidas nominais.

Em 1723 AD, o Xá Tahmasp II, filho do Xá Sultan Hossein, que tinha fugido de Isfahan para Qazvin, proclamou-se Xá do Irão e governou uma parte do Irão durante algum tempo. Mas, em 1729 AD, foi derrotado pelos Otomanos e esse fracasso, associado à celebração de um tratado de paz desfavorável, conduziu à sua queda. Nader Quli (Nader Xá), um dos generais do exército de Tahmasp II e, mais tarde, o governante de Khorasan, derrubou-o com o pretexto de concluir um novo tratado de paz e nomeou o Xá Abbas III como rei. Para manter o poder, nomeou-se a ele próprio vice-rei. Por sua vez, Nadir Xá derrubou o Xá Abbas III em 1736 AD, e ascendeu ele próprio ao trono. O último rei Safávida, Abbas III, morreu com a idade de seis anos.

Na era de Tahmasp II, em Outubro de 1729, os Portugueses tentaram recapturar Ormuz e Bahrein, mas os seus esforços falharam. Com o advento de Nader Xá, fechou-se o longo período de 230 anos de relações entre o Irão e Portugal. A partir de 1730, os invasores portugueses, arrogantes e opressores, abandonaram o Golfo Pérsico e o Irão. [8] p. 113

Devido ao declínio do seu poder marítimo no século XVII, os Portugueses, embora rivais dos Holandeses e dos Britânicos no comércio asiático, cederam-lhes as bases nas ilhas Molucas, em Sarandib (Ceilão) e em grande parte dos territórios da Índia.

Entre meados do século XVIII e o ano de 1971, quando a embaixada Portuguesa foi criada no Irão, não houve relações sistemáticas entre os dois países. (A embaixada do Irão em Portugal foi estabelecida em 1984.)[37]

Apesar de 394 anos se terem passado desde a data em que os Portugueses sairam do Irão, os vestígios das fortalezas portuguesas na maioria das regiões marginais do Golfo Pérsico, como o porto de Qeshm, Kong, Omão, Ras Al Khaimah, a ilha de Ormuz e outros lugares, ainda fazem parte das atrações turísticas do Irão. Abaixo, apresentam-se algumas fotos da fortaleza de Qeshm, da fortaleza de Chabahar, e da fortaleza de Ormuz.

---

[37] http://lisbon.mfa.ir/index.aspx?fkeyid=&siteid=54&pageid=8869

Fortalezas Portuguesas

1. Fortaleza de Qeshm[38]

2. Fortaleza de Ormuz[39]

3. Fortaleza de Chabahar[40]

---

[38] http://irandidar.com/index.php?option=com_content&task=view&id=30

[39] http://irandidar.com/index.php?option=com_content&task=view&id=30

[40] http://www.citypedia.ir/قلعه-پرتغالی-ها-چابهار/

Capítulo Quinto
Conclusão

120

Conclusão

Os Portugueses mantiveram uma presença ativa no Golfo Pérsico por mais de cento e trinta anos, e a ilha de Ormuz (no sul do Irão) foi um dos principais centros dessa implantação. Tiveram um impacto significativo na evolução da situação política e económica no sul do Irão durante o século XVI e as três primeiras décadas do século XVII. Como o seu poder e a supremacia militar estavam limitados ao mar, a maior influência exercia-se sobre as áreas costeiras, ilhas e portos. Portanto, a sua presença no Irão restringia-se à região do Golfo Pérsico.

À descoberta da rota marítima do sul da África pelos Portugueses prejudicou muito, no início, o comércio terrestre do Irão. Antes disso, o Irão, devido à sua localização geográfica, era a principal via de transporte da seda e de outros produtos orientais da China e da Índia para a Europa. Com a descoberta da rota marítima, os comerciantes europeus optaram pelo uso de navios, que os libertavam da falta de segurança das rotas terrestres e do ataque de bandidos. Assim, o Irão perdeu importância no comércio terrestre, mas permaneceu como um importante centro comercial entre o Oriente e o Ocidente porque o seu território se estendia até ao Golfo Pérsico.

Depois de dominar o Golfo Pérsico, os Portugueses construíram uma fortaleza na ilha de Ormuz, a fim de monitorizar a circulação de navios no Golfo Pérsico e, assim, proteger a sua importante base naval na ilha. Aqui construíram feitorias para armazenar os bens comerciais.

Após a morte de Afonso de Albuquerque, os Portugueses começaram a tomar terras dominadas pelo Emir de Ormuz, ocupando o Bahrein e o porto de Cambarão. Estabeleceram um forte no porto de Cambarão, aqui fundeando a sua frota de guerra. Interferiram nos assuntos dos portos do Golfo Pérsico e exerceram violência sobre os Iranianos. Pagavam abaixo do que estava tabelado pelos serviços de que necessitavam ou davam em troca produtos sem valor que os locais não queriam. Excluíram do Golfo Pérsico qualquer navio que não fosse português, a menos que pagasse uma dispendiosa licença de passagem. Assim, pode dizer-se que prosseguiram uma forma de pirataria. Os comerciantes iranianos que queriam passar pela ilha de Ormuz, a fim de seguirem para a Índia, tinham de, em primeiro lugar, receber uma autorização das autoridades portuguesas, e às vezes eram compelidos a comprar-lhes mercadorias a um preço fixado por eles.

A ocupação de portos e ilhas, os tratamentos cruéis e implacáveis, a imposição de uma dominação colonial e os contratos políticos e comerciais injustos e opressivos provocaram ressentimentos e revoltas populares em várias cidades.

Neste contexto, o Xá Abbas I, não querendo utilizar as rotas otomanas para levar a seda para a Europa e pretendendo abrir as rotas de comércio do Golfo Pérsico a todos os comerciantes europeus e asiáticos para desenvolver a economia do Irão, decidiu expulsar os Portugueses da ilha de Ormuz. Assim, negociou com os representantes da Companhia Britânica das Índias Orientais e, em troca da concessão do monopólio do comércio de seda, obteve o seu apoio na guerra contra os Portugueses. Assim, com a ajuda britânica, o Xá Abbas I conseguiu expulsar os Portugueses de Ormuz.

A saída dos Portugueses de Ormuz não significou a sua retirada completa do Golfo Pérsico. Eles escolheram o porto de Jask para implantar as suas forças e o porto de Kong para estabelecer o entreposto comercial. A presença dos Portugueses no porto de Kong era bastante diferente da que se verificara na ilha de Ormuz. O Irão, ao concluir com eles o contrato comercial do porto de Kong e ao impor-lhes a satisfação dos compromissos comerciais e económicos na região, manteve-os afastados das operações militares. Consequentemente, o porto de Kong desenvolveu-se muito neste período. No entanto, com o surgimento do Imam de Muscat e a sua rebelião contra o domínio comercial português, os Portugueses perderam o seu último refúgio e abandonaram definitivamente o Irão.

Bibliografia Citada

[1] M. Parsadust, شاه عباس : پادشاهی با درس‌هایی که باید فراگرفت اول (Xá Abbas: O Reino e as Lições a Serem Aprendidas), vol. 2, Teerão: Companhia de Enteshar, 2015.

[2] M. B. Vosughi, پرتغال در خلیج فارس (Portugal no Golfo Pérsico), Teerão: Centro de Editora do Ministério dos Negócios Estrangeiros, 2013.

[3] H. R. Safakish, صفویان در گذرگاه تاریخ (Os Safávidas na Passagem da História), Teerão: Sokhan, 2013.

[4] Z. Sadeghi, تاریخ ایران در عصر صفوی (A História do Irão na Época Safávida), Teerão: Agente de Tradução e Edição de Parse, 2013.

[5] J. G. Maghami, مسئله مرموز در روابط ایران و پرتغال (Misterioso Problema entre o Irão e Portugal)," *Jornal de Estudos Históricos,* vol. 9, n.º 3, pp. 211-280, 1974.

[6] A. H. Mahdavi, تاریخ روابط ایران از ابتدای دوران صفوی تا پایان ۱۵۰۰–جنگ جهانی دوم ۱۹۴۵(História das relações do Irão desde o início da era Safávida até ao final da II Guerra Mundial 1500-1945), oitava ed., Teerão: Amir Kabir, 2002.

[7] A.-H. Navai, روابط سیاسی و اقتصادی ایران در دوره صفویه (Relações Políticas e Económicas do Irão na Época Safávida), Teerão: Samt, 1998.

[8] E. B. Monshi, تاریخ عالم آرای عباسی (História da Visão do Mundo de Abbasi), 2 ed., Teerão: Amirkabir, 1971.

[9] N. Falsafi, قسمت اول روابط : تاریخ روابط ایران و اروپا در دوره صفویه ایران با پرتغال و اسپانیا و هلند و انگلستان و آلمان (História das Relações entre o Irão e a Europa no período Safávida: Primeira Parte das Relações do Irão com Portugal, Espanha, os Países Baixo, Teerão: Publicação de

Livros de Bolso, 1982.

[10] K. Bayani, تاریخ نظامی ایران، جنگ های دوره صفویه (História Militar do Irão: As guerras Safávidas), Teerão: Editora de equipe do Exército, 1974.

[11] A. Taheri, تاریخ سیاسی ایران، از مرگ تیمور تا مرگ شاه عباس (História Política do Irão: Desde a Morte de Timor à Morte do Xá Abbas), Teerão: Editora dos Livros do Bolso, 1970.

[12] G. A. Homayun, اسناد مصور اروپاییان از ایران (Documentos Pictóricos Europeus do Irão), vol. II, Teerão: Universidade de Teerão, 1969.

[13] M. A. Panahi-Semnani, شاه عباس کبیر، مرد هزار چهره (O Grande Xá Abbas, o Homem de 1000 Faces). Teerão: Arman, 1990.

[14] A. Tajbakhsh, تاریخ صفوی (A História dos Safávida), Shiraz: Navid, 1984.

[15] A. Fazel, شاه عباس دوم صفوی و زمان او (Xá Abbas II e a sua Era), Teerão: Instituto cultural-art de Zarih, 1995.

Bibliografia de Enquadramento

A. Mashayekhi, خلیج فارس و بوشهر (Golfo Pérsico e Bushehr), Teerão: Instituto de Estudos Históricos Contemporâneos Iranianos e Fundação de Estudos de Bushehr, filial de Bushehr, 2008.

A. Navaee, ایران و جهان از مغول تا قاجاریه (O Irão e o mundo desde Mughal à dinastia de Ghajarieh), Teerão: Homa, 1994.

A. Navaee, تاریخ روابط خارجی ایران و اروپا در عصر صفوی (História das relações exteriores entre o Irão e a Europa no período Safávida), Teerão: Visman, 1986.

A. Tajbakhsh, تاریخ صفوی (História Safávida), Shiraz: Navid, 1994.

Gh. Babaee, تاریخ سیاست خارجی ایران از شاهنشاهی هخامنشی تا به امروز/(História da política externa do Irão desde a monarquia Hakhamaneshi até ao presente)[41], Teerão: Publicação de Dorsa, 1997.

Gh. Zaimee, تنگه هرمز (Estreito de Ormuz), Teerão: Escritório de Estudos Culturais , 2003.

H. Hajianpur e Z. NazeriLiravi, پایان اشغال بندر عباس توسط پرتغال و نقش آن در شکوفایی تجارت این بندر در دوره صفوی (O final da invasão de Bandar Abbas pelos Portugueses e o seu papel no florescimento do comércio neste porto no período Safávida). *Tārikh dar Āyene-ye Pazhuhesh*, 2001, vol.8, no.2, pp. 133-156. Também disponível em http://tarikh.nashriyat.ir/node/649. Acesso em 03/09/2015.

---

[41] As referências entre parênteses são a tradução literal do persa para português.

H. Mahdavi, تاریخ روابط خارجی ایران (از ابتدای دوران صفویه تا پایان جنگ دوم جهانی (۱۵۰۰م - ۱۹۴۵م) (História das relações exteriores do Irão: desde o início do período Safávida até ao fim da Grande Guerra Mundial (1500-1945)), Teerão: Amirkabir, 1978.

J. Teles e Cunha, João, *Olha da Grande Pérsia o Império Nobre: Relações entre a Pérsia na Idade Moderna (1507-1750)*, Teerão: Publicações do Ministério dos Negócios Estrangeiros, 2015.

Kh. Bayani, تاریخ نظامی ایران در دورهٔ صفویه (História militar do Irão no período Safávida), Teerão: Tolu-e Ghalam, 2001.

M. B. Vosughi, تاریخ مهاجرت اقوام در خلیج فارس (História da migração dos Povos no Golfo Pérsico), Shiraz: Daneshname-ye Fars, 2002.

M. Hafeznia, خلیج فارس و نقش استراتژیک تنگه هرمز (O Golfo Pérsico e o papel estratégico do estreito de Ormuz), Teerão: Samt, 1993.

M. Mirahmadi, دین و دولت در عصر صفوی (Religião e Estado no período Safávida), Teerão: Amirkabir, 1991.

M. Mosavi, روابط ایران با اسپانیا و پرتغال در عهد صفوی (Relação entre o Irão e a Espanha e Portugal na era Safávida), 2012. disponível em http://www.aftabir.com/articles/view/applied_sciences/geograohy_history/c12_1327754864p1.php/روابط-ایران-با-اسپانیا-و-پرتغال-در-عهد-صفوی. Acesso em 03/09/2015.

M. Shahabi, روابط میان ایران و پرتغال در نگاهی بر امپراتوری باشکوه پارس عصر جدید (۱۵۰۷-۱۷۵۰), Tradução de Português para Persa do livro "Olha da Grande Pérsia o Império Nobre: Relações entre a Pérsia na Idade Moderna (1507-1750)", por João Teles e Cunha.Teerão: Publicações do Ministério dos Negócios Estrangeiros, 2015.

N. Falsafi, تاریخ روابط ایران و اروپا در دورهٔ صفویه، قسمت اول (História das relações entre o Irão e Portugal no período Safávida: primeira parte), Teerão: Casa de Publicação do Irão, 1938.

N. Falsafi, سیاست خارجی ایران در دوران صفویه (Política externa do Irão no período Safávida), Teerão: A Organização dos livros de bolso, 1964

N. Falsafi, شاه عباس اول (Xá Abbas I), Teerão: Publicação Científica, 1986.

N. Salehi, اهمیت و ضرورت ترجمه متون تاریخی عثمانی به زبان فارسی مطالعه موردی تاریخ عثمان پاشا (A importância e a necessidade de traduzir textos de história otomanos em persa: um estudo de caso de história de Osman Pasha). *A critical Study of Islamic Texts and Programs, Institute for Humanities and Cultural Studies*, 2011, vol. 11, n.º 2, pp. 51-65. Também disponível em http://criticalstudy.ihcs.ac.ir/jufile?c2hvd1BERj0zODgmX2Fj dGlvbj1zaG93UERGJmFydGljbGU9Mzg4Jl9vYj1lZmM5NW U2OTA0NDA1NmM2ZDA2ZjAzZWNkODNhM2Y5Mw. Acesso em 19/03/2016.

R. Bitarafan, سیاست خارجی صفویان در خلیج فارس (Política externa Safávida no Golfo Pérsico), 2014. disponível em http://rasekhoon.net/article/show/715787/ سیاست%۲۰خارجی%۲۰صفویان%۲۰در%۲۰خلیج%۲۰فارس. Acesso em 03/09/2016.

Z. Sabetian, Zabioallah, اسناد و نامه های تاریخی دوره صفویه (Documentos históricos e cartas do período Safávida), Teerão: Publicação de Ebn-e Sina, 1965.

www.ingramcontent.com/pod-product-compliance
Lightning Source LLC
Chambersburg PA
CBHW051647040426
42446CB00009B/1024
9781939123800

نقش پرتقال در تاریخ ایران

میترا شهابی

۱۳۹۵

با حمایت ملی موسسه کالوشته گلبانکیان

FUNDAÇÃO
CALOUSTE
GULBENKIAN

کلیه حقوق مادی و معنوی اثر برای نویسنده محفوظ است

عنوان: نقش پرتقال در تاریخ ایران (به زبان فارسی و پرتقالی)
نویسنده: میترا شهابی
شابک: ۹۷۸-۱۹۳۹۱۲۳۸۰۰
ناشر: سوپریم سنچوری (قرن برتر)، آمریکا

آماده سازی برای نشر توسط آسان نشر
www.asanashr.com

تقدیر

با سپاس صمیمانه از بنیاد کلوشته گلبانکیان برای حمایت مالی از این پروژه و تشکر ویژه از استاد راهنمای عزیزم، جناب آقای دکتر آنتونیو نونو روشمنینیو رولو که با مهربانی، صبر و حوصله و با هدایت و دانش بسیار، نظرات و پیشنهادات دقیق و سازنده خود در طول سال جاری مرا در این پروژه یاری نمود.

٥

معرفی کتاب

کتاب حاضر داستانی را بازگو می‌کند که در تخیل تمام پرتقالیان از لحاظ فاصله تیره و تار است و از لحاظ افسانه‌ای بودنش، رنگارنگ. حضور پرتقالیان در ایران در قرن شانزدهم و هفدهم از اهمیت استراتژیکی برخوردار بود و به همین دلیل، غالبا این حضور به عنوان مظهر عظمت پرتقال در دوره اکتشافات دریایی ارائه شده است. لذا تاریخ این دوره می‌تواند رنگ و بوی تعصب‌های وطن پرست به خود گرفته باشد. پس لازم است که درستی این اسناد تاریخی مورد بررسی قرار گیرد.

پژوهش حاضر که با تلاش میترا شهابی وتحت حمایت مالی موسسه کلوشته گلبانکیان پرتقال به ثمر رسیده است، با هماهنگی قابل توجهی به ارائه جنبه‌های سیاسی و نظامی یک رابطه دشوار و خشونت آمیز میان ایران و پرتقال که تا اواسط قرن هجدهم به طول انجامید، می‌پردازد و در خصوص درک انگیزه‌های کسب قدرت، ثروت و روابط تاریخی که در آن شرایط شکل گرفت، ما را به تفکر وا می‌دارد. مولف در این کتاب ورود آلفونسو دا آلبوکرک دریانورد پرتقالی را به خلیج فارس، مبارزه وی همراه با اعمال خشونت و قدرت و تغییر توازن سیاسی و تجاری منطقه را بیان می‌دارد و بدین وسیله رشد و انحلال قدرت پرتقالیان را در آسیا بازگو می‌نماید.

تازگی این اثر برای خوانندگان پرتقالی، در این واقعیت نهفته است که این روایت نظامی و سیاسی از منابع و کتب فارسی زبان برگرفته شده است. حضور پرتقالی‌ها در این منطقه بخشی از یک پیشینه تاریخی است که شامل سلطه امپراتوری عثمانی و پس از آن ورود هلندی‌ها و انگلیسی‌ها و توانایی شاهان سلسله صفویه یکی پس از دیگری می‌شود. در آن زمان پرتقالیان از مشکلاتی که عثمانیان برای ایران بوجود آورده بودند نهایت استفاده را نمودند تا اینکه قدرت نظامی و سیاسی آنها با توان و کفایت فوق‌العاده شاه عباس اول فروکش نمود. آنها ابتدا در قوانین تجارت جهانی تغییراتی اعمال نمودند اما با پیشرفت قدرت‌های دریایی اروپایی دیگر در رده دوم قرار گرفتند.

اثر حاضر، که با امتنان آن را همراهی نمودم سهم بسیار قابل توجهی در مطالعه فرهنگ پرتقالی در آسیا را تشکیل می‌دهد و امیدوارم که آغازی برای مطالعات و پژوهش های بسیاری در آینده گردد. میترا شهابی با توجه به توانایی‌ها و قابلیت‌های حرفه ای‌اش، در شرایط ایده آلی برای ادامه تحقیقات در زمینه روابط تاریخی بین ایران و پرتقال می‌باشد.

نونو روشمنینیو
دانشگاه آویرو، ژوئیه ۲۰۱۶

٧

مقدمه

آنچه در کتاب حاضر آمده در واقع تلاش برای نشان دادن حضور پرتقالیان در ایران در ایام صفویه بوده است که از طریق مطالعه کتب فارسی تاریخ نویسان و نویسندگان ایرانی در این خصوص تحقق پذیرفته است.

روابط میان ایران و پرتقال در سال‌های ۹۱۲-۱۱۶۹ هق، یعنی در زمان سلسله صفویه افزایش و اهمیت یافته است (تالش ای کونیا، ۲۰۱۵ م). کتاب حاضر توالی رویدادهای گذشته را با تمرکز بر اهمیت پرتقال در ترسیم تاریخ ایران در این دوره فراهم می‌آورد. انگیزه ارائه این اثر، پس از ترجمه کار پژوهشی جناب آقای تالش ای کونیا[1] با عنوان "نگاهی بر امپراتوری باشکوه پارس: روابط میان پرتقال و ایران در عصر جدید (۹۱۲-۱۱۶۹ هق)"، از زبان پرتقالی به فارسی (شهابی، ۱۳۹۴ هش)، پدید آمد. این اثر، حاصل یک پروژه مشترک همکاری میان مشاور فرهنگی پرتقال، بنیاد کالوشته گلبانکیان، اداره ملی بایگانی توق دو تومبو (لیسبون) و سفارت ایران در لیسبون بود.

این کتاب دوزبان بسیار مورد استقبال و قدردانی مقامات دو کشور واقع گردید و آن را گام مهمی در ترویج روابط میان دو کشور قلمداد نمودند. کتاب فوق الذکر در پرتقال در بنیاد کالوشته گلبانکیان، در نمایشگاهی تحت عنوان نام این کتاب، با حضور وزیر فرهنگ ایران و مشاور فرهنگی پرتقال، و در ایران با حضور وزرای امور خارجه دو کشور رونمایی شد.

اثر تالش کونیا اقدامی با بررسی اسناد تاریخی، گزارش‌ها و منابع پرتقالی تحقق پذیرفت. هدف کتاب حاضر نیز ارائه اثری مشابه است با این تفاوت که این بار تاریخ مذکور از نگاه مورخان ایرانی، با توجه بر نقش پرتقال در ترسیم تاریخ ایران، ثبت شده است.

به عنوان گردآورنده این اثر، بر این باورم که چنانچه تاریخ کشورها از نگاه مورخان کشورهای مختلف مشاهده گردد بسیار غنی‌تر خواهد بود به ویژه هنگامی که این مورخان احساسات و دیدگاه‌های فرهنگی مختلف خود را بازگو می‌کنند. بدین وسیله می‌توان حقایق را به شکلی کامل‌تر و مطمئن‌تر ارائه نمود. حقایقی که ممکن است نادیده گرفته شده، بازگو نشده و یا در برخی از نوشته‌ها تحریف شده‌اند. در این راستا، نباید نادیده گرفته شود که مورخان، هنگام ثبت وقایع دیدگاه‌های خاص خود را دارند که ممکن است بر اساس آن تمام حقیقت را بازگو نکنند. آنها با توجه به هنجارها و نیازهای زمان خود و با توجه به ایده

---

[1] "Olha da Grande Pérsia o Imperio Nobre: Relações Entre Portugal e a Pérsia na Idade Moderna (1507-1750)".

های حاکم، و طبق تاریخنگاری زمان خود، آن را به رشته تحریر در می‌آورند. همچنین، ممکن است تاریخ بر طبق تعصبات ملی، مذهبی، قومی و اجتماعی مورخ، مورد حذف، اضافه، جعل اسناد، و یا تغییر و تحریف قرا گیرد (برنز، ۲۰۰۶ م). افرادی که حاضر به تحریف عمدی حقایق نیستند، آگاهند که باید زاویه مطالعه خود را تعیین نموده و در تحریر وقایع دقت نمایند و در مقابل تمایل به ارضای باورها، اهداف و احساسات خود مبارزه کنند.

در مجموع، این کتاب جایگاه پرتقال در تاریخ ایران را از دیدگاه مورخان ایرانی ارائه می‌دهد. اطلاعات گرداوری شده به زبان فارسی، ابتدا به شکلی منسجم و منظم به زبان انگلیسی ترجمه شده و یکی از دو بخش کتاب را تشکیل داده است و ترجمه آن به زبان پرتقالی بخش دوم کتاب را تشکیل می‌دهد به طوری که خوانندگان و یا محققان علاقه‌مند می‌توانند آن را به دو زبان فارسی و پرتقالی، استفاده نمایند. مطالب این اثر از منابع کتابخانه‌ای و برخی پایگاه‌های اینترنتی، ویا سایت‌های متمرکز بر نقش مرتبط پرتقال در شکلگیری تاریخ ایران گردآوری شده است.

حتی چه بسا بهتر است در آینده بتوانیم این دو اثر تاریخی پرتقالی و فارسی مورد مقایسه و بررسی مقابله‌ای بدهیم و کتابی جامع که تمام حقایق واقعی هر دو کشور را آشکار سازد، ارائه نماییم.

همانطور که در صورت منابع هر فصل این کتاب دیده می‌شود، در تالیف برخی از فصل‌های کتاب ممکن است مطالب بیشتری را از یک یا دو نویسنده معین عنوان نموده‌ام، به ویژه از مطالب گردآوری شده توسط پارسادوست (۱۳۹۳) و وثوقی (۱۳۹۰). دلیل آن این است که هر نویسنده در مقایسه با نویسندگان دیگر در آثار خود، بسته به هدف از تالیف آن، به یک دوره زمانی معین، پادشاهی مشخص، مسائل جغرافیایی، فتوحات، اکتشافات، و یا قدرت‌ها تاکید بیشتری داشته و یا مطالب را روشنتر و یا با جزئیات بیشتری بیان کرده باشد. به طور مثال، کتاب فلسفی (۱۳۶۱) (تاریخ روابط ایران و اروپا در دوره صفویه: روابط ایران با پرتقال و اسپانی و هلند و انگلستان و آلمان) بیشتر بر تاریخ شاه عباس معطوف شده است. وثوقی (۱۳۹۰) نیز در این باره بیان می‌دارد که در خصوص تاریخ تحولات مربوط به حضور پرتقال در شرق و به ویژه در ایران، نوشته‌های فلسفی بر موضوع تاریخ مناسبات سیاسی پرتقال در ایران در دوره صفویه، به ویژه دوره شاه عباس اول متمرکز بوده است و یا پژوهش‌های قائم مقامی، تکیه بر مسئله هرموز در مناسبات شاه عباس اول و پرتقالی‌ها دارد.

امید است که این اثر بتوند عملا راهنمایی مفید و باارزش برای محققان تاریخ (به ویژه، تاریخ ایران و پرتقال) و کمک قابل توجهی در زمینه تاریخ دو کشور باشد.

۱۰

فهرست مطالب

دیباچه.. ۱۴

فصل اول ۱۴

۱. ایران در آغاز عصر صفویه...... ....۱۶

.2 اروپا و مشرق زمین: آغاز روابط ۱۷

۲,۱ بستهٔ شدن راه زمینی بازرگانی اروپا با شرق ۱۷

2.2 دماغه امید نیک و اکتشافات بزرگ دریایی ۱۸

۳. پرتقالی‌ها، اقیانوس هند و خلیج فارس ۱۸

فصل دوم قرن شانزده ۲۱

شاه اسماعیل اول (۹۳۰ – ۹۰۷ هق) ۲۳

.1 اولین حضور پرتقالی ها در ایران ۲۳

.2 آلبوکرک و تصرفات او ۲۴

۲,۱ تصرف قلهات ۲۴

۲,۲ تصرف قوریات..۲۴

۲,۳ تصرف مسقط ۲۴

۲,۴ تصرف صحار و خورفکان ۲۵

۲,۵ تصرف جزیره هرمز ۲۶

۳. «جنگ آب» در هرمز و شکست آلبوکرک ۲۸

۴. بازگشت آلبوکرک به هندوستان ۲۹

۵. شاه اسماعیل اول، خواجه عطا و آلبوکرک ۳۰

۶. آلبوکرک، شاه اسماعیل اول و عثمانی ۳۱

۷. فتح مجدد هرمز توسط آلبوکرک ۳۱

۸. مرگ آلبوکرک........................... ۳۲

۹. شورش در مقابل پرتقالیان..................................۳۳

۱۰. مرگ شاه اسماعیل اول ۳۵

۱۱. نتیجه.................................۳۵

شاه تهماسب اول (۹۸۴ – ۹۳۰ هـ ق) ۳۷
۱. انحطاط هرمز و ورود عثمانی ها به خلیج فارس ۳۸
۲. شاه تهماسب اول و پرتقالیان ۴۰
۳. فراگیری استفاده از سلاح گرم از پرتقالی ها ۴۱
شاه اسماعیل دوم (۹۸۵ – ۹۸۴ هـ ق) ۴۳
شاه محمد خدابنده (۹۹۶ – ۹۸۵ هـ ق) ۴۵
۱. ضمیمه شدن پرتقال به اسپانیا ۴۵
۲. حضور انگلیسی ها در ایران ۴۸

فصل سوم قرن هفدهم ۴۹
شاه عباس اول (۱۰۳۸ – ۹۹۶ هـ ق) ۵۰
۱. روابط دیپلماسی ایران با دول اروپایی ۵۱
۲. برادران شرلی ۵۲
۳. تصرف بحرین و بندر گمبرون ۵۵
۴. آغاز رابطه های سیاسی شاه عباس با اسپانیا ۵۷
۵. تیره شدن روابط میان ایران و اسپانیا ۶۲
۶. شرکت هند شرقی و نبرد دریای جاسک ۶۲
۷. همکاری نظامی انگلیسی ها با ایران ۶۷
۷.۱ سختگیری های پرتقالی ها نسبت به انگلیسی ها ۶۷
۷٫۲ شرکت هند شرقی و جزیره هرمز ۶۸
۷٫۳ دشمنی آشکار پرتقالی ها با شرکت هند شرقی ۶۸
۷٫۴ جاذبه بازار ایران ۶۹
۷٫۵ تهدید و ترغیب شرکت هند شرقی ۶۹
۷٫۶ پیشگامی انگلیسی‌ها در پیشنهاد همکاری نظامی ۶۹
۸. تصرف جزیره قشم و هرمز ۷۰
۹. دلایل شکست پرتقالیان ۷۴
۱۰. هرمز و پرتقالیان پس از جنگ ۷۵
شاه صفی (۱۰۵۲ – ۱۰۳۸ هـ ق) ۸۰

1. استقرار دفاتر تجاری پرتقالی ها در بندر کنگ 81
شاه عباس دوم (1077- 1052 هـق) 85
شاه سلیمان (1105- 1077 هـق) 87

فصل چهار 89

قرن هجدهم 89

شاه سلطان حسین (1135- 1105 هـق) 90
شاه تهماسب دوم (1148 – 1135 هـق) 96

فصل پنجم 102

نتیجه 102

نتیجه 104
مراجع ذکر شده در متن 106
مراجع پیش زمینه 118

فصل اول

دیباچه

۱۵

خلاصه

در این فصل تلاش برای نشان دادن آغاز رابطه اروپا و شرق از جمله ایران در ایام صفویه بوده است. اطلاعات این فصل از [1]، [2]، و [3] برگرفته شده است.

جنگ‌های صلیبی ۶۶۹ – ۴۹۰ هق (۱۰۹۹-۱۲۷۰ م) تا حدی اروپا و آسیا را به یکدیگر نزدیک کرد و موجب افتتاح باب روابط سیاسی و تجاری آنها گردید. اما پس از آنکه ترکان عثمانی در سال ۸۵۷ هق / ۱۴۵۳ م به قسطنطنیه دست یافتند، راه تجارت اروپا با مشرق زمین بسته شد. به همین سبب اروپاییان، برای رسیدن به هندوستان و چین و تحصیل امتعه آسیا بدنبال راه دیگری بودند و این امر سبب کشف راه دریایی جنوب آفریقا گردید. دولت‌های اسپانیا و پرتقال در این امر پیشگام گردیدند. از آن پس، اراضی مشرق زمین، از جمله ایران، مورد تجاوز و بهره برداری آنان قرار گرفت. واسکودوگاما دریانورد پرتقالی نخستین پایگاه مستعمراتی پرتقال را در هندوستان برپا کرد و بندر گوا را به عنوان مقر اصلی خود در شرق انتخاب کرد. آلفونسودو آلبوکرک دریانورد مهم دیگر پرتقالی با تصرف هرمز و مناطق دیگر در جنوب ایران، به حضور پرتقالیان در خلیج فارس استحکام بخشید.

۱. ایران در آغاز عصر صفویه

موقعیت جغرافیایی ایران و اهمیتی که این کشور از نظر موقعیت تجاری و اقتصادی داشته، سبب شده است تا بارها مورد تهاجم واقع شود چه به قصد غارت و یا به عنوان گذرگاهی به مناطق غربی. در میان این تهاجمات، هجوم مغولان، ایران را به نابودی کامل کشاند و آن را از مسیر پیشرفت، منحرف ساخت. در آن دوران ایران به کشوری متزلزل تبدیل شده بود که با کوچکترین حرکتی می‌توانست از هم پاشیده شود. در این وضعیت بود که خاندان صفوی تلاش نمودند حکومت را از آن خود کرده و مذهب آن را تغییر دهند. قبل از صفویه، چندین حکومت ایرانی و ملوک الطوایفی تشکیل شده بود و هیچ حکومت مرکزی و مستقلی وجود نداشت که تمام کشور تحت پوشش آن باشد. صفویه وحدت حکومت مرکزی و وحدت مذهبی را ایجاد نمود. بدین سان ایران از اهمیت و ثبات و یکپارچگی برخوردار شد و «خیلی زود ایران که ایستگاه مهمی بر سر راه یکی از راه‌های تجاری جهان بود، مرکز شبکه‌ای از شاهراه‌هایی شد که از یک سو به بین‌النهرین و بنادر مدیترانه، آناتولی و قسطنطنیه و از سوی دیگر، به خاور دور و آسیای مرکزی و از طرف دیگر به قفقاز، اوکراین و کریمه منتهی می‌شد» ([1] ص. ۱۹). اما ایدئولوژی مذهبی صفویه، در نیمه نخست این سلسله باعث جنگ‌های بسیاری با ازبکان و عثمانی‌ها گردید.

در این ایام شرایط ویژه‌ای در جهان بوجود آمده بود مثل فتح قسطنطنیه توسط عثمانی‌ها،

بسته شدن راه‌های تجاری خشکی، اختراع قطب‌نما برای مسافرت‌های بزرگ دریایی، کشف هند از طریق دماغه امید نیک آفریقا، کشف قاره‌ی آمریکا، استفاده از باروت و استفاده از آن در توپ‌های جنگی، که همه در حدود قرن شانزدهم میلادی و همزمان با روی کار آمدن صفویان بوده است.

۲. اروپا و مشرق زمین: آغاز روابط

جنگ‌های صلیبی (۶۶۹ – ۴۹۰ هق / ۱۲۷۰-۱۰۹۹ م) موجب برقراری روابط بازرگانی اروپا و شرق گردید. بازرگان اروپایی کالای غرب را به شرق برده و کالای شرق را با خود می‌آوردند. بازرگانان ونیزی نقش بسزایی در خرید این کالاهای آسیایی که از راه زمینی وارد شرق مدیترانه می‌گردید و در توزیع آنها در کشورهای اروپایی ایفا نمودند.

۲٫۱ بسته شدن راه زمینی بازرگانی اروپا با شرق

در ۲۰ جمادی الاول ۸۵۷ (۲۹ مه ۱۴۵۳) حمله ترکان عثمانی به شهر قسطنطنیه – استانبول فعلی – و تسخیر آن، راه بازرگانی اروپا به آسیا را با دشواری‌های جدی روبرو ساخت. ترکان عثمانی به آزار و اذیت بازرگانان اروپایی که مسیحی بوده و آنها را از لحاظ مذهبی کافر می‌دانستند، پرداختند. بدین صورت که برای کالاهای آنان عوارض گمرکی سنگینی وضع می‌نمودند و در شهرهای مرزی نیز آنان را وادار می‌کردند که کالاهای خود را برای بازرسی باز کنند و در این مورد نیز آنها را مورد آزار و بدرفتاری قرار می‌دادند. بنابراین، بازرگانان اروپایی با چشم پوشی از راه‌های بازرگانی قدیمی، به جستجوی راه بازرگانی دیگری پرداختند.

در شرایطی که عثمانی‌ها در امور بازرگانی محدودیت‌هایی اعمال می‌نمودند، اروپا که در دوارن رنسانس اقتصادی، فرهنگی و علمی به سر می‌برد، به دنبال مواد خام و بازاری برای فروش کالاهای تولیدی خود می‌کوشید. محدودیت‌های بوجود آمده توسط عثمانی‌ها، اروپاییان را بر آن واداشت که اقیانوس‌ها را به سلطه درآورده و یک مسیر دریایی به سوی شرق بگشایند. در این امر اسپانیا و پرتقال پیشگام بودند. هر دو کشور به دلیل موقعیت جغرافیایی خود در جنوب غربی اروپا و تجارب دریایی‌اشان در اقیانوس اطلس توانستند ناوگان‌های جنگی و بازرگانی در اختیار داشته و همچنین دریانوردان کاردان و با تجربه‌ای پرورش دهند که سرانجام موفق گردیدند که به آمریکا و شرق راه یابند.

فتوحات دریایی توسط شبه جزیره ایبری جهانی شدن اقتصادی و استعمار سرزمین‌های دور را به همراه داشت. رقابت آنها برای تصرف کشورهای دیگر و بهره گیری از معاملات

تجاری منجر به اکتشافات بزرگ دریایی شد که که به شرح مختصری از آن می‌پردازیم.

۲،۲ دماغه امید نیک و اکتشافات بزرگ دریایی

در سال ۱۴۸۷ میلادی بارتلمی دیاس Barthelemy Dias دریانورد پرتقالی، تحت نظر و حمایت دولت پرتقال، به منظور یافتن مسیری به سوی هند، بادبان به سمت جنوب اقیانوس اطلس کشید. وی پس از پیمودن کرانه غربی آفریقا به انتهای جنوب آن قاره رسید. با وجود توفان‌های شدید در آن منطقه موفق به عبور از این دماغه، به اصطلاح دماغه توفان‌ها، گردید اما نتوانست به مسیر خود به سوی آسیا ادامه دهد و به پرتقال بازگشت. پادشاه پرتقال، دن خوان دوم Don Juan II که قصد داشت دریانوردان تا خاور دور مسیر خود را ادامه دهند نام آن دماغه را به دماغه امیدواری – نیک – تغییر داد. در نوامبر ۱۴۹۷ م (ربیع الاول ۹۰۳ هق) واسکودوگوما Vasco da Gama دریانورد دیگر پرتقالی از طرف پادشاه پرتقال ماموریت یافت که هدف بارتلمی دیاس را دنبال کرده و راهش را تا نقطه‌ای که تا آن زمان هیچ دریانورد اروپایی دیگری به آن راه نیافته بود، ادامه دهد. وی در آنجا از طریق شهاب الدین احمد که اهل عمان و دریانورد باتجربه‌ای بود اطلاعاتی در خصوص راه‌های دریایی اقیانوس هند کسب نمود و در ۲۰ مه ۱۴۹۸ (۲۰ رمضان ۹۰۳ هق) به بندر کالیکوت که مرکز تجارت ادویه در هند بود رفته و سال بعد به پرتقال بازگشت. به این ترتیب اولین مسیر مستقیم دریایی بین اروپا و آسیا برقرار گردید.

در سال ۱۴۹۲، ملکه الیزابت فرمانروای کاستیل – بخش مرکزی شبه جزیره ایبری که بعد با الحاق ارگون در بخش شمال شرقی آن شبه جزیره تشکیل کشور اسپانیا را داد – ([1]) هزینه سفر اکتشافی دریایی کریستف کلمب را که قصد یافتن راهی به سوی هند در طی سفرهای خود به سوی غرب را داشت، را تامین نمود. او برعکس بارتلمی دیاس و واسکودوگوما که بادبان به سوی جنوب اقیانوس اطلس کشیدند، اشتباها بر این باور بود که از این مسیر می‌تواند راحت‌تر به شرق دست یابد و نهایتا آمریکا را کشف کرد.

پس از آنکه پرتقالیان موفق شدند با دور زدن دماغه‌ی امید نیک، وارد هند شوند، بسیاری از اراضی مشرق زمین، از جمله ایران را مورد تهاجم قرار داده، توازن سیاسی را بر هم زده و دشواری‌های جدی برای کشورهای آسیایی به وجود آوردند و بدین صورت در تاریخ کلیه این کشورها اثر گذاشتند.

۳. پرتقالی‌ها، اقیانوس هند و خلیج فارس

بر اساس وثوقی [2]، هدف پرتقالی‌ها از ورود به هند و خلیج فارس، دستیابی به

سرزمین‌های ادویه در شرق دور بود و بدین منظور فتح هندوستان امری ضروری می‌نمود.

واسکودوگاما چهار سال پس از بازگشت به پرتقال، در سال ۱۵۰۲ میلادی عازم هندوستان شد و نخستین پایگاه مستعمراتی پرتقال را در هند بنا نهاد و بندر گوا را به عنوان مقر اصلی پرتقال در شرق انتخاب کرد. در واقع تسلط پرتقالی‌ها بر هندوستان، به علت درگیری و جنگ‌های دائمی میان پنج حکومت محلی مسلمان و هندوها با کمترین مقاومت صورت گرفت و بدین ترتیب پرتقالی‌ها با بیرحمی و به راحتی بر این نواحی تسلط یابند.

پیش از آنکه پرتقالیان بر اقیانوس هند تسلط یابند، امور بازرگانی آن در دست دریانوردان عرب به ویژه مردم عمان بود. دریانوردان عمان کالاهای خاور دور و هندوستان را از راه دریای سرخ به بندر اسکندریه در مصر می‌رساندند. در آنجا بازرگانان ونیزی آنها را خریداری کرده و سپس آنها را به کشورهای اروپایی حمل می‌کردند.

پرتقالیان جهت بهره برداری از چنین کسب و کار پر سودی، تجارت خانه‌هایی در نقاط استراتژیک هند برپا نمودند.

از آنجایی که پادشاه پرتقال دون امانوئل اول Amanuel I قصد آن داشت که متصرفات پرتقال را همچنان گسترش دهد تصمیم گرفت مانع فعالیت ونیزی‌ها در دریای سرخ و رابطه بازرگانی عرب‌ها با هندوستان گردد. بدین منظور در مارس ۱۵۰۶ میلادی (شوال ۹۱۲ هق) تریستو داکونا Tristao da Cunha را همراه دریانورد شجاعی به نام آلفونسودو آلبوکرک Afonso de Albuquerque روانه آب‌های شرق کرد. تریستو داکونا ماموریت داشت دژی در جزیره سکووترا در دریای سرخ بنا کند و آلبوکرک نیز مامور بود دو منطقه عدن و جده را به تصرف درآورد.

طبق پارسادوست [1] آلبوکرک ابتدا قصد تصرف عدن را داشت. او اعتقاد داشت برای گسترش دامنه تسلط پرتقال در هندوستان اقدام‌های زیر باید به عمل آید:

۱. تصرف عدن برای نگهداری تنگه باب المندب
۲. تصرف جزیره هرمز برای تسلط بر خلیج فارس
۳. نگهداری دیو و گوا در هندوستان برای تصرف سایر ناحیه‌های آن کشور. صص ۴۹۰-۴۸۹

آلبوکرک با تصرف قلعه عدن، می‌توانست بر قلهات، مسقط و سپس هرمز، یعنی سه نقطه‌ای که در آن زمان مرکز اصلی تجارت اقیانوس هند محسوب می‌شد، مستولی گردد. اما به دلیل شرایط بحرانی و اضطراری ناوگان پرتقالی‌ها و نداشتن تدارکات، آنان ناگزیر به طرف

تنگه هرمز رهسپار شدند.

فصل دوم

قرن شانزده

خلاصه

در این فصل به شرح روابط ایران و پرتقال در دوره شاه اسماعیل اول، اولین پادشاه صفوی (۹۳۰ – ۹۰۷ هق، ۱۵۲۴ - ۱۵۰۲ میلادی)، می‌پردازیم. اطلاعات این فصل برگرفته از منابع [1]، [2]، [3]، [4]، [5] و [6] می‌باشد.

حضور اولین گروه اروپاییها در ایران از طریق پرتقالی‌ها و آلبوکرک صورت گرفت و مصادف با اوایل حکومت شاه اسماعیل اول بود. در آن ایام کشور شرایط سختی را می‌گذارند. خلیج فارس نیز از وضعیت سیاسی چندان پایداری برخوردار نبود. شاه اسماعیل اول با توجه به اینکه درگیر مشکلات و مسائلی بود که در شرق و غرب ایران با ازبکان و عثمانیان، دو قدرت بزرگ منطقه‌ای، داشت، احتمالا تا سال ۹۱۶ هق / ۱۵۱۰ م توجهی به حضور پرتقالی‌ها در جنوب نداشت. بنابراین خلیج فارس در برابر تهاجمات بیرحمانه آلبوکرک تقریبا بی‌دفاع مانده بود و این فرصت مناسبی شد تا وی بتواند به تصرفات خود در سواحل عمان ادامه دهد.

شاه اسماعیل اول (۹۳۰ – ۹۰۷ هق)

شاه اسماعیل اول (۹۳۰ – ۹۰۷ هق، ۱۵۲۴ - ۱۵۰۲ میلادی) بنیانگذار سلسله صفوی بود. همانطور که در فصل پیشین نیز اشاره شد وی پس از قرن‌ها بعد از هجوم اعراب، توانست تمامی حکومت‌های ملوک‌الطوایفی در ایران را دوباره متحد کرده و وحدت حکومت مرکزی و وحدت مذهبی تشکیل دهد. وی مذهب تشیع را به عنوان مذهب رسمی کشور اعلام نمود در حالیکه مردم ایران بیشتر تسنن بودند. طی این دوره، کشور ایران به عنوان قدیمی‌ترین و قدرتمندترین امپراتوری ساحلی خلیج فارس، به شمار می‌رفت.

۱. اولین حضور پرتقالی‌ها در ایران

در سال ۹۰۱ هق / ۱۴۹۵ م، پادشاه پرتقال دومانوئل، به دنبال سیاست توسعه دریایی، آلفونسو دو آلبوکرک را جهت دستیابی به خلیج فارس و دریای عمان، روانه خلیج فارس نمود. آلبوکرک به سمت راس الحد پیش رفت و بادهای موافق ناوگان او را به ناحیه ظفار رسانید. در آنجا به مدت هشت روز توقف کرده و طی این مدت بسیاری از کشتی‌های ماهیگیری که در ساحل لنگر انداخته بودند را به آتش کشیدند. اخبار خشونت پرتقالی‌ها بلافاصله در تمام سواحل عمان منتشر شد و موجبات رعب و وحشت مردم را فراهم نمود.

ناوگان پرتقالی در ادامه مسیر خود روانه قلهات شد و از آنجا تصرفات پرتقالیان آغاز گردید. در ذیل به شرح مختصری از فتوحات آلبوکرک در جنوب ایران می‌پردازیم.

۲. آلبوکرک و تصرفات او

۲,۱ تصرف قلهات

بندر قلهات دومین پایتخت هرمز و محل توقف کشتی‌هایی بود که به مقصد هندوستان و خلیج فارس حرکت می‌کردند.

آلبوکرک در روز دوم ورودش به قلهات، وارد ساحل شد و با حاکم شهر ملاقات کرد. او که از اعمال خشونت‌آمیز پرتقالی‌ها آگاهی داشت با وی از در صلح درآمد و توافقنامه‌ای میان آنها به امضا رسید که بر اساس آن، موافقت نمود که آذوقه و تدارکات لازم را برای ادامه سفر پرتقالیان مهیا نموده و به آنها خراج پرداخت نماید. در عوض، مردم قلهات می‌توانستند در آبهای تحت تسلط پرتقالیان آزادانه عبور و مرور نمایند.

بر اساس وثوقی [2]، این توافق، اولین تلاش پرتقالی‌ها برای نفوذ در عناصر اداری و ایجاد شکاف بین آنها محسوب می‌شد. توافق محرمانه آلبوکرک و حاکم قلهات اولین نمونه سیاست ایجاد تفرقه و شکاف میان قدرت‌های سیاسی شرق محسوب می‌شود. ص ۷۰

هنگامی که آلبوکرک آذوقه دریافتی از قلهاتی‌ها را حمل می‌کرد، متوجه شد که بخشی از خرماها فاسد شده است. این موضوع باعث شد تا تصمیم به غارت شهر بگیرد اما دو نفر از کاپیتان‌های پرتقالی، با اشاره بر لزوم تعجیل به مقصد بعدی مانع آن شدند.

۲,۲ تصرف قوریات

آلبوکرک پس از آنکه قلهات را فتح نمود به سمت شمال حرکت کرد و در ساحل قوریات لنگر انداخت. اهالی شهر در صدد مدافعه برآمدند اما بیش از دو روز نتوانستند مقاومت نمایند. آلبوکرک قوریات را پس از غارت و انهدام شهر ترک نموده و بعد از چهار روز دریانوردی به بندر مسقط رسید.

۲,۳ تصرف مسقط

بندر مسقط که در کرانه دریای عمان واقع بود در آن روزگار پس از قلهات از اهمیت بسیاری برخوردار بود و در آن زمان زیر استیلای پادشاه جزیره هرمز قرار داشت. بنا به پارسادوست [1]، این بندر به دلیل برخورداری از یک موقعیت جغرافیایی ممتاز، از دیرباز راه مهم ارتباطی خلیج فارس با دریای سرخ و اقیانوس هند بود. دریانوردان مسقط بخش مهمی از بازرگانی شرق را در دست داشتند و تا بندرهای هند و سیلان و شبه جزیره مالایا و چین

رفت و آمد می‌کردند و کالاهای شرق را از راه دریای سرخ به بندر اسکندریه در مصر می‌رساندند. ص. ۴۸۹

از آنجایی که حاکم هرمز خبر غارت و انهدام قوریات را شنیده بود، با ورود کشتی‌های پرتقالی‌ها در بندر مسقط، دو نفر از بزرگان شهر را نزد آلبوکرک فرستاد. آنها تقاضا کردند که در ازای آسیب نرساندن به شهر حاضر شوند که تابعیت پادشاه پرتقال را قبول کنند و خراجی را که قبلا به سلطان هرمز می‌پرداختند، از این پس به وی پرداخت نمایند. اما مذاکرات آنها به نتیجه‌ای نرسید و آلبوکرک بلافاصله دستور بمباران شهر را صادر کرد و شهر غارت شد.

آلبوکرک در هر بندری که فتح می‌کرد چنانچه آن بندر در حوزه دریایی از موقعیت استراتژیک برخوردار بود، تجارتخانه‌ای تاسیس نموده و برای سرکوب شورش احتمالی مردم آنجا دژی بنا می‌کرد. بنابراین در مسقط نیز چنین کرد و پس از پایان کار، آنجا را ترک کرد.

۲,۴ تصرف صحار و خورفکان

جنگهای طولانی آلبوکرک در سواحل عمان و سختی زندگی بر روی عرشه کشتی موجب نارضایتی همراهان وی گردید و نخستین نشانه‌های نافرمانی در میان افسران و سربازان، پس از ترک مسقط آشکار گردید.

هدف اصلی آلبوکرک تصرف جزیره هرمز بود اما به دلیل توفان، مسیر ناوگان به سمت بنادر صحار و خورفکان کشیده شد. آلبوکرک مانند اقدامات قبلی، درصدد تصرف و ویرانی بندر صحار برآمد. با توقف ناوگان پرتقالیان در ساحل صحار، حاکم شهر به آنان پیغام داد که صحار متعلق به شاه هرمز است و آنان نمی‌توانند در این ساحل بمانند. آلبوکرک نیز پیغام داد که در صورت تسلیم نشدن شاه هرمز، به شهر حمله کرده و آن را تصرف می‌کند.

هنگام ورود آلبوکرک به صحار، نیروهای خاندان بنوجبور[۲] – از قبایل نجد – توانسته با بهره‌گیری از اختلاف قبایل ساحل عمان وارد این شهر شوند. از آنجایی که ظاهرا پیش از ورود آلبوکرک با حاکم شهر صحار اختلاف پیدا کرده بودند، هنگام ورود آلبوکرک به نفع پرتقال عمل کرده و همین امر سبب تضعیف موقعیت صحار شد ([2] ص ۷۴). بنابراین

---

[۲] بنوجبور یا آل جبور که در اصل از کشور عمان کنونی بودند، در نیمه دوم قرن نهم هجری از نجد به سواحل خلیج فارس و ناحیه احساء مهاجرت کردند. آنها با شکست آخرین بازمانده امرای محلی، بر مناطق ساحلی بحرین حکمروایی کردند و قدرت خود را در ناحیه بحرین تثبیت نمودند. [2] ص ۲۱۶

مردم شهر به ناچار با آلبوکرک مصالحه نمودند. آلبوکرک با بهره برداری از این موقعیت، بدون دردسر شهر را تصرف کرده و پرچم پرتقال را بر فراز آن افراشت.

مقصد بعدی آلبوکرک بندر خورفکان بود. این شهر نیز در مقابل حملات تاب نیاورده و مورد تصرف قرار گرفت. طبق وثوقی [2]، فتح بنادر و سواحل عمان در یک دوره نسبتا کوتاه به دلیل توفق توپخانه‌ای ناوگان پرتقال بود که می‌توانست از فاصله دور ویرانی بار آورده و بدون نیاز به پهلوگیری و یا مبارزه تن به تن پیروزی‌های چشمگیر به همراه آورد. ص. ۷۵

تصرف صحار و خورفکان و ویرانی‌های به بار آمده در سواحل عمان، سبب تضعیف هر چه بیشتر پادشاه هرمز گردید و ضربه بزرگی به شرایط اقتصادی و سیاسی هرمز وارد ساخت.

آلبوکرک سپس روانه جزیره هرمز در دهانه خلیج فارس گردید.

۲,۵ تصرف جزیره هرمز

جزیره هرمز در ۱۸ کیلومتری جنوب خاوری بندرعباس و در دهانه تنگه هرمز قرار دارد. این جزیره به علت موقعیت ممتاز جغرافیایی از مراکز مهم بازرگانی آسیا و همچنین مرکز عمده بازرگانی میان آسیا و اروپا بوده است و موقعیت ممتاز خود را پس از استیلای پرتقالی‌ها همچنان حفظ کرد[۳]. در واقع این جزیره جزء بزرگترین پایگاه‌های داد و ستد بین ایران، هندوستان، عربستان و سواحل جنوبی خلیج فارس بود. به گفته وثوقی [2]، این جزیره به دلیل ویژگی‌های طبیعی و جغرافیایی و موقعیت اقتصادی خود مانع اصلی ورود پرتقالی‌ها به خلیج فارس بود. ص. ۳۲

آلبوکرک در سال ۱۵۰۷ م (۹۱۳ هق) در راس ناوگان بزرگی دارای ۲۰ فروند شناور، وارد هرمز شد، در این ناوگان ۱۵۰۰ نفر پرتقالی و ۶۰۰ نفر مالاباری حضور داشتند ([4] ص. ۱۴۶). جزیره هرمز در آن هنگام تحت حکومت حکام محلی به اصطلاح «ملوک هرمز» قرار داشت و این ملوک غالبا خراجگزار فرمانرواهای فارس بودند. در واقع هنگام ورود پرتقالیان به خلیج فارس، این منطقه تحت اداره چند قدرت محلی بود. ملوک هرمز که از بزرگترین آنها بودند بر تمامی جزایر خلیج فارس و بخش‌های ساحلی میانی و شرقی آن تسلط داشتند.

---

[۳] جزیره هرمز دارای شن های ریز سیاه و براقی بود که بازرگانان آن را برای خشکاندن مرکب روی کاغذ به کار می بردند. وجود آن شن‌ها بر روی صورت حساب فروش کالا نشان مرغوب و اصیل بودن کالا بود. ولی پس از مدتی بازرگانان از آن شن‌ها به لیسبون پایتخت پرتقال بردند و با ریختن آن شن‌ها بر روی صورت حساب و فریب دادن مشتریان کالای خود را به عنوان آنکه از جزیره هرمز وارد شده است، به بهای گران‌تر می‌فروختند. [1] صص ۴۹۳-۴۹۲.

قدرت محلی دیگر، امرای لارستان بودند که بر بخشهای ساحلی حد فاصل بندر گمبرون تا بندر سیراف و مناطق پس کرانه‌ایی این نواحی حکومت می‌کردند. در نواحی شرقی و در ساحل بحرین نیز حکام بنوجبور بودند. با اینحال تمام این قدرت‌های محلی خراج گذار و تابع قدرت صفویان بودند.

هنگام ورود آلبوکرک به هرمز، پادشاه هرمز، کودکی دوازده ساله و تحت قیومیت و نظارت یک سیاستمدار باهوش و قدرتمند به نام خواجه عطا بود. اولین اقدام خواجه عطا هنگام ورود پرتقالی‌ها، ممنوع کردن پهلوگیری کشتی‌های بیگانه در لنگرگاه هرمز و استخدام نیروی نظامی از مناطق همجوار بود.

آلبوکرک در روز سوم ورودش به جزیره، با اطلاع از آمادگی جنگی هرمز، دستور حمله را صادر نمود. پرتقالی‌ها در هرمز نیز مانند سایر ناحیه‌هایی که به تصرف درآورده بودند مرتکب جنایت‌های هولناکی گردیدند. به نوشته فاریا ای سوسا جهانگرد پرتقالی، در نبرد هرمز «هزار و هفتصد نفر از نیروهای دشمن کشته شده بودند. جسدهای مردگان بر روی آب شناور بود و بسیاری از این افراد زیورالات طلایی داشتند و نیروهای ما جسدهای شناور را صید کردند، چرا که این جسدها دارای زیورآلاتی بودند که غنیمت خوبی برای سربازان پرتقالی محسوب می‌شد»[۴]. [1] ص. ۴۹۹

خواجه عطا که آمادگی چنین نبرد توپخانه‌ای را نداشت، تقاضای آتش بس داده و درخواست صلح نمود. بنابراین آلبوکرک در این حمله پیروز گردیده و در ۱۰ اکتبر ۱۵۰۷ بر آن جزیره (۲ جمادی الثانی ۹۱۳) استیلا یافت. مفاد قرارداد صلح به شرح زیر بین دو طرف به امضا رسید و به اجرا درآمد:

شاه هرمز به ناچار تابعیت پرتقال را پذیرفت و شرایط سنگین و تحمیل شده توسط آلبوکرک را قبول کرد. او مبلغ ۵۰۰۰ اشرفی بابت جبران هزینه جنگ پرداخت کرد[۵] و تعهد نمود سالانه مبلغ ۱۵۰۰۰ اشرفی نیز بابت خراج تادیه کند. علاوه بر این امیر هرمز پذیرفت که از کالاهای وارد شده از پرتقال حقوق و عوارض گمرکی دریافت نشود و از کالاهایی که پرتقالیان در جزیره هرمز خریداری می‌کنند به همان میزان ساکنان جزیره مالیات گرفته شود. او که در نظر داشت بازرگانی خلیج فارس را زیر نظر پرتقالیان قرار دهد شرط سنگین دیگری نیز به امیر هرمز تحمیل کرد. به موجب آن هیچ یک از کشتی‌های محلی بدون

---

[۴] فاریا ساسو، آسیای پرتقال، ص. ۵۲۰.

[۵] م- اما وثوقی (۱۳۹۰) در این باره می‌نویسد که این مبلغ ۵۰۰۰ اشرافی را قرار بود برای هزینه نگهداری کشتی‌ها به پرتقالی‌ها بپردازد. ص. ۸۴

اجازه پرتقالیان حق انجام امور بازرگانی در خلیج فارس را نداشتند. تا آن زمان، دریانوردان عرب به ویژه عمان، امور بازرگانی خلیج فارس را در دست داشتند و با این اتفاق بیش از هر کس دیگری متضرر شدند. [1] ص. ۵۰۱.

بر اساس مقامی [5]، با این اقدام آلبوکرک، قلمرو گستردەایی شامل «اراضی میناب، موغستان در ساحل شمالی خلیج فارس، ناحیه‌های قطیف در عربستان سعودی، قطر، قلهات تا راس الحد در کرانه‌های جنوبی خلیج فارس و دریای عمان و جزیره‌های آن مانند هرمز، قشم، کیش، بحرین و سایر جزیره‌ها» در اختیار پرتقالیان قرار گرفت[6]. ص. ۲۲

آلبوکرک برای تحکیم تسلط پرتقالیان بر آن جزیره لازم دانست که در آنجا دژی بنا کند. بدین منظور، نزدیک قصر پادشاه هرمز در محلی به نام «مورنا»[1]، مکانی واقع در انتهای دماغه شمال غربی جزیره را در نظر گرفت ([1] ص. ۵۰۱). اما در این میان خواجه عطا بیکار ننشسته و تمام تلاش خود را برای ایجاد شکاف در بین نیروهای پرتقالی و بهره برداری از آن نمود. در ذیل به شرح آن می‌پردازیم.

۳. «جنگ آب» در هرمز و شکست آلبوکرک

همانطور که پارسادوست [2] اشاره می‌کند اصرار و پافشاری آلبوکرک در ساخت یک قلعه، وقت کشی خواجه عطا و طولانی شدن اقامت پرتقالی‌ها در دریا و عدم امنیت کافی جهت پیاده شدن در جزیره، موجب نارضایتی شدید ملوانان و افسران همراه آلبوکرک شد. به اعتقاد آنان، آنچه بیش از توقف در آب‌های جزیره هرمز به نفع پرتقال به شمار می‌رفت، استیلا بر بخش شرقی آفریقا و تصرف آن ناحیه و بدین ترتیب امکان نظارت بر رفت و آمد کشتی‌های حمل ادویه و سایر کالاها از شرق بود. بنابراین آلبوکرک پس از فرار سه نفر از کاپیتان‌ها، هرمز را ترک نمود (ص. ۸۹).

بدنبال نارضایتی نیروهای آلبوکرک، چهار نفر از آنان به هرمز پناهنده شدند. خواجه عطا از طریق آنان از اوضاع متزلزل آلبوکرک اطلاع یافت و هنگامی که آلبوکرک برای تقاضای استرداد پناهندگان به هرمز پیغام فرستاد، وی از فرصت استفاده نموده و به او گفت که از آنجایی که مطلع شده است که قصد وی تخریب شهر و ساخت یک قلعه بوده است، با درخواستش مخلفت می‌کند. آلبوکرک که اوضاع را چنین داد دستور داد هرمز را محاصره دریایی نموده تا بدین وسیله به علت نرسیدن آب به جزیره، خواجه عطا را در موقعیت دشواری قرار دهد. همچنین دستور تخریب شبانه چاه‌های آب و تخریب انبار آب بزرگ

[6] دن گارسیا، سفرنامه، ترجمه غلامرضا سمیعی، نشر نو، تهران، ۱۳۶۳، ص. ۵۲.

شهر نیز صادر نمود. در این میان نگهبانان و سربازان به جان هم افتاده و تعدادی از آنها کشته شدند. پرتقالیان جسد کشته شدگان و همچنین اجساد چارپایان را در چاه انداختند تا مردم دیگر نتوانند از آب آن استفاده کنند. تعدادی از ساکنان و به ویژه کودکان از شدت بی‌آبی به هلاکت رسیدند. خواجه عطا با مشاهده این اوضاع از آلبوکرک خواست که به محاصره پایان دهد. آلبوکرک نیز پیغام داد که در صورتی این محاصره را به پایان خواهد رساند که به وی اجازه اتمام ساخت قلعه داده شود.

در این وضعیت ، خواجه عطا نامه‌ای به نایب السلطنه هند ارسال نمود و به شدت از اعمال آلبوکرک شکایت کرد. این نامه، نارضایتی ملوانان، تمام شدن ذخیره آب کشتی‌ها، مقاومت سرسختانه خواجه عطا، توطئه برخی از افسران برای ترک جزیره هرمز با چهار فروند کشتی به مقصد بندر گوا و بدون اجازه فرمانده ارتش، آلبوکرک را ناچار به پذیرش شکست و ترک هرمز نمود.

او برای تامین مواد خوراکی و آب سفر، شبانه به قشم و سپس به جزیره لارک حمله کرد. آلبوکرک پس از یک سال اقامت در جزیره هرمز و با وجود پایان نیافتن بنای دژ[۷] ([5] ص. ۳۶) در سال ۹۱۳ هق. / ۱۵۰۸ م آنجا را ترک نمود. به این ترتیب وی برای اولین بار طعم تلخ شکست را چشید. او تصمیم گرفت پس از تجدید قوا در اولین فرصت به هرمز بازگشته و شکست خود را جبران نماید. به این ترتیب، همانطور که وثوقی [2] اشاره می‌کند، دوره اول تهاجمات آلبوکرک در خلیج فارس با شکست وی در هرمز پایان یافت. ص. ۹۷

۴. بازگشت آلبوکرک به هندوستان

آلبوکرک با توجه به اینکه نایب السلطنه پرتقال از اقدامات خشونت آمیز وی مطلع گردیده و مخالف اعمال وی بود، از رفتن به سمت هندوستان سر باز زده و به سمت سقوطره حرکت کرد. وی مدتی در آنجا ماند و پس از طراحی نقشه فتح کامل هرمز، در سال ۹۱۴ هق / ۱۵۰۸ م، روانه آن جزیره شد.

در این میان خواجه عطا توانسته بود بنوجبور را که در آن زمان حاکم قلهات و طرفدار پرتقالی‌ها بود، برکنار نماید. لذا هنگامی که آلبوکرک به شهر قلهات بازگشت، با مقاومت شدید مردم روبرو گردید. از این رو به قصد انتقام از آنها بار دیگر به سمت قلهات حرکت کرد، آنجا را به آتش کشید و سپس عازم هرمز شد. در آنجا خواجه عطا که طبق اسناد

---

[۷] طبق همایون [15] ساختن دژ در ژانویه ۱۵۰۸ به پایان رسید، ص ۱۱. اما به نوشته بیانی [7] ساخت آن سی سال به طول انجامید، ص ۵۱۵.

پرتقالی قلعه ناتمام پرتقالی‌ها را به اتمام رسانده بود[8]، از آن به عنوان دژ دفاعی استفاده کرده و آلبوکرک را مجددا شکست داد. [2] صص. ۱۰۰-۹۹

همانطور که قبلا نیز ذکر شد، شاه اسماعیل اول به دلیل دست و پنجه نرم کردن با مشکلاتی که با عثمانی‌ها و ازبکان داشت از اوضاع جنوب ایران بی اطلاع بوده و بر اساس منابع تاریخی، به احتمال زیاد تا سال ۹۱۶ هق / ۱۵۱۰ م از حضور پرتقالی‌ها در خلیج فارس اطلاعی نداشت. [2] ص. ۹۶

۵. شاه اسماعیل اول، خواجه عطا و آلبوکرک

آلبوکرک در دسامبر ۱۵۰۸ هرمز را ترک کرد و وارد هند گردید و در نوامبر ۱۵۰۹ (رجب ۹۱۵) نایب السلطنه پرتقال در هندوستان گردید. وی طی هشت سال پس از ترک هرمز، به دلیل مشکلات و مسائلی که در هندوستان برایش به وجود آمد، نتوانست برای تصرف هرمز به خلیج فارس باز گردد. خواجه عطا از این فرصت برای انجام اقدامات دیپلماتیکی استفاده کرد و چندین بار با ارسال نامه و اعزام سفیر نزد شاه اسماعیل اول، خواستار جلب حمایت او در مقابله با پرتقالی‌ها شد. در این حین، شاه اسماعیل اول نیز جهت جلب حمایت پرتقالی‌ها بر علیه عثمانی، اقدام به اعزام سفیر به هندوستان کرده بود، هرچند آلبوکرک این سفیر را بدون آنکه پاسخی به وی دهد، بازگرداند. (لازم به ذکر است که بین سال‌های ۱۵۱۱ تا ۱۵۲۰ میلادی، شاه اسماعیل اول چهار سفیر به بندر گوا و دکن و دیگر ایالات شرقی هند اعزام نمود. اولین سفیر در سال ۹۱۶ هق / ۱۵۱۱ م وارد بندر گوا شد.

ظاهرا پادشاه هرمز، در موقعیت پیچیده‌ای قرار گرفته بود، از یک طرف، گرایش‌های مذهبی شاه اسماعیل اول و تمایل شدیدش به کسب اطاعت امرای محلی، از جمله ملوک هرمز، و از سوی دیگر ورود پرتقالی‌ها به خلیج فارس و به ویژه نواحی شرقی هند و بنادر آن که عمده‌ترین شرکای تجاری هرمز محسوب می‌شدند. وی می‌دانست که در صورت عدم جلب رضایت کامل این دو قدرت بزرگ یعنی ایران و پرتقال، هرمز کاملا در خطر خواهد افتاد. [2] ص. ۱۰۵

شاه اسماعیل اول موفق شد در سال ۱۵۱۳ امیر هرمز را از حمایت خود مطمئن سازد به گونه‌ای که وی دیگر از پرداخت خراج سالیانه به پرتقالی‌ها خوداری کرد.

---

8 Faria Sousa, Op. Cit, Vol 1., p. 141.

۶. آلبوکرک، شاه اسماعیل اول و عثمانی

آلبوکرک یک کاتولیک بسیار متعصب بود و از اعمال ترکان عثمانی که به کشورهای مسیحی هجوم آورده اموال مردم آن را به غارت برده و آنان را به اسیری می‌گرفتند و به عنوان برده به فروش می‌رساندند به ستوه آمده بود. علاوه بر این دولت عثمانی به عنوان یک رقیب دریایی و دارای ناوگان جنگی، مانع تسلط وی بر خلیج فارس محسوب می‌شد. از طرفی وی از تعصب شاه اسماعیل اول در مذهب شیعه و دشمنی او با سنیان آگاه بوده و همچنین می‌دانست که شاه اسماعیل اول به دلیل نداشتن نیروی دریایی هرگز نمی‌تواند روزی در آبهای خلیج فارس قد علم کند. بنابراین این بار، در سال ۱۵۱۵، سفیر شاه اسماعیل اول را پذیرفته و هنگام بازگشت وی به ایران، همراه او سفیری به نام روی گومز اعزام نمود تا تمایل خود را برای اتحاد علیه عثمانی‌ها اعلام نماید. سفارت روی گومز به علت مرگ سفیر در طی سفر، نافرجام ماند. شاه اسماعیل اول از آلبوکرک خواست که سفارت دیگری اعزام نماید اما آلبوکرک به دلیل آنکه درگیر جنگ با شورشیان هندوستان بود، نتوانست در آن سال سفیر دیگری اعزام کند.

۷. فتح مجدد هرمز توسط آلبوکرک

خواجه عطا به منظور حفظ هرمز در مقابل تهاجمات آلبوکرک تا توانست تا پایان حیات خود، از طرق مختلف مانند مکاتبه و اعزام سفیر به نایب السلطنه هند و همچنین پادشاه پرتقال، به پادشاه پرتقال نزدیک شده و با وی روابط دیپلماتیک برقرار نمود و تلاش وی سبب کاهش شدت خشونت‌های پرتقالی‌ها گردید. وی سعی نمود با برقراری توازن منطقی میان نیروهای خارجی و داخلی، وضعیت عمومی هرمز را در حالت متعادلی حفظ نماید. اما با مرگ او در سال ۹۲۰ هق / ۱۵۱۴ میلادی، که همزمان با شکست شاه اسماعیل اول از پادشاه عثمانی در جنگ چالدران، مصادف گردد، همه شرایط به نفع آلبوکرک و تثبیت موقعیت پرتقالی‌ها در خلیج فارس رقم خورد. پس از مرگ خواجه عطا، میان اشراف جزیره جهت کسب قدرت جزیره جنگ داخلی درگرفت. آلبوکرک در این زمان برادرزاده خود پرو آلبوکرک را برای سرکشی و کسب اطلاعات به هرمز فرستاد. وی ماموریت داشت جزیره بحرین را نیز تصرف کند و خراج عقب افتاده آن را وصول نماید. پرو موفق به تصرف بحرین نشد اما توانست وضعیت عمومی آن جزیره را شناسایی کند. آلبوکرک یک سال بعد با بیست و شش فروند کشتی و دو هزار و سیصد سرباز روانه خلیج فارس شد و در بیستم فوریه ۱۵۱۵ جزیره هرمز را به طور کامل تصرف نمود. اینچنین بار دیگر پرچم پرتقال بر فراز دژ هرمز برافراشته شد.

در این هنگام شاه اسماعیل اول به دلیل جنگ با عثمانی و همچنین به امید کسب حمایت پرتقالی‌ها در نبرد با عثمانی، هیچ اقدامی ننموده و به استیلای پرتقالی‌ها بر جزیره رضایت داد.

بدنبال استقرار کامل آلبوکرک در هرمز، حاکم بحرین طی نامه‌ایی به آلبوکرک همراهی خود را با پادشاه هرمز اعلام کرد. ظاهرا وی با توجه به گسترش نفوذ شاه در بحرین چاره‌ایی جز همراهی با آلبوکرک و پادشاه هرمز ندیده است و از طرف دیگر بر اساس ماده اول قراردادی که میان سفیر آلبوکرک و شاه اسماعیل صفوی منعقد شده بود (در زیر به آن می‌پردازیم)، پرتقالی‌ها موظف بودند سپاه صفوی را در امر لشکرکشی به بحرین و قطیف یاری نمایند.

در سال ۱۵۱۵ میلادی، شاه اسماعیل اول مجددا هیاتی را نزد آلبوکرک اعزام کرد. آلبوکرک به درخواست شاه اسماعیل اول سفیر میگل فریرا Miguel Ferreira را فرستاد. زمانی که وی به هرمز رسید آلبوکرک از سقوطره به جزیره هرمز وارد شده بود.

میان شاه اسماعیل اول و میگل فریرا مذاکره‌هایی صورت پذیرفت و دو طرف درباره شرایط زیر توافق کردند:

۱. نیروی دریایی پرتقال در لشکرکشی پادشاه ایران به بحرین و قطیف به او کمک کند.

۲. نیروی دریایی پرتقال در فرونشاندن شورش‌های ساحل مکران به شاه ایران مساعدت نماید.

۳. دولت‌های ایران و پرتقال با اتحاد با یکدیگر با عثمانی به نبرد بپردازند.[۹]

با قرارداد بالا، شاه اسماعیل اول حاکمیت پرتقال را بر جزیره هرمز پذیرفت و امیر هرمز تابع پرتقال شناخته شد. [6] ص. ۲۳

۸. مرگ آلبوکرک

آلبوکرک در سال ۱۵۱۵ سفیر دیگری به نام فرنائو گومز دولموس Fernão Gomez de Lemos را به نزد شاه اسماعیل اول فرستاد تا ضمن اشاره به کمک پرتقال از طریق فرستادن کشتی و سرباز و توپخانه برای جنگ شاه اسماعیل با سلطان عثمانی، پیشنهاد دهد که

---

[۹] آرنولد ویلسون، صفحه ۱۳۴. نصر الله فلسفی، صفحه ۲۰.

مسیحیانی که در دربار او هستند، رابط بین آنها و دربار روم شوند. اما از آنجایی که شاه اسماعیل اول به دلیل از دست دادن جزیره هرمز و تابعیت پرتقال ناراضی بود اینبار از سفیر پرتقال به گرمی پذیرایی نکرد.

به گفته پارسادوست [1]، آنگونه که از روند اعزام هیئت‌های نمایندگی دو کشور به نظر می‌رسد آلبوکرک سعی داشت تا استقرار کامل حاکمیت پرتقالی در خلیج فارس روابط دوستانه‌ای با دولت صفوی داشته باشد .ص. ۳۴۴

آلبوکرک تا اواخر نوامبر ۱۵۱۵ (شوال ۹۲۱) در هرمز ماند اما به دلیل بیماری روانه هندوستان شد و برادرزاده خود پرو آلبوکرک را به به جای خود گذاشت. وی در ۱۵ دسامبر ۱۵۱۵ م (۹ ذیقعده ۹۲۱) در بندر گوا به علت شدت بیماری درگذشت و «بدین ترتیب، زندگانی یکی از خشنترین فرماندهان پرتقال در شرق به پایان رسید». [6] ص. ۱۲۰

۹. شورش در مقابل پرتقالیان

پس از مرگ آلبوکرک، لوپز سوارز Lopo Soarez نائب السلطنه پرتقالی هند گردید. در زمان وی سیاست پرتقالی‌ها در خلیج فارس به سمت توسعه بازرگانی و افزایش مبادلات تجاری پیش رفت.

پرتقالیان پس از استقرار در جزیره هرمز، بازرگانی کلیه بندرهای خلیج فارس را در اختیار گرفتند. آنان در سال ۹۲۶ هق با بهره‌گیری از اختلافات داخلی میان روسای جزیره بحرین، بر آن تسلط یافتند و بر خلاف آنچه در توافق بالا موافقت کرده بودند آن را در تصرف خود نگاه داشتند و به ایران تحویل ندادند. همچنین در پایتخت آن دژی ساختند.

بدرفتاری پرتقالیان با بازرگانان و مردم بندرهای خلیج فارس موجب شورش در برخی از شهرها گردید. در سال ۹۲۵ هق / ۱۵۲۰ م حاکم قلهات دست به قیام زد. فرمانده پرتقالی هرمز جهت دفع شورش تعدادی کشتی به قلهات اعزام نمود اما فایده‌ایی نداشت. حتی نیروهای کمکی نائب السلطنه گوا موفق به سرکوب قیام قلهات نشدند. در جریان این قیام تعدادی از پرتقالیان کشته شدند و بسیاری از آنها فرار کردند. موفقیت قیام قلهات، مردم نواحی دیگر خلیج فارس را نیز تشویق به شورش نمود. حاکم بحرین، هنوز یک سال از تصرف بحرین نگذشته، از اطاعت پرتقالی‌ها سرپیچی کرده و دست به شورش زد. بحرین از آن پس به پایگاه مهم قیام علیه پرتقالیان تبدیل شد. آنها رئیس دارالتجاره پرتقالیان را به دار آویخته و عده‌ای از پرتقالیان و مسیحیان را به هلاکت رساندند. اما این شورش‌ها سرکوب گردیده و پرتقالیان برای تلافی، گمرک جزیره هرمز را در ۹۲۸ هق (۱۵۲۲ م) در اختیار

گرفتند. این امر موجب شورش‌های بیشتری در هرمز، بحرین و مسقط گردید.

قیام‌های مردمی در بحرین علیه پرتقالی‌ها، همزمان با گسترش نفوذ ترکان عثمانی در عراق شد و بدین صورت زمینه مناسبی برای حضور نیروی دریایی عثمانی در خلیج فارس فراهم گردید.

در طی این قیام‌ها امیر هرمز به جزیره قشم فرار کرده و در آنجا کشته شد. پس از مرگ وی، پسر خردسالش محمد شاه، امیر هرمز گردید. وی در سال ۹۲۹ هق (۱۵۲۳ م) با پرتقالیان قرارداد جدیدی به نام «قرارداد میناب» و به شرح زیر بست:

۱. قلمرو هرمز متعلق به شاه پرتقال خواهد بود و محمد شاه از جانب شاه پرتقال در هرمز سلطنت خواهد کرد.

۲. محمد شاه هر سال، مبلغ شصت هزار اشرفی به عنوان خراج به پادشاه پرتقال بپردازد.

۳. کلیه مسیحیانی که به دین اسلام درآمده‌اند، به دولت پرتقال تسلیم شوند.

۴. اتباع پادشاه هرمز به استثنای مقامات رسمی، نباید در جزیره مبادرت به حمل سلاح نمایند.

۵. پادشاه هرمز جز برای نگهبانی و خدمات دربار و کاخ سلطنتی خود، نباید نیروی نظامی داشته باشد.

۶. پادشاه پرتقال از پادشاه هرمز در برابر هرگونه تجاوز دشمن خارجی حمایت خواهد کرد. [2] ص. ۱۴۵

با وجود آنکه با قرارداد بالا پرتقالیان قصد آن داشتند که با نرمش بیشتر در موضوع خراج سالیانه، رضایت بیشتر شاه هرمز را جلب نموده و همچنین با گنجاندن ماده ممنوعیت حمل سلاح در جزیره، از قیام‌ها و شورش‌های مردم جلوگیری نمایند، همچنان قیام‌ها ادامه داشته و پرتقالیان نیز به ظلم خود ادامه می‌دادند. هرمز در شرایط بسیار نامناسبی قرار گرفته بود. از طرفی هم امیر لرستان نیز به نواحی ساحلی هرمز حمله کرده و پادشاه هرمز از پرتقالی‌ها خواست که طبق بند ششم قرارداد میناب به آنها کمک نمایند اما آنها هیچ کمکی ننموده و بدین صورت شرایط جزیره از پیش بحرانی‌تر گردید.

با مرگ شاه اسماعیل در سال ۹۳۰ هق / ۱۵۲۳ م و مشغولیت‌های شاه جدید شاه تهماسب، دیگر جای هیچ امیدی به دریافت کمک از طرف ایران نبود. بدین ترتیب سیاستمداران

هرمز بر آن شدند که از همسایه قدرتمند خود عثمانی که در این زمان با فتح مصر در حوزه رقابت دریایی با پرتقالی‌ها قرار گرفته بودند، تقاضای کمک نمایند.

۱۰. مرگ شاه اسماعیل اول

دم دوارت دومنزس Dom Duarte de Menezes نایب السلطنه جدید هندوستان جهت جلب دوستی شاه اسماعیل هیاتی را به ریاست بالتازار پسوا Balthazar Pessoa به ایران فرستاد. در آن هنگام شاه اسماعیل که در تلاش برای ایجاد اتحاد نظامی علیه عثمانی با سایر دولت‌های اروپایی بود، هیات پرتقالی را به گرمی پذیرفت. اما در آن دوران شاه به شدت بیمار گردیده و با درگذشت وی این هیات ناکام باز می‌گردد.

بدین ترتیب، شاه اسماعیل از کوشش‌های خود برای نزدیک شدن به پرتقالیان و تشکیل اتحادیه نظامی علیه عثمانی نتیجه‌ای به دست نیاورد. [1] ص. ۵۰۶

۱۱. نتیجه

هرمز با وجود آنکه در طول حکومت شاه اسماعیل اول و پس از او تا سال ۹۴۰ هق / ۱۵۳۳ م تجارتخانه پرتقالی‌ها در خلیج فارس بود اما به دلیل مجاهدت بی‌دریغ خواجه عطا هیچ گاه کاملا تحت استعمار پرتقالیان قرار نگرفت. با وجود آنکه به موجب قرارداد با پرتقالیان تابعیت پرتقال را پذیرفته بود اما همواره مستقل بوده و تنها به پرتقالیان خراج سالیانه پرداخت می‌کرده است که از پرداخت آن نیز بارها سرباز زده بود.

پس از مرگ آلبوکرک، پرتقالیان به منظور بهره وری بیشتر اقتصادی از جزیره هرمز با توسل به هر گونه ظلم و ستم اقدام به اخذ مالیات و خراج مقرر می‌نمودند و این امر منجر به قیام‌های عمومی گردید. پرتقالیان به دلیل داشتن توپخانه‌ای برتر با این قیام‌ها به مقابله پرداخته و پیروز گشتند. از جمله مناطقی که به قیام پرداخته هرمز، مسقط و قلهات بودند. هرمز در این ایام از هر گونه کمکی از جانب همسایگان محروم بود چرا که برای ایران و عثمانی امکان کمک مقدور نبود و هرمز نیز از چنان قدرت و ناوگان دریایی مناسبی برخوردار نبود. بنابراین در مقابل حملات دریایی بی‌دفاع ماند. تا اینکه بالاخره در سال ۹۴۰ هق / ۱۵۳۳ م به دست پرتقالی‌ها افتاده و استقلال خود را از دست می‌دهد و این آغاز دوره انحطاط کامل سیاسی و اقتصادی هرمز و خلیج فارس بود که در بخش بعدی به آن می‌پردازیم.

خلاصه

در این بخش روابط ایران و پرتقال در دوره شاه تهماسب اول، دومین پادشاه صفوی (۹۸۴ – ۹۳۰ هق، ۱۵۷۶ - ۱۵۲۴ میلادی)، بازگو می‌شود. اطلاعات این فصل برگرفته از منابع [1]، [2]، [3]، [7]، [8] و [9] می‌باشد.

شاه تهماسب اول به دلیل آنکه در دوران پادشاهی خویش بیشتر گرفتار جنگ با عثمانی و یا دفع حملات ازبکان بود، نمی‌توانست برای کوتاه کردن دست پرتقالیان از جزایر هرمز و قشم و سایر بنادر جنوبی ایران اقدامی کند و فرصت آنکه به سواحل جنوبی توجهی کند نمی‌یافت. به همین دلیل و همچنین بدنبال بی‌لیاقتی‌های شاه هرمز، این جزیره استقلال اقتصادی و سیاسی خود را کاملا از دست داد. از طرف دیگر در این زمان قوای بحری پرتقال در اقیانوس هند و دریای عمان و خلیج فارس بی‌رقیب بود و بر تمام مراکز تجاری آنها تسلط موثری داشت. اما در این دوره جنگ‌هایی هم میان عثمانینان و پرتقالیان در گرفت که به موجب آن پرتقالیان درصدد اتحاد با ایران در جهت مقابله با آنان برآمدند. این جنگ‌ها به شدت موجب رکود اقتصادی خلیج فارس نیز گردید.

شاه تهماسب اول (۹۸۴ – ۹۳۰ هق)

پس از آنکه شاه اسماعیل اول در سال ۹۳۰ هق / ۱۵۲۴ م در سن ۳۸ سالگی درگذشت، پسرش شاه تهماسب اول که تنها یازده سال داشت به سلطنت نشست.

در دوران شاه تهماسب اول، خشونت‌ها و تهاجمات پرتقالی‌ها بالا گرفت و در این شرایط وزیر هرمز، رئیس شرف الدین، که نتوانسته بود با پرتقالی‌ها کنار آید به پادشاه پیشنهاد اتحاد با عثمانی به منظور جنگ بر علیه آنان نمود و پادشاه نیز پذیرفت. بنابراین وزیر مکاتباتی محرمانه با سلطان عثمانی انجام داد.

خشونت‌ها و تهاجمات پرتقالیان به حدی رسید که شاه هرمز محمد شاه، از طریق وزیر خود از فرمانده پرتقالی در هرمز، دیوگو دوملو، شکایت کرده و پیش از آنکه منتظر پاسخ نائب السلطنه باشد او را به جرم همدستی با رئیس احمد عموی وی، در قتل وزیر، زندانی نمود و دستور قیام همگانی را صادر کرد. با قیام مردم مسقط و قلهات، نائب السلطنه در راس ناوگانی عازم عمان شد و توانست در مسقط و قلهات با دادن وعده‌هایی به مردم در خصوص رسیدگی به شکایات اصلی و تنبیه فرمانده پرتقالی، اوضاع را تا حدی آرام نماید. سپس به

هرمز رفته و محمد شاه و رئیس شرف الدین را که عامل اصلی شورش‌ها بوده را دستگیر و به گوا تبعید نمود. اما به دلیل شرایط بحرانی منطقه، آنها به هرمز بازگردانده شدند.

محمد شاه در این شرایط بحرانی تا سال ۹۴۰ هق / ۱۵۳۳ م حاکم هرمز بود و در همان سال درگذشت. وی توانست به کمک وزیر خود و بدون کمک از سوی ایران، علیه پرتقالی‌ها مبارزه کند. این در حالی بود که تقاضای کمک از جانب عثمانی‌ها هم به علت خیانت برخی از دیوانسالاران ناکام ماند و تنها راه حل، آشوب و قیام همگانی بود.

۱. انحطاط هرمز و ورود عثمانی‌ها به خلیج فارس

پس از مرگ محمد شاه، سلغر شاه دوم حاکم هرمز گردید. در همین اوضاع، ترکان عثمانی که از سال ۹۵۳-۹۲۴ هق / ۱۵۴۶- ۱۵۱۸ م به تدریج بر سواحل دریای سرخ و سواحل جنوبی عربستان تسلط یافتند، درصدد آن برآمدند که پرتقالی‌ها را از دریای عمان، خلیج فارس و اقیانوس هند بیرون رانند. نائب السلطنه با شنیدن این خبر عازم باب المندب شد. در مسقط، راشد ابن احمد که همواره در صدد بدست آوردن وزارت هرمز و از دشمنان رئیس شرف الدین بود از نایب السلطنه به خوبی پذیرایی کرده و نزد وی از رئیس شرف الدین بسیار شکایت کرد و مکاتبات او با عثمانی‌ها را افشا نمود. بدین صورت نائب السلطنه، رئیس شرف الدین را دستگیر و به لیسبون تبعید نمود و راشد ابن احمد را به جای وی گماشت. این خبر سبب شورش بیشتر مردم گردید.

جنگ‌های دریایی میان عثمانیان و پرتقالیان بین سال‌های ۹۶۱-۹۴۴ هق ادامه داشت. هرچند این جنگ‌ها همواره به پیروزی پرتقالیان به اتمام رسید اما موجب سست شدن پایه‌های اقتدار آنان در تجارت دریایی گردید. عثمانیان در سال ۹۵۳ هق / ۱۵۴۶ م به شهر مسقط حمله کردند و با شکست روبرو شدند. در سال ۹۵۷ هق / ۱۵۵۰ م به دلیل جنگ میان آنها در خلیج فارس، جزیره هرمز به مدت یک ماه در محاصره عثمانی‌ها بود و نهایتا منجر به شکست آنها و تصرف مسقط و سپس حمله به جزیره هرمز و غارت شهر توسط پرتقالی‌ها شد. در سال ۹۵۷ هق /۱۵۵۰ م پرتقالی‌ها بصره و قطیف، واقع در ساحل جنوبی خلیج، را به تسلط خود درآوردند و این امر خشم عثمانی‌ها را برانگیخته و سبب شد بار دیگر در سال ۹۵۹ هق / ۱۵۵۱ م و همچنین در سال ۹۶۰ هق / ۱۵۵۲ م روانه خلیج فارس گردند و مجددا میان این دو قدرت نزاع سختی درگرفت. در سال ۹۶۰ هق / ۱۵۵۲ م عثمانی‌ها موفق شدند مسقط را تسخیر کنند اما در جنگ در حوالی جزیره هرمز شکست خوردند و بار دیگر پرتقالیان در سواحل خلیج فارس فرمانروای مطلق شدند.

حملات عثمانی به ایران و از طرفی نبردهای دریایی ترکان عثمانی با پرتقالیان در خلیج

فارس – دو دولت نیرومند دریایی که خواهان تسلط انحصاری بر خلیج فارس و دریای سرخ و بیرون راندن رقیب از آن منطقه بودند – تجارت خلیج فارس را شدیدا تحت تاثیر قرار داد و منجر به رکود اقتصادی هرمز گردید. البته عامل اصلی این رکود بی‌لیاقتی‌های سلغر شاه دوم بود. سلغر شاه در واقع یکی از نالایق‌ترین حکام هرمز بود که با انتخاب احمد بن راشد به عنوان وزیر، بدترین اشتباه ممکن را مرتکب شد. احمد بن راشد با حمایت کامل پرتقالی‌ها سبب انحطاط امور اقتصادی و سیاسی هرمز گردید. از آن پس پرتقالیان توانستند امور گمرکی هرمز را که از مهمترین منابع درآمد جزیره بود، و بدین ترتیب امور اقتصادی و سیاسی جزیره را، کاملا در اختیار بگیرند.

تا زمان حکومت سلغر شاه، یعنی تا سال ۹۴۰ هق / ۱۵۳۳ م هرمز از استقلال اقتصادی برخوردار بود. بدان معنی که پرتقالیان قدرت پادشاه هرمز و وزیر وی را به رسمیت می‌شناختند و با وجود حضورشان در جزیره، تنها ارتباطشان با پادشاه هرمز از طریق پرداخت مالیات‌های سالیانه بود و در امور دیگر هیچ دخالتی نمی‌کردند. اما پس از آن از سال ۹۴۰ هق / ۱۵۳۳ م به دلیل قیام‌های گسترده در مناطق تحت سلطه آنان، سیاست اجرایی نائب السلطنه هند در هرمز تغییر کرد.

این قیام‌ها سبب شد که پرتقالی‌ها برای پیشگیری از قیام‌های بعدی مردمی تدابیر مختلفی اتخاذ نمایند از جمله دخالت مستقیم در انتخاب وزیران، قویتر نمودن شبکه‌های اطلاع رسانی خود با استفاده از تطمیع و تهدید، در اختیار گرفتن کامل درآمدهای گمرکی جزیره هرمز و قطع درآمدهای پادشاه و وزیران؛ تجاربی که به دنبال نیم قرن تجربه استعمارگری در حوزه اقیانوس هند و قاره جدید آمریکا کسب نموده بودند ([2] ص. ۱۶۲).

پرتقالی‌ها سعی نمودند تا جایی که ممکن است از اختیارات شاه و وزیر بکاهند. آنها در سال ۹۴۸ هق / ۱۵۴۱ م درآمدهای گمرکی هرمز را در دست گرفتند، به کنترل خود بر درآمدهای محلی و راه‌های تجاری افزوده و از قدرت شاه هرمز کاستند. خراج هرمز در سالهای اولیه تسلط پرتقالیان، سالانه ۱۵۰,۰۰۰ اشرفی طلا بود و پس از آن در سال ۹۲۹ هق / ۱۵۲۲ م به میزان ۱۷۰,۰۰۰ اشرفی طلا و در سال ۹۳۰ هق / ۱۵۳۳ م به ۱۹۸,۰۰۰ رسید. اما پس از تسلط کامل آنها بر امور گمرکی هرمز، این درآمدها به شدت کاهش یافت. در سال ۹۴۷ هق / ۱۵۴۰ به صد هزار اشرفی و در سال ۹۹۴ ه.ق / ۱۵۸۷ به هفتاد هزار اشرفی و در ۱۰۰۳ هق / ۱۵۹۴ م به سی هزار اشرفی تنزل یافت و این کاهش به علت دخالت مستقیم نظامیان پرتقالی در امور بازرگانی بود ([2] ص. ۲۶۲).

پس از آن هرمز قدرت تجاری خود را از دست داد و رو به انحطاط و سقوط رفت. در این دوره، هرمز بسیاری از سرزمین‌های ساحلی خود را از دست داد و بدین صورت بخش بزرگی

از درآمد حاصل از ترانزیت کالا را. بنابرین حکومت سلغر شاه آغاز دوره انحطاط کامل هرمز بود.

۲. شاه تهماسب اول و پرتقالیان

شاه تهماسب اول با وجود آنکه فردی متعصب مذهبی بوده و از اعمال خشونت آمیز و ظلم و ستم پرتقالیان نسبت به مسلمانان بسیار ناراضی بود، در این ایام به دلیل آنکه گرفتار جنگ‌های بیست ساله با عثمانی و همینطور شورش‌های ازبکان بود، و همچنین به دلیل نداشتن نیروی دریایی برای مقابله با پرتقالی‌ها، هیچ اقدامی در مقابل آنها و در جهت بازپس‌گیری جزایر جنوب ایران انجام نداد.

به گفته نوایی [10]، روابط سیاسی ایران و پرتقال در زمان شاه تهماسب چندان پررنگ نبوده است چرا که اولین ارتباط سیاسی آنها تنها هفده سال پس از آغاز سلطنت شاه تهماسب اول صورت می‌گیرد. در سال ۹۴۷هق/ ۱۵۴۰ م شاه سفیری نزد نائب السلطنه هند پرتقال در گوا اعزام می‌کند تا از وی جهت بازپس‌گیری بصره و بحرین که به دست عثمانی‌ها افتاده بود کمک بطلبد. اما از نتیجه این سفارت اطلاعاتی در دست نیست.

شاه تهماسب که در مقابل حملات مکرر عثمانی‌ها توان خود را از دست داده بود سرانجام در سال ۹۶۲ هق/ ۱۵۵۵ م پیشنهاد صلح داد. بدین صورت میان آنها قرارداد صلحی به نام «صلح آماسیه» منعقد گردید که تا پایان سلطنت شاه تهماسب، هر دو کشور سعی نمودند که مفاد آن را به خوبی رعایت کنند.

در این میان پرتقالیان که در صدد جلب حمایت ایران در مقابله با عثمانی بودند، سفارتی نزد شاه اعزام کردند. دن سباستین Dom Sebastian پادشاه پرتقال (۹۶۵ تا ۹۸۶ هق – ۱۵۵۷ تا ۱۵۷۸ م) یکبار در سال ۹۵۸ هق / ۱۵۵۱ م که بنا بر اسکندر بیگ منشی ([9]ص. ۱۱۶) آغاز فعالیتهای نیروی دریایی عثمانی در خلیج فارس بود و بار دیگر در سال ۹۸۲ هق / ۱۵۷۴ م سفرایی به دربار شاه تهماسب اول فرستاد.

اما از آنجایی که شاه تهماسب اول پیش از ورود سفیر اول، انریک دو ماسدو Enrique de Macedo، از اخبار خشونت پرتقالیان (خراب کردن مسجد جزیره هرمز، جلوگیری از نوسازی آن، آتش زدن قران‌ها و بدرفتاری با مسلمانان جزیره و بازرگانان ایرانی) مطلع گردیده بود، این سفیر را به سردی پذیرفت و پس از چند روز به او اجازه بازگشت داد. اما نه تنها به سفارت دوم اعتنایی نکرد بلکه آنها را تنبیه نموده و به آنها اجازه بازگشت نداد. آنها دو سال پس از مرگ شاه تهماسب اول در سال ۹۸۴ هق / ۱۵۷۶ م ، به اجازه شاه

محمد خدا بنده، جانشین شاه تهماسب اول، اجازه بازگشت یافتند. بنابراین این هیئت پرتقالی بیش از دو سال در ایران ماندند و حتی در مراسم تاجگذاری شاه اسماعیل دوم (۹۸۴ هق / ۱۵۷۶ م) حضور داشتند.

طبق نوشته پارسادوست [1]، اینکه چرا شاه تهماسب نخواست از این فرصت برای اتحاد نظامی با پرتقال علیه کشور عثمانی استفاده کند احتمالا به علت تعصب مذهبی او که مسیحیان را کافر می‌پنداشت و بدرفتاری پرتقالیان با مسلمانان بوده است. افزون بر عامل تعصب مذهبی، عامل دیگری که نقش داشته است علاقه شاه تهماسب اول به حفظ صلح با عثمانی پس از پیمان آماسیه بود. صص ۵۰۹-۵۰۸

اما بنابر نوائی [10]، هنگامی که جنگ میان عثمانی و ایران شدت گرفت و آنها در سال ۹۵۷ هق / ۱۵۵۰ م بر قطیف و در سال ۹۶۰ هق / ۱۵۵۳ م بر مسقط تسلط یافتند، شاه تهماسب بر خلاف میل باطنیش، برای مقابله با عثمانیان و بیرون راندن آنها از کشور، با پرتقالیان متحد گردیده و با این اتحاد توانستند متفقانه بر قطیف حمله کرده و عثمانیان را بیرون کنند.

اما در خصوص ارتباط میان شاه تهماسب اول و پرتقالیان چندین اختلاف نظر مشاهده می‌شود چنانچه در جای دیگری می‌خوانیم که در بیست و پنج سال اوّل (۱۵۴۹- ۱۵۲۴) از دوران ۵۳ ساله سلطنت شاه تهماسب رابطه دربار صفوی با حکومت پرتقالی هرمز حسنه بود و می‌دانیم که در جریان حمله دوّم عثمانی‌ها به ایران (۹۵۵ هق / ۱۵۴۸ م.) پرتقالی‌ها، که خود در اقیانوس هند و شمال آفریقا در جنگ با عثمانی بودند، برای اخراج عثمانی‌ها از مناطقی مانند قطیف وارد عمل شدند. رابطه شاه طهماسب اول با پرتقالی‌ها از سال۹۵۶ هق / ۱۵۴۹ م تا پایان سلطنت وی به تیرگی گرائید. [10]

۳. فراگیری استفاده از سلاح گرم از پرتقالی‌ها

پرتقالیان به لحاظ برآورده کردن دو هدف که اولین آن قرار دادن جزیره هرمز به عنوان مرکز بازرگانی خود و در ثانی تضعیف امپراتوری مقتدر عثمانی، در صدد برآمدند که ارتش شاه طهماسب اول را با سلاح‌های گرم آشنا نمایند. بدین ترتیب با انتخاب زبده ترین جوانان هنگ پاسداران شاهی (که مرکب از پنج هزار نفر بود و به آنها قورچی می‌گفتند) و با مسلح

---

[10] http://www.shahbazi.org/pages/moscovy6.htm

کردن آنها به تفنگ‌های فتیله‌ای نخستین هسته اصلی و اساسی ارتش کوچک بوجود آمد.[11]

در این خصوص، توماس هربرت انگلیسی، که در سال های ۱۶۳۰- ۱۶۲۷ در هند و ایران بود، می‌نویسد که ایرانیان استفاده از توپ را از پرتقالی‌ها فراگرفتند و فیگوئروا در اوایل سده هفدهم (۱۶۰۵ - ۱۶۰۳) می‌نویسد که اروپاییان و به ویژه پرتقالی‌ها سلاح و مهمات ایران را تأمین می‌کردند.[12]

---

[11] http://shahabodin.blogfa.com/post/53
[12] http://www.shahbazi.org/pages/moscovy6.htm

۴۳

خلاصه

شاه اسماعیل دوم، سومین پادشاه صفوی (۹۸۵ – ۹۸۴ هق / ۱۵۷۷ - ۱۵۷۶ میلادی)، در مدت کوتاه سلطنت خود فرصت ایجاد ارتباط با پرتقال را نیافت. اطلاعات این فصل برگرفته از منابع [1]، [6] و [10] می‌باشد.

شاه اسماعیل دوم (۹۸۵ – ۹۸۴ هق)

پس از مرگ شاه تهماسب اول، بر سر جانشینی وی میان فرزندانش اختلاف شدیدی درگرفت و سرانجام با کمک و توطئه طرفدارانش، شاه اسماعیل دوم در سال ۹۸۴ هق / ۱۵۷۶ م بر تخت پادشاهی نشست. وی در همان ابتدا تمام مخالفان خود را به قتل رساند و از آنجا که متعصب مذهبی بوده و همواره کینه عثمانیان را به دل داشت درصدد برهم زدن پیمان آماسیه و تهیه تدارکات برای جنگ با عثمانی برآمد. تا اینکه سرانجام مخالفانش که از سرداران قزلباش بودند او را مسموم کردند. بدین صورت شاه اسماعیل دوم مدت ۱۸ ماه پادشاهی کرد و در سن چهل و سه سالگی در سال ۹۸۵ هق / ۱۵۷۷ م به قتل رسید.

وی در مدت کوتاه پادشاهی خود فرصت گسترش ارتباط با پرتقال را نیافت. در بخش پیش اشاره کردیم که هیات پرتقالی‌ای که شاه تهماسب اول اجازه بازگشت به آنها نداده بود، در زمان تاجگذاری شاه اسماعیل دوم حضور داشتند. این هیات آخرین اقدام پادشاه پرتقال دم سباستین ۹۸۶-۹۶۵ هق / ۱۵۷۸-۱۵۷۷ م برای ایجاد ارتباط میان ایران و پرتقال بود. پس از مرگ وی در یکی از اکتشافات نظامی، کاردینال هنری پادشاه پرتقال گردید که سطنت او هم دو سال بیشتر طول نکشید (۹۸۸ هق / ۱۵۸۰ م). در طی این مدت شاه اسماعیل دوم نیز به قتل رسیده و سلطان محمد خدابنده به جای وی برتخت نشست.

خلاصه

در این بخش روابط ایران و پرتقال در دوره شاه محمد خدابنده، چهارمین پادشاه صفوی (۹۹۶ – ۹۸۵ هق، ۱۵۸۷ - ۱۵۷۸ م)، بازگو می‌شود. اطلاعات این فصل برگرفته از منابع [1]، [2]، [3]، [6]، [8]، [10] و [11] می‌باشد.

در دوران شاه محمد خدابنده روابط چندانی میان دو کشور ایران و پرتقال صورت نگرفت چرا که وی در طول مدت سلطنتش همواره در حال مبارزه با ترکان عثمانی بوده و از طرفی هم در آغاز حکومتش، پرتقال ضمیمه اسپانیا شد. از آن پس اسپانیا کنترل روابط میان شبه جزیره ایبری و ایران را در اختیار گرفت. میان فیلیپ دوم، پادشاه اسپانیا (۱۵۹۸-۱۵۵۶) و شاه محمد خدابنده چندین بار فرستادگانی و نامه‌هایی رد و بدل شد تا بتوانند با تشکیل یک اتحاد نظامی در مقابل عثمانی‌ها در آیند، هر چند این اتحاد نتوانست شکل بگیرد.

شاه محمد خدابنده (۹۹۶ – ۹۸۵ هق)

شاه محمد خدابنده نیمه بینا بود و به علت این ضعف جسمانی و همچنین نداشتن اراده کافی، زمام امور مملکت به دست سرداران قزلباش[۱۳] وهمسر وی افتاده بود. از آنجایی که میان قزلباشان و همسر شاه اختلاف نظر بسیاری بود کشور دچار هرج و مرج شده و ترکان عثمانی از این فرصت استفاده نموده به ایران حمله کرده و بسیاری از سرزمین‌های آن را را تصرف نمودند. آنها با حمله‌های پیاپی به ایران بر بخش بزرگ شمال غرب و غرب ایران تسلط یافتند و تبریز را نیز تصرف کردند و دژی در آن ساختند.

۱. ضمیمه شدن پرتقال به اسپانیا

در سال ۹۸۵ هق / ۱۵۷۸ م به علت مرگ دن سباستین پادشاه پرتقال، بر سر موضوع جانشینی، کشور دچار مشکل اساسی شد که تا دو سال به طول انجامید و به موجب آن استقلال خود را از دست داد. فیلیپ دوم پادشاه اسپانیا (۱۵۹۸-۱۵۵۶) با استفاده از درگذشت پادشاه پرتقال و نداشتن فرزندی برای جانشینی، از این فرصت استفاده کرده و در سال ۹۸۸ هق / ۱۵۸۰ م پرتقال را ضمیمه متصرفات خود نمود و در تاریخ پرتقال عنوان

---

[۱۳] به ارتش ایران در زمان صفویان، «قزلباش» می‌گفتند که به تشکیل سلسله صفویه کمک نمودند.

فیلیپ اول را گرفت.

پرتقال به مدت شصت سال یعنی تا سال ۱۰۵۰ هق / ۱۶۴۰ م در تصرف اسپانیا بود ولی اداره مستعمرات آن در مشرق زمین کماکان در دست اتباع پرتقالی باقی ماند. اما در این خصوص چندین اختلاف نظر وجود دارد. به گفته پارسادوست [1] با ضمیمه شدن پرتقال به اسپانیا، فیلیپ دوم متصرفات آن کشور، از جمله جزیره هرمز در خلیج فارس را در اختیار گرفت. در این زمینه وثوقی [2] نیز اشاره می‌کند که بدنبال این واقعه، حاکم هرمز نیز در سال ۹۸۹ هق / ۱۵۸۱ م اعلام وفاداری کامل خود نسبت به فیلیپ دوم را ارسال می‌نماید. در منبعی دیگر اشاره شده است که با حاکمیت اسپانیا بر هرمز، ایران با اسپانیا سر و کارِ تجاری پیدا کرد و بدین وسیله ریال[۱۴] وارد ایران شد.[۱۵]

فیلیپ دوم که نمی‌خواست تغییر وضع سیاسی شبه جزیره ایبری موجب تضعیف موقعیت پرتقال در خلیج فارس گردد و همچنین به دلیل آنکه فردی متعصب بوده و کینه شدیدی نسبت به مسلمانان داشت، هنگامی که مطلع گردید که ترکان عثمانی به ایران حمله کردند، درصدد ایجاد ارتباط با شاه ایران برآمد. او در سال ۹۹۰ هق /۱۵۸۲ م به دن فرانسیسکو ماسکارنها Dom Francisco Mascarenha نایب السلطنه پرتقال در هند دستور داد سفیری به دربار ایران اعزام دارد و سه پیشنهاد زیر را با شاه مطرح نماید ([8] ص. ۲۵ و [10] ص. ۱۶):

۱. آزادی اجرای مراسم مذهبی پیروان مذهب کاتولیک در ایران و ساخت کلیسا

۲. برقراری اتحاد نظامی با اسپانیا علیه عثمانی و اقدام ایران در ادامه جنگ با آن کشور

۳. اعطای امتیازهای بازرگانی اسپانیایی و پرتقالی

در آن زمان حضور پرتقالی‌ها در اقیانوس هند موجب رکود اقتصادی گردید که عواقب شدید نظامی و سیاسی به همراه داشت. اشتباه بزرگ پرتقالیان این بود که در روابط سیاسی، یک

---

[۱۴] ریال نام یک سکه نقره بود در اسپانیا و از سال ۱۴۹۷ تا ۱۸۷۰ میلادی در آن کشور ضرب می‌شد و سکه‌ای بسیار رایج در کشورهای مستعمره اسپانیا بود. ۲۸۵ سال بعد یعنی در زمان رضا شاه، طبق قانون تعیین واحد و مقیاسِ پول قانونی ایران، ریال به جای قران با وزن خالص ۰/۳۶۶۱۱۹۱ گرم طلا، به عنوان پول رسمی ایران انتخاب شد.

[15] https://www.google.pt/url?sa=t&rct=j&q=&esrc=s&source=web&cd=5&cad=rja&uact=8&ved=0ahUKEwimgcmjye_JAhVGORoKHb3GAWEQFgg9MAQ&url=http%3A%2F%2Falef.ir%2Fgetgw39y.ak9xu4prra.html&usg=AFQjCNHgfXc6uuccqWoOJ7d1KfVics_Zew&sig2=AdyrmfX8GL2VoJ9NvyAprw

سیاست کاملا نظامی و خشن را پیش گرفتند و این امر تبادلات اقتصادی را به شدت کاهش داد به طوری که نائب السلطنه هند به دلیل شرایط مالی نامناسب حتی نتوانست به دستور فیلیپ دوم، سفیری را روانه ایران کند. لذا، کشیشی به نام سیمون مورالس Simo Morals را که مدتی مقیم ایران بوده و زبان فارسی را فراگرفته بود را به همراه کشیش دیگری از فرقه سن آگوستین Siant Agustin به نام سیمون داکنسی کائو Simon da Conceicao که مقیم جزیره هرمز بود، به ایران اعزام داشت.

سیمون مورالس در سال ۹۹۰ هق / ۱۵۸۲ م پادشاه ایران را متقاعد نمود که از دنبال کردن مذاکرات صلح با عثمانی چشم بپوشد و فیلیپ دوم را از تمایل شاه به اتحاد با وی علیه عثمانی آگاه نمود. از آنجایی که مورالس از یک سری علوم به خصوص ریاضی آگاهی داشت به درخواست شاه محمد مشغول تعلیم ریاضی و اخترشناسی به پسر شاه گردید و تا سال ۹۹۳ هق / ۱۵۸۵ م در ایران ماند. سپس شاه به او اجازه بازگشت داد و همراه او سفیری نیز اعزام نمود. مورالس و سفیر ایران با کشتی بوا ویاژین «سفر بخیر» (Boa Viagem) به راه افتادند اما کشتی آنها در آبهای شرقی آفریقا دچار طوفان شده و غرق گردید. از اقدامات بعدی فیلیپ دوم و شاه محمد اطلاعاتی در دست نیست.

البته دلیل اینکه چرا نائب السلطنه به جای سفیر، کشیشان مسیحی را روانه ایران نمود را می‌توان اینطور برداشت کرد که احتمالا یکی از فعالیت‌های کلیسای کاتولیک بر این پایه بود که کشیش‌های آزموده را با برخورداری از پشتیبانی شاهان اروپا به کشورهای خاور زمین بفرستند تا بتوانند از راههای معنوی به خواسته‌های استعماری خود دست یابند و همان طور که می‌بینیم در این دوره دولت صفوی به دلایل مختلف از جمله نبود آمادگی نظامی و همچنین نیاز به متحدی نیرومند در مقابل عثمانی به کمک غرب نیاز مبرم داشت و در نتیجه در این راستا کلیسای کاتولیک، شاخه مذهبی استعمارگر غرب، با برخورداری از پشتیبانی دولت و دربار در برخی از شهرهای ایران به تکاپو پرداخت.[۱۶]

در زمان شاه محمد خدابنده، پاپ گرگوار سیزدهم نیز درصدد نزدیکی به شاه محمد و تقویت نظامی وی، جهت ایجاد اتحاد نظامی با زمامداران اروپا علیه عثمانی برآمد. بدین منظور در سال ۹۸۷ هق / ۱۵۷۹ م سفیری به دربار شاه محمد اعزام نمود. شاه به پیشنهاد پاپ پاسخ مثبت داد. اما همانطور که پارسادوست [1] اشاره می کند با وجود مبادله فرستادگان و نامه‌ها، شاه محمد هیچ گونه کمک مالی و یا نظامی از پاپ و یا از پادشاه اسپانیا و پرتقال دریافت نداشت و هیچ اتحادیه نظامی علیه عثمانی میان شاه و قدرت‌های

---

16 http://iranzamin-tarikh.persianblog.ir/post/101/

اروپایی تشکیل نشد. ص. ۵۱۲

۲. حضور انگلیسی‌ها در ایران

در سال ۹۹۱ هق / ۱۵۸۲ م جان نیویری، بازرگان انگلیسی، همراه سه بازرگان دیگر روانه خلیج فارس شدند تا با گشایش یک دفتر تجاری در هرمز دامنه فعالیت‌های اقتصادیشان را در ایران گسترش دهند و این آغاز رقابت جدی میان پرتقال و انگلستان بود که در بخش بعدی به آن می‌پردازیم.

به دلیل سستی و بی لیاقتی شاه محمد خدابنده، اغتشاش و آشوب سراسر ایران را فرا گرفته بود. در سال ۹۹۶ هق/ ۱۵۸۸ م امرای قزلباش خراسان بر او شوریدند و شاه عباس اول را به تخت سلطنت نشاندند.

فصل سوم قرن هفدهم

خلاصه

در این بخش روابط ایران و پرتقال در دوره شاه عباس اول ، پنجمین پادشاه صفوی (۱۰۳۸ – ۹۹۶هق / ۱۶۱۹ - ۱۵۸۸م)، بازگو می‌شود. اطلاعات این فصل برگرفته از منابع [1]، [2]، [4]، [6]، [8]، [9]، [10] و [12] می‌باشد.

در آغاز قرن هفدهم میلادی، پرتقالیان دچار مشکلات بزرگی شدند: از یک طرف ظهور دو نیروی انگلیس و هلند در شرق و در نتیجه آغاز رقابت‌های جدی میان آنها و پرتقالیان و از سویی روی کار آمدن پادشاه قدرتمندی در ایران (شاه عباس اول، پنجمین پادشاه صفوی (۱۰۳۸ – ۹۹۶هق)) و توجه عمده او به تغییر مسیرهای تجاری به سمت خلیج فارس. شاه عباس اول با وجود نفرتی که از عمال پرتقالی و اسپانیایی به دلیل جنایات و اعمال خشونت آمیزشان در ایران به دل داشت، به امید برقراری اتحاد با آنان جهت مبارزه با ترکان عثمانی و باز پس گرفتن اراضی از دست رفته ایران از آنها، با آنها مدارا و مراوده می‌کرد. در این زمان انگلیسی‌ها که موفق شده بودند همزمان با جلوس شاه عباس در ایران، اسپانیا را در اقیانوس اطلس شکست سختی دهند و قدرت دریایی را از آن پس از آن خود نمایند، بر آن شدند که تجارت خود را با شرق، از طریق دریا گسترش دهند. آنها با تاسیس شرکت هند شرقی روابط تجاری خود را با ایران آغاز نموده و رقیب سرسخت پرتقالیان شدند.

اما زمانیکه شاه عباس نهایتا با عثمانی صلح نمود شرایط فرق کرد و دیگر نیازی به برقراری ارتباط با دول اروپایی از جمله اسپانیا جهت اتحاد نظامی علیه عثمانی نداشت. در این اوضاع، پرتقالیان با اعمال سیاست‌های نادرست و خشن اقتصادی و اجتماعی خود موقعیت خود را بسیار وخیم نمودند تا اینکه شاه عباس سرانجام با کمک شرکت هند شرقی انگلستان، طی جنگی خونین، پرتقالیان را از هرمز بیرون راند. بدین صورت، پرچم پرتقال که بیش از یک قرن بر فراز قلعه آلبوکرک برافراشته بود، در سال ۱۰۳۱ هق / ۱۶۱۲ م به زیر کشیده شد.

شاه عباس اول (۱۰۳۸ – ۹۹۶ هق)

یکی از اهداف عمده شاه عباس در دوران سلطنتش، باز پس گرفتن اراضی‌ای بود که بیگانگان در دوران شاهان قبلی به تصرف خود درآورده بودند. وی همچنین قصد داشت ولایاتی که در آغاز سلطنت خود به اجبار تسلیم ترکان عثمانی کرده بود، باز پس گیرد. دلیل دیگری که شاه عباس را برای جنگ علیه عثمانی ترغیب نمود یافتن راهی برای صدور

مال التجاره ایران به ممالک اروپایی بود که تا زمان سلطنت وی، از خاک عثمانی یعنی از راه تبریز به ترابزون و یا از بغداد به اروپا فرستاده می‌شد و با آنکه از زمانی که پرتقالی‌ها به جزیره هرمز دست یافتند راه دریایی خلیج فارس نیز به اروپا گشوده شده بود اما ماموران پرتقالی که تجارت خلیج فارس را تنها منحصر به خود می‌دانستند اجازه ارسال مستقیم و بدون واسطه ابریشم و یا دیگر محصولات ایرانی را به هندوستان و اروپا نمی‌دادند. بنابراین تجارت از راه خلیج فارس برای تجار ایرانی سودی به همراه نداشت. از این رو شاه چاره‌ایی جز ارسال مال‌التجاره ایران از طریق خاک‌های عثمانی نداشت که آنهم مستلزم پرداخت مبلغ گزافی به عنوان عوارض گمرکی و یا حق‌العبور به ماموران عثمانی بود. به همین دلیل شاه، ترکان عثمانی را مانع بزرگی دیده و دفع آن را امری ضروری می‌دانست. وی می‌توانست پس از دفع این مانع، شر پرتقالیان را نیز از جنوب ایران کم کند.

از طرفی شاه عباس که می‌دانست دول اروپایی نیز از حملات نظامی ترکان عثمانی و کشتن مسیحیان ، غارت اموال و برده کردن آنان مورد تهدید بودند، به منظور ایجاد اتحاد با آنها علیه این دشمن مشترک سفیرانی به اروپا ارسال کرد.

۱. روابط دیپلماسی ایران با دول اروپایی

در زمان سلسله صفویه روابط دیپلماسی ایران با کشورهای اروپایی رونق گرفت. جنگ‌های میان ایران و ترکان عثمانی سرمنشاء تمایل شاهان صفوی در جهت ایجاد روابط اقتصادی و سیاسی و همچنین اتحاد نظامی علیه این دشمن دیرینه و قدرتمند بود و این مناسبات در زمان شاه عباس اول به نحو چشمگیری افزایش یافت. و این توضیحی است بر دلیل حضور اروپاییان در دربار صفوی به عنوان مترجم، سفیر، نماینده سیاسی و یا کارشناش امور تجاری که از میان آنها میتوان آنتونیو دو گوا Antonio de Gouvea پرتقالی را نام برد.

هدف دوم شاه عباس، برقراری رابطه بازرگانی با کشورهای اروپایی جهت فروش ابریشم بود. او به آنان پیشنهاد داد که ابریشم را از ایران، به ویژه از جزیره هرمز که نصف بهای آن در بندرهای شرق مدیترانه و به مراتب ارزانتر از بنادر عثمانی در بحرالروم بود، خریداری کنند. البته بازگرفتن ولایات از دست رفته ایران هدف اصلی شاه بوده و هدف دوم تنها یک راهکار برای جلب موافقت سلاطین اروپایی برای جنگ با عثمانی بود. فروش ابریشم، نه تنها رابطه دیپلماتیک با دول اروپایی را برای ایران فراهم می‌ساخت بلکه مانع کسب درآمد کلان ترکان عثمانی از طریق دریافت حقوق و عوارض سنگین آن می‌شد.

در این دوره ممالک اروپایی نیز سفرای زیادی را جهت عقد قراردادهای تجاری و ایجاد اتحاد سیاسی بر ضد ترکان عثمانی به دربار ایران روانه می‌کردند. اما دول اروپایی در عمل،

همانند ایران، تلاش چندانی به ایجاد اتحاد علیه این دشمن مشترک نکرده و در بیشتر مواقع، تنها با ارسال سفیر و نامه، موضوع خاتمه می‌یافت. توجه دول اروپایی به ایران بیشتر در جهت ایجاد روابط تجاری با آن کشور و بهره‌گیری از ثروت‌های سرشار آن بود. ابریشم در واقع متاع مورد علاقه آنها بود. هر یک از خریداران سعی می‌نمودند تجارت آن را به خود اختصاص دهند. شاه صفوی نیز با توجه به این امر سعی می‌نمود از طریق علاقمند کردن آنان به برقراری رابطه بازرگانی با ایران آنان را ترغیب به اتحاد نظامی علیه امپراتوری مقتدر عثمانی نماید.

در این زمان پاپ‌ها از قدرت بسیاری برخوردار بوده و مورد توجه کاتولیک‌های جهان به ویژه اروپاییان بودند. از این رو به راحتی خواست‌های خود را به زمامداران مسیحی تحمیل می‌کردند. بنابراین شاه عباس جهت ایجاد اتحاد نظامی علیه عثمانی، بیش از هر کس دیگری امیدش به پاپ و پادشاه اسپانیا، برترین قدرت‌های سیاسی اروپایی، بود. از این رو بود که برخلاف شاهان دیگر صفوی که توجهی به کشیشان مبلغ نداشتند، شاه عباس اول آنها را مورد حمایت خود قرار می‌داد و برای ساخت کلیسا به آنها کمک مالی می‌نمود و حتی به کلسیای مسیحیان می‌رفت. اما با وجود پشتکار شاه در جهت اتحاد با اسپانیا و واتیکان و با وجود نامه‌ها و وعده‌های فراوان آنها، هیچ اقدام موثری در زمان این پادشاهی صورت نپذیرفت.

بنا بر پارسادوست [1]، برای کشور اسپانیا مهمتر از اتحاد با ایران برای جنگ با عثمانی، بیرون راندن ناوگان جنگی انگلیسی و هلندی از خلیج فارس و اقیانوس هند بود. در آن زمان، فیلیپ دوم پادشاه اسپانیا دشمن اصلی انگلستان به شمار می‌رفت و دلیل دشمنی آنها علاوه بر برتری‌طلبی در سیاست اروپا، ریشه مذهبی داشت.

دلیل دیگر عدم تمایل اسپانیا برای این اتحاد، مسافت زیاد میان ایران و کشورهای اروپایی بود. با این وجود با ارسال نامه و سفرا و دادن وعده‌های حمایت نظامی، شاه را برای جنگ با عثمانی تحریک کرده و از هرگونه کمکی دریغ نمودند.

۲. برادران شرلی

در سال ۱۰۰۷ هق / ۱۵۹۸ میلادی در دوران الیزابت اول ملکه انگلستان، برادران شرلی به نام‌های سر آنتونی شرلی Sir Anthoney Shirley و رابرت شرلی Robert Shirley که از مردان مقتدر انگلستان بودند، به همراه یک هیئت بیست نفره ماموریت داشتند به ایران آمده و شاه عباس را جهت جنگ با عثمانی تشویق نمایند و همچنین از شاه درخواست کنند که به بازرگانان انگلیسی امتیازاتی اعطا کند. شاه که در صدد آن بود که سپاهی برای

جنگ علیه ترکان عثمانی و بازپس گرفتن ولایاتی که در آغاز پادشاهی خود به آنها تسلیم کرده بود، فراهم کند، آنها را پذیرفت. دو برادر ارتش قزلباش شاه عباس را سازماندهی می‌کردند و تحت اختیار شخص شاه قرار می‌دادند.

شاه عباس هنگامی که تصمیم گرفت سفیری به دربار اسپانیا اعزام کند، آنتونی شرلی او را از این تصمیم منصرف داشته و وی را ترغیب نمود که سفیر را به دربار تمام پادشاهان اروپایی و پاپ اعزام نماید تا بدین وسیله بتواند نیروی کمکی و نظامی گسترده‌تری فراهم آورد. همچنین به شاه پیشنهاد داد که خود اداره این سفارت‌ها را به عهده خواهد گرفت. وی اشاره نمود که شاه بهتر است که با دول اروپایی که در هندوستان و دریاهای مجاور آن منافع بازرگانی داشته و با برخی دیگر مانند روسیه، اتریش و جمهوری ونیز که با عثمانی در جنگ و دشمنی می‌باشند، مناسبات سیاسی برقرار کند.

شاه پیشنهاد وی را بسیار بسندیده دید و به دلیل نداشتن افرادی که به امور دیپلماسی و سیاست خارجی آشنا باشند، پیشنهاد وی مبنی بر اداره هیئت سفارت توسط او را پذیرفت. بنابراین قرار شد رابرت شرلی که کارشناس امور نظامی بود در دربار ایران به اصلاح ساختار نظامی و آموزش فنون جنگی به سپاهیان ایرانی بپردازد و سر آنتونی شرلی به عنوان نماینده و سفیر ایران به همراه حسینعلی بیگ از سرداران قزلباش، نامه‌هایی از سوی شاه عباس به دربار پادشاهان اروپایی و همچنین پاپ برساند.

در سال ۱۰۰۷ هق / ۱۵۹۸ م، هنگامی که شاه عباس در حال فراهم نمودن تدارکات اعزام هیئت سفارت به کشورهای اروپایی بود، دو کشیش پرتقالی به نام‌های آلفونسو کردرو Alfonso Corderoاز فرقه مذهبی فرانسیسکن و دیگری به نام نیکولودی ملو Nicolodi Meloاز فرقه دومینیکن، از راه هرمز به ایران آمدند. نیکولودی ملو خود را اسقف هرمز و نماینده مخصوص پاپ و پادشاه اسپانیا معرفی کرد. شاه هر دو کشیش را به گرمی پذیرفت. کشیش‌ها از شاه خواستند که به آنها اجازه دهد کلیسایی در ایران تاسیس کنند تا پیروان فرقه کاتولیک بتوانند آزادانه به مراسم مذهبی خود بپردازند.

در خصوص آمدن این دو کشیش پرتقالی به ایران، وثوقی [2] بیان می‌کند که احتمالا آنها جهت جلوگیری از نفوذ انگلیسی‌ها که با ورود برادران شرلی در حال رونق گرفتن بود، به دربار شاه مراجعه کرده بودند و برای تایید آن به سفرنامه آنتونی شرلی اشاره می‌کند (صص. ۱۸۴-۱۸۳). البته هنگامی که کشیشان از مدیریت سفارت توسط آنتونی شرلی مطلع گردیدند از شاه خواستند که به آنان نیز اجازه دهد که سفیر را همراهی کنند که این نیز می‌تواند دلیل دیگری بر اثبات این امر باشد.

نوایی [10] نیز چنین برداشتی را تایید می‌کند. ورود ناگهانی این دو کشیش آنهم کمی پس از ورود برادران شرلی، نمی‌توانست اتفاقی باشد. بلکه آنها نمایندگان دولت پرتقالی در شهر گوای هند بودند که ماموریت داشتند از هدف هیات انگلیسی سر درآورند و مانع پیشرفت نفوذ آنها گردند. وی اضافه می‌نماید که نیکولودی ملو به شاه عباس توصیه نمود که هرگز به وعده‌های سرآنتونی و دولت انگلستان اعتماد نکند و دوستی دیرینه‌اش را با پادشاه اسپانیا حفظ کند. همچنین پیشنهاد داده بود که چنانچه شاه ایران مذاکرات خود را با سرآنتونی قطع نماید، وی تمام دول عیسوی را برای جنگ بر علیه ضد ترکان عثمانی متحد خواهد نمود (صص. ۹۳-۹۲).

در واقع حضور پررنگ انگلیسی‌ها در شرق که توجه شاه عباس را بیش از پیش به خود معطوف داشته بود، سبب شد تا پادشاه اسپانیا برای بازسازی موقعیت اقتصادی جزیره هرمز، از اوایل قرن هفدهم میلادی به یک سلسله فعالیت‌های دیپلماتیک دست بزند. وی سعی نمود نظر شاه عباس را برای اتحاد و دوستی علیه عثمانی و جلوگیری از نفوذ هر چه بیشتر رقبای تجاری انگلستان و هلند در اقیانوس هند جلب نماید.

اما شاه عباس از اعزام این هیئت به دربار پاپ و شاهان اروپا به هیچ یک از اهداف مد نظر خود که همانا تشکیل اتحادیه نظامی علیه عثمانی و فروش ابریشم بود، نرسید. چرا که ابتدا میان آنتونی شرلی و حسینعلی بیگ اختلاف پیش آمد و آنتونی هیات سفارت را ترک کرد و دیگر به ایران بازنگشت. حسینعلی بیگ نیز با به خاطر مدیریت تنهای سفارت، نتیجه‌ایی حاصلش نشد.

شاه که از هیات آنتونی شرلی به هیچ نتیجه‌ای نرسیده بود، رابرت شرلی را به دربار اروپاییان اعزام کرد (۱۰۱۶ هق / ۱۶۰۷ م). تلاش‌های وی نیز بی‌ثمر بود. دول اروپایی تنها به شاه وعده و وعید می‌دادند اما به هیچ یک از آنها عمل نمی‌کردند. بدین ترتیب شاه عباس تصمیم گرفت که به تنهایی وارد جنگ با عثمانی گردد و بیش از این در انتظار وعده‌های فریبنده آنها نماند. وی به این امید که اگر جنگ با عثمانی را خود آغاز کند، زمامداران اروپایی نیز ترغیب گشته و در این جنگ به او می‌پیوندند، به مبارزه با عثمانیان پرداخت. اما طی چهار سال جنگ مداوم با عثمانیان، هیچ کمک نظامی دریافت نکرد.

از سوی دیگر پرتقالیان در جزیره هرمز همچنان به بدرفتاری خود با بازرگانان ایرانی ادامه می‌دادند و نه تنها به تذکرهای شاه عباس اعتنایی نمی‌کردند بلکه برخی از ایرانیان را مجبور به تغییر دین و گرویدن به دین مسیحیت کرده بودند. با این وجود، شاه این اوضاع را تحمل می‌کرد چرا که به حضور نیروی دریایی پرتقال در آب‌های خلیج فارس، نیاز داشت. زیرا این حضور منجر به برقراری و حفظ امنیت و اطمینان خاطر بازرگانان و دور ماندن آنان از

حمله دزدان دریایی عرب و ترک، می‌شد. علاوه بر آن، شاه عباس برای احمل و انتقال ابریشم از جزیره هرمز به اروپا نیاز به ناوهای بازرگانی و جنگی داشت.

۳. تصرف بحرین و بندر گمبرون

از سال ۱۰۱۰ هق / ۱۶۰۱ م مردم جزیره هرمز و دیگر نواحی خلیج فارس که در زیر سلطه پرتقالیان بودند برای بیرون راندن پرتقالیان و رهایی از سلطه آنان دست به اقداماتی زدند. از جمله این اقدامات تصرف بحرین بود. بحرین از اواسط قرن دهم هجری در قلمرو حکومت هرمز بود و از آنجایی که جزیره هرمز تحت تسلط پرتقالیان بود، آنها بحرین را نیز جزء متصرفات خود می‌دانستند.

در سال ۱۰۱۰ هق / ۱۶۰۱ م پس از مرگ امیر هرمز فرخ شاه، پسرش فیروز شاه جانشین وی گشت. رئیس شرف الدین که وزیر هرمز بود حکومت بحرین را به برادر خود، رئیس رکن الدین مسعود سپرد. در هرج مرج مرگ امیر هرمز و ناتوانی جانشین او، رئیس رکن الدین مسعود از از این اوضاع ناپایدار استفاده نموده و درصدد رهایی از تجاوزها و زورگویی‌های پرتقالیان و آزاد نمودن بحرین از زیر سلطه آنان، اعلام استقلال نمود. الله وردی خان حکمران فارس از این ماجرا خبردار شده و به عنوان کمک به رئیس رکن الدین در این امر و در واقع به قصد تصرف بحرین، سپاهی تشکیل داد و شبانه به خانه رئیس رکن الدین مسعود حمله نمود، او را کشت و بحرین را تسخیر نمود.

با شنیدن خبر تسخیر بحرین، امیر هرمز و حاکم پرتقالی آنجا چند کشتی به جزیره ارسال کردند و جنگی میان سپاهیان ایران و پرتقال در گرفت. پرتقالیان به مدت سه ماه این جزیره را محاصره کردند اما به نتیجه‌ای نرسیده و ایرانیان بر آنها غلبه کرده و آنها را شکست دادند. بدین صورت جزیره بحرین از تصرف پرتقالیان خارج شد و ضمیمه فارس گردید.

با بازپسگیری بحرین، ایران بر انجام امور تجاری با کشورهای همسایه غلبه نمود و راه دریایی ایران به اروپا گشوده شد و بدین صورت از محدودیت‌های مالیاتی عثمانی رهایی یافت. پس از بحرین، شاه عباس برای تسخیر نواحی دیگر نیز ترغیب گشت. بنابرین به الله وردی خان دستور داد که به بندر جرون که بعدها بندر گمبرون[۱۷] نامیده شد، حمله کند.

---

[۱۷] پرتقالیان نام بندر را از بندر جرون به بندر کمرون یا کمبرون تغییر دادند. در اکثر منابع علت این نامگذاری را وجود خرچنگ‌های بسیار در ساحل این بندر قید نموده‌اند. اما به احتمال زیاد این نام می‌بایست از واژه کمرون (

بندر گمبرون در دهانه هرمز واقع است. هنگامی که پرتقالیان بر جزیره هرمز استیلا یافتند، کلیه نواحی تابع آن، همچون بندر گمبرون که متعلق به امیر هرمز بود را از آن خود دانسته و آنها را تحت تسلط خود قرار داده بودند. آنها در بندر گمبرون دژی ساخته و آنجا را لنگرگاه کشتی‌های جنگی خود کرده بودند. همیشه تعداد پانزده تا سی کشتی جنگی در آنجا مستقر بود تا در صورت حملات احتمالی بتوانند از این منطقه حفاظت کنند. علاوه بر این هنگامی که دیده‌بان جزیره هرمز، کشتی بیگانه‌ای را در آبهای خلیج فارس مشاهده می‌کرد، با شلیک توپ نگهبان دژ بندر گمبرون را مطلع ساخته و ناوهای جنگی بلافاصله به سوی آن کشتی شتافته و از آن عوارض گمرکی دریافت می‌کردند.

فتح بحرین و تلاش نافرجام پرتقالی‌ها برای بازپس‌گیری آن، موجب نگرانی نائب السلطنه هند شد. وی برای دفاع از جزیره هرمز، پنج ناو جنگی به منطقه فرستاد. شاه عباس پس از شنیدن خبر اعزام نیروی جدید به خلیج فارس، از آنجایی که در آن زمان خود مشغول جنگ با عثمانی بود، به الله وردی خان دستور داد تا از محاصره جرون و قلمرو هرمز موقتا خودداری کند و نیروی خود را به شیراز برگرداند. همچنین به کشیشان اسپانیایی که به توصیه پادشاه اسپانیا برای دریافت اجازه ساخت کلیسای فرقه اگوستینی در ایران بودند، اجازه بازگشت داد. آنتونیو دوگوا Antonio de Gouvea ، رئیس این هیئت مذهبی، به شاه عباس اطمینان داد که نائب السلطنه هند به سواحل ایران در خلیج فارس حمله نخواهد کرد و سپس در سال ۱۰۱۱ ه.ق / ۱۶۰۲م همراه سفیر ایران الله وردی بیگ که مامور مراجعه به دربار اسپانیا بود، به سمت هرمز حرکت کرد تا از آنجا به هندوستان و سپس به پرتقال بروند.

در سال ۱۰۲۳ هق / ۱۶۱۴ م امام قلی خان، فرزند الله وردی خان به دستور پدر به این دژ حمله کرده و بندر گمبرون را تسخیر می‌کند. وی سپس حصار آن را ویران کرد و در سیصد قدمی آن، قلعه استواری بنا نهاد.

با از دست دادن بحرین و بندر گمبرون و همچنین بدنبال ایجاد رابطه نزدیک میان ایران و انگلیسی‌ها، فیلیپ سوم ضربه سختی خورد و بسیار نگران و آشفته گردید. بنابراین برای جلوگیری از اقدامات خصمانه بعدی شاه عباس، سفیری به نام دن گارسیا دوسیلوا فیگوئرا

میگو) برگرفته شده باشد. خیلی زود این نام توسط تجار انگلیسی به گمبرون تغییر یافت و سپس در سال ۱۶۲۲ میلادی توسط شاه عباس به بندر عباس تغییر نام یافت.
file:///C:/Users/Jesica/Desktop/published-pdf-0317-6-The%20Comparative%20Study%20of%20Women%20s%20Clothing%20in%20Hormozgan%20and%20India.pdf, p. 234, accessed on 24/03/2016.

Garcia de Silva y Figueroa را به دربار شاه اعزام نمود. در زیر به شرح مختصری از سفارت‌هایی که فیلیپ سوم به دربار شاه عباس اول فرستاد، می‌پردازیم.

۴. آغاز رابطه‌های سیاسی شاه عباس با اسپانیا

در سال ۱۰۱۱ هق / ۱۶۰۲ م فیلیپ سوم پادشاه پرتقال و اسپانیا که کاتولیک متعصب و علاقمند به ترویج دین مسیح در آسیا بود، هیئتی از کشیشان کاتولیک و از فرقه آگوستین به نام‌های ژرم دولا کروا Jérôme de la Croix، کریستوف دو سنت اسپری Christophe de Saint Espritو آنتونیو دوگوا، را به ریاست آنتونیو دو گوا به ایران فرستاد. این هیئت پس از شش ماه مسافرت دریایی و زمینی، با سه هدف به حضور شاه عباس اول رسیدند: ۱. استوار ساختن بنیاد تجاری اسپانیا و پرتقال، ۲. بازداشتن شاه از عقد قراردادهای جدید با تجار انگلیسی و ۳. جلب موافقت شاه برای تبلیغ دین مسیحیت در ایران. در قبال اخذ این امتیازات به شاه عباس قول دادند که اسپانیا در جنگ با عثمانی مساعدت ورزد.

شاه عباس به کشیش آنتونیو دوگوا اجازه داد که در اصفهان کلیسایی برای مسیحیان فرقه آگوستینی بنا کند و برای آنها اجازه آزادانه تبلیغ دینی را فراهم آورد. بدین صورت چند تن از کشیشان پرتقالی در اصفهان اقامت گزیدند و مشغول وظایف دینی و مذهبی خود گردیدند. سپس شاه عباس همراه آنتونیو دو گوا، یکی از سرداران خود به نام الله وردی بیگ ترکمان را رهسپار اسپانیا کرد تا نظر موافق خود را با دو پیشنهاد دیگر فیلیپ سوم اعلام می‌دارد.

آنتونیو دو گوا و الله وردی بیگ ترکمان در سال ۱۰۱۲ هق / ۱۶۰۳ م به اسپانیا رسیده و نامه و هدایای شاه عباس را تحویل فیلیپ سوم دادند. در همان هنگام حکمران پرتقالی جزیره هرمز که از بازپس‌گیری بحرین ناامید شده بود، نامه‌ای شکایت آمیز برای پادشاه اسپانیا ارسال نمود. فیلیپ سوم با اطلاع از تصرف بحرین توسط سپاه ایران، مجددا سفیر مذکور را جهت اعتراض به این امر و تقاضای استرداد بحرین، به ایران فرستاد. اما شاه عباس اعتنایی به او نکرده و در پاسخ اعلام نمود که جزیره بحرین از اجدادش به وی رسیده است و متعلق به ایران است و در تصرف ایران خواهد ماند. بدین ترتیب سفیر سرخورده و ناامید از دربار شاه به هرمز بازگشت و از آنجا به گوا رفت. شاه عباس قصد داشت بحرین را در تصرف ایران نگاه دارد تا در صورت حمله عثمانی، از حمله احتمالی اسپانیا و پرتقال در جنوب ایران جلوگیری کرده باشد. وی همواره از جنگ در دو جبهه پرهیز می‌کرد.

پادشاه اسپانیا که اقدامات شاه ایران را بی‌اعتنایی به منافع پرتقال و مقدمه‌ای برای حمله به متصرفات پرتقال می‌دانست، به تقویت ناوگان نظامی خود پرداخت. وی در سال ۱۰۱۶

هق / ۱۶۰۷ م چهارده کشتی کوچک و بزرگ روانه اقیانوس هند کرد و همچنین نائب السطنه هند را به اعزام سفیری به ایران برای تشویق شاه ایران به جنگ علیه عثمانی و حفظ روابط دوستانه ترغیب نمود. اما ناوگان پرتقالی مورد حمله نیروهای هلندی قرار گرفت و بخشی از کشتی‌های خود را از دست داد. سه فروند از این کشتی‌ها غرق شده و از این ناوگان تنها سه کشتی به مقصد رسید. از این رو فیلیپ سوم شش کشتی دیگر ارسال نمود ([10] ص. ۹۸). توضیح اینکه هلندی‌ها در سال ۱۰۱۱ هق / ۱۶۰۲ م با تاسیس شرکت هند شرقی هلند به رقابت با پرتقالی‌ها و انگلیسی‌ها پرداختند. آنها توانستند در همان سال پرتقالی‌ها را از سیلان بیرون رانند و خود تجارت این ناحیه را در دست بگیرند.

فیلیپ سوم مجددا آنتونیو دوگوا را در سال ۱۰۱۷ هق / ۱۶۰۸ م روانه ایران کرد. شاه عباس، سرداران خود دونگیزبیگ روملو را همراه وی کرده و روانه اسپانیا نمود. شاه عباس در نامه خود خطاب به فلیپ از تصمیم خود به ادامه نبرد با عثمانی‌ها و همچنین از عهدشکنی اروپاییان یاد کرد. در این ملاقات، پادشاه اسپانیا حاضر گردید که با پیشنهاد شاه در برقراری رابطه بازرگانی برای صدور کلیه ابریشم ایران از جزیره هرمز به اروپا موافقت نامه‌ای تنظیم کند. با این عمل، دیگر نیازی نبود که حمل ابریشم ایران از عثمانی صورت گیرد و بابت آن حقوق گمرکی بالایی پرداخت نمایند. این موضوع به نفع اسپانیا نیز بود چرا که عثمانی دشمن مشترک هر دو کشور بوده و با از دست دادن این منبع درآمد دیگر نمی‌توانست توانایی مالی جهت تدارک و تجهیز سپاه کسب نماید. اما و وجود تمام مزایایی که این موافقت نامه می‌توانست برای هر دو کشور فراهم آورد، ظاهرا این موافقت نامه میان آنها به امضا نمی‌رسد.

در همان روزها رابرت شرلی که مدت طولانی در لسیبون مانده بود تا شاید پاسخ مساعدی از پادشاه اسپانیا برای حمله به عثمانی دریافت کند، پس از عدم موفقیت در این زمینه، در سال ۱۰۲۰ هق / ۱۶۱۱م به طور مخفیانه به انگلیس رفت و پادشاه انگلیس را به تجارت با ایران ترغیب نمود. پادشاه اسپانیا با عزامت ناگهانی رابرت شرلی به انگلستان نگران شده، به ماموران خود در گوا نوشت که رابرت شرلی دولت انگلستان را به گرفتن هرمز تحریک نموده و نیز در صدد آن است که طی انعقاد قراردادی با شاه ایران، تجارت ابریشم را به انگلستان واگذار کند. از طرفی به نائب السلطنه هند نیز پیغام داد که استحکامات هرمز را علیه انگلیسی‌ها تجهیز نماید. اسکندر بیگ منشی در این خصوص می‌نویسد که احتمالا حمله پرتقالی‌ها به قلعه و بندر گمبرون و تصرف آنجا در سال ۱۰۲۱ هق / ۱۶۱۲ م در

اجرای همین دستور صورت پذیرفته است[۱۸]. [2] ص. ۲۷۳

در سال ۱۰۲۱ هق / ۱۶۱۲ م این سفیر برای بار سوم به دستور پادشاه اسپانیا و پاپ عازم ایران شد اما اینبار با برخورد خشونت آمیز شاه عباس روبرو گردید. اول بدین دلیل که پادشاه اسپانیا با وجود وعده‌های مکرر هیچ اقدامی علیه عثمانی نکرده بود و دوم اینکه پرتقالیان پس از تصرف بندر گمبرون و برخی از ناحیه‌های ساحلی خلیج فارس، بر شدت خشونت خود نسبت به بازرگان ایرانی افزوده بودند و مدام به شاه شکایت می‌کردند و با وجود آنکه شاه چندین بار آن را متذکر شده بود، پادشاه اسپانیا برای حل این مساله قدمی برنداشت.

با این وجود شاه عباس سعی می‌کرد رابطه خود را با کشور اسپانیا حفظ کند. چرا که با ایجاد یک رابطه خوب، حتی اگر از حمایت آن در مبارزه با عثمانی برخوردار نمی‌شد حداقل می‌توانست از قصد حمله آن به جنوب ایران جلوگیری کند. اما از طرفی هم سعی می‌کرد با انگلستان که دشمن اسپانیا بوده و از ناوهای جنگی برخوردار بود نیز رابطه دوستانه برقرار کند تا چنانچه در خلیج فارس با پرتقالیان درگیر جنگ گردید از وی حمایت کنند.

از آنجایی که شرکت هند شرقی انگلستان که در سال ۱۰۰۹ هق / ۱۶۰۰ م به فرمان ملکه اول الیزابت تشکیل شده بود تمایل به گسترش فعالیت‌های بازرگانی خود در آسیا و خلیج فارس داشت، شاه عباس تصمیم گرفت تجارت انحصاری کلیه ابریشم ایران را به آنها پیشنهاد دهد به شرط آنکه که در جنگ با پرتقالی‌ها در جزیره هرمز، او را حمایت نمایند. شاه عباس حتی قصد داشت به منظور فراهم کردن ناوگان دریایی در خلیج فارس، با آنها در خصوص برخورداری از کشتی‌های انگلیسی مذاکره نماید.

رابرت شرلی در سال ۱۰۲۰ هق / ۱۶۱۱ م پیشنهادات شاه را به پادشاه انگلستان عرضه کرد. جیمز اول که مایل به گسترش روابط بازرگانی با ایران بود، پیشنهاد شاه عباس را به شرکت هند شرقی اعلام نمود اما آنها این پیشنهاد را در مقابل منافع آنها در امپراتوری عثمانی که سرزمین‌های گسترده‌ای را در تصرف داشته بود، ناچیز شمرده و با آن مخالفت کردند.

فیلیپ سوم ناامید نگشته و بار دیگر لوئیس پریرا دولاسردا Luis Perreira de la Cerda را به همراه دو کشیش و پنج ملازم روانه ایران کرد تا مجددا تقاضاهای خود را تکرار نماید. سفیر ماموریت داشت با اقدامات مسالمت آمیز و مدبرانه بحرین را از ایران پس بگیرد، مانع

---

[۱۸] مسئله هرموز، ص ۵۸۴.

مصالحه ایران و عثمانی گردد و دولت ایران را از دولت انگلستان دور سازد. شاه عباس جواب روشنی به این سفیر نداد و تنها در پاسخ کشیش قول آن داد که به زودی شخصی را به رسم روابط دیپلماتیک خواهد فرستاد. در واقع، فیلیپ سوم به منظور امضای پیمان اتحاد میان دو کشور از سوی شاه، به همراه امام قلی خان پاکیزه ترکمان بازگشت.

دو سفیر به بندر گوا رفتند اما از آنجایی که کشتی‌ای که عازم اروپا بود به تازگی بندر را ترک کرده بود به ناچار به مدت نه ماه منتظر شدند تا با کشتی بعدی عازم شوند. آنها زمانی که به اسپانیا رسیدند شرایط سیاسی تغییر نموده بود و فیلیپ سوم به توصیه صدراعظم خود که جنگ با عثمانی را به صلاح کشور نمی‌دانست دیگر علاقه‌ایی به امضای این پیمان نداشت. بدین صورت از تمام این رفت و آمدها هیچ نتیجه‌ایی حاصل نشد.

اینبار رابرت شرلی برای فیلیپ سوم پیشنهاد شاه را عنوان کرد و گفت که شاه حاضر است تحت شرایطی انحصار تجارت ابریشم را به تجار پرتقالی و اسپانیولی اعطا نماید. پادشاه اسپانیا جهت تحقیق درباره صحت این امر و همچنین بررسی اوضاع تجاری سفیری به نام دن گارسیا دوسیلوا فیگوئرا Dom Garcia de Sylva y Figueroa را به همراه دو کشیش و پنج ملازم روانه ایران کرد. وی در سال ۱۰۲۳ هق / ۱۶۱۴ م از اسپانیا عازم گوا، مرکز تجاری پرتقال در هندوستان گردید.

دن گارسیا دوسیلوا فیگوئرا در میان سفیران دیگر عصر صفوی، از همه آگاه‌تر بوده و اصول و آداب دیپلماتیک را به خوبی رعایت می‌کرده است. وی فردی آشنا به قواعد دیپلماسی بود. زبان فارسی را نیز می‌دانسته و پیش از آغاز ماموریتش، مطالعاتی در زمینه تاریخ و جغرافیای ایران نموده بود.

در این میان پرتقالی‌ها که تابع اسپانیا بودند، سلطه آنها را دیگر نمی‌توانستند قبول کنند. آنها جدا از موارد دیگر، از دخالت‌های اسپانیا در امور آسیا و ایران نیز ناراضی بودند. لازم به یادآوری است که هنگامی که پرتقال مستعمره اسپانیا گردید به آنها قول داده شده بود که اداره امور مستعمرات پرتقال کاملا به خود آنها سپرده خواهد شد. بنابرین ارسال سفیر به دربار شاه عباس یکی از موارد دخالت در امور انحصاری پرتقالیان محسوب می‌شد. به همین دلیل نائب السلطنه پرتقال که از لحاظ اداری می‌بایست دستورهای شاه اسپانیا را به اجرا می‌گذاشت، با ایجاد اختلالات مختلف از انجام امور سر باز می‌زد. به عنوان مثال هنگامی که دن گارسیا دوسیلوا فیگوئرا که برای حفظ منافع آنان و تقویت موقعیتشان در خلیج فارس از گوا عازم ایران بود وی را حدود سه سال با ترفندهای مختلف در آنجا نگهداشته و موانع بسیاری بر سر راهش قرار دادند. وی سرانجام در سال ۱۰۲۶ هق / ۱۶۱۷ م روانه هرمز شد. در هرمز نیز مانند گوا، مزاحمت‌ها و موانع برای وی بوجود آوردند، با او بدرفتاری

نموده و در خصوص خواست او برای تهیه وسیله حرکت او از هرمز به بندر گمبرون تعلل ورزیدند.

دن گارسیا دوسیلوا فیگوئرا در سال ۱۰۲۷ هق / ۱۶۱۸ م موفق به دیدار شاه گردید. وی در مدتی که در گوا بود اطلاع یافت که شاه عباس جزایر بحرین، کیش و قلعه گمبرون را تصرف کرده است. وی می‌بایست علاوه بر ماموریت‌های فوق الذکر، در مورد این نواحی که در اختیار پرتقالیان بوده اما شاه اخیرا به تصرف خود در آورده بود نیز مذاکره می‌نمود. همانطور که اشاره شد وی همچنین ماموریت داشت که شاه عباس را به جنگ با دولت عثمانی تحریک کند و او را از بستن هرگونه قرارداد بازرگانی با انگلیسی‌ها بازدارد. اجازه ساخت کلیسای مسیحی در ایران نیز از مواردی بود که می‌بایست با شاه در میان می‌گذاشت. شاه عباس دن گارسیا را به حضور پذیرفت اما پس از شنیدن سخنان وی هیچ ترتیب اثری نداده و وی را به اصفهان فرستاد و خود عازم ایروان شد تا با ترکان عثمانی پیمان صلح را امضا کند.

دن گارسیا در مدت اقامتش در اصفهان از جانب قاصدی نامه‌ای از شاه اسپانیا دریافت کرد و دستور داشت آن را به دست شاه عباس برساند و اطلاعاتی را کسب نماید. فیلیپ سوم نوشته بود که رابرت شرلی به وی پیشنهاد داده است که چند کشتی جنگی به دهانه دریای سرخ ارسال کند و راه تجارت با هند را بر ترکان عثمانی ببندد. وی از شاه عباس نیز تقاضا کرد که به متصرفات اسپانیایی و پرتقالی در خلیج فارس کاری نداشته باشد و حتی بندر گمبرون را بازگرداند. پادشاه اسپانیا با این پیشنهاد موافق بوده و از دون گارسیا خواست که موافقت خود را به شاه اعلام نماید. در واقع این وعده را رابرت شرلی خودسرانه به پادشاه اسپانیا داده بود تا وی را برای جنگ با عثمانی برانگیزد.

از آنجایی که شاه عباس در آن زمان با ترکان عثمانی صلح کرده بود (در سال ۱۰۲۸ هق / ۱۶۱۹ م) به سفیر اعلام نمود دیگر نیازی به کشتی‌های جنگی پادشاه اسپانیا ندارد. در خصوص بحرین و بندر گمبرون نیز پاسخ داد که آنها را پس نخواهد داد چرا که بحرین متعلق به امیر هرمز بوده و امیران هرمز همواره تابع پادشاهان ایران بوده‌اند. بنابراین او در واقع بحرین و نواحی تابعه آن را از امیر بحرین گرفته است و نه از پرتقالیان. بندر گمبرون هم در خاک ایران واقع است و کاملا از قلمرو حکومت پرتقالیان خارج است. در خصوص تقاضای سفیر مبنی بر ساخت کلیسا در ایران نیز پاسخ داد که از مدتها این اجازه به آنها داده شده است و کماکان بر قوت خود باقی است. اما در مورد نبستن قرارداد جدید با انگلیسی‌ها هیچ پاسخی نداد.

سفارت دن گارسیا دوسیلوا فیگوئرا آخرین تلاش دیپلماتیک برای رفع بحران در روابط

ایران و اسپانیا - پرتقال بود و مهمترین دلیل شکست این ماموریت، موقعیت مناسب شاه عباس پس از عقد قرارداد صلح عثمانی و آغاز روابط نزدیک تجاری او با انگلستان بود. [2] ص. ۲۷۸

۵. تیره شدن روابط میان ایران و اسپانیا

شاه عباس همواره نظر به فروش بیشتر ابریشم به کشورهای مختلف و گشودن راه‌های بازرگانی به روی تمام بازرگانان آسیایی و اروپایی به منظور توسعه اقتصادی ایران داشت. همچنین، از آن جایی که دیگر نمی‌خواست بدلیل درگیری‌های سیاسی و عوارض گمرکی بالا، از طریق عثمانی به این امر ادامه دهد، به دنبال راه‌های دیگر می‌گشت. راه شمال ایران به دلیل توفان‌های دریای کاسپی و امن نبودن روسیه و راهزنان، راه مناسبی نبود. تنها راه برگزیده راه خلیج فارس و جزیره هرمز و استفاده از کشتی‌های پرتقالی بود. از آنجایی که پرتقالیان آبهای خلیج فارس را در انحصار کامل خود قرار داده بودند و اجازه عبور و مرور آزادانه به کشتی‌های بیگانه تنها در صورت کسب پروانه عبور از آنان که آن نیز مستلزم پرداخت مبلغ کلانی بود، میسر بود، شاه عباس می‌کوشید تا یک رابطه دوستانه با پادشاه اسپانیا حفظ کند هر چند مجبور بود بدرفتاری‌های پرتقالیان در جنوب ایران را نیز تحمل کند.

اما بدنبال بازپس گیری بحرین و بندر گمبرون از پرتقالیان که در راستای هدف دیگر شاه عباس مبنی بر بازپس گرفتن سرزمین‌های از دست رفته توسط شاهان صفوی پیشین بوده، پرتقالیان بر شدت خشونت خود نسبت به مردم جنوب ایران و بازرگانان ایرانی افزوده و اموال آنان را غارت می‌کردند. کار را به جایی رسانده بودند که حتی به کالاهای متعلق به شاه نیز بر خلاف رسومات قبلی، حقوق گمرکی می‌بستند. هر چه شاه عباس به پادشاه اسپانیا اعتراض می‌کرد، وی هیچ اقدامی نمی‌کرد و افزون بر این به وعده‌های مکرر خود جهت اتحاد نظامی در مقابل عثمانی نیز عمل نمی‌کرد. به همین دلیل شاه عباس با آنکه نسبت به تمام ملل اروپایی مهربان بود، پرتقالی‌ها را دشمن ایران و ایرانی می‌شمرد و تصمیم گرفت که آنها را از جنوب ایران بیرون کند. به خصوص آنکه با برقراری پیمان صلح میان ایران و عثمانی در سال ۱۰۲۸ هق / ۱۶۱۹ م، دیگر نیازی به حفظ رابطه دوستانه با پادشاه اسپانیا و تحمل بدرفتاری‌های پرتقالیان نداشت.

۶. شرکت هند شرقی و نبرد دریای جاسک

انگلیسی‌ها در دوران پادشاهی ملکه الیزابت جهت گسترش فعالیت‌های بازرگانی خود را بطور قابل ملاحظه‌ایی گسترش دادند و متوجه ثروت سرشار شرق گشتند. آنها به منظور

گسترش روابط، شرکت هند شرقی انگلستان را تاسیس نمودند و راه تجارت با هندوستان را باز کردند. آنها بندر سورات را پایگاه تجارت خود قرار دادند و به تدریج در شبه قاره هند نفوذ کردند. در همان زمان به جستجوی بازارهای تازه برای کالاهای انگلیسی به خصوص منسوجات پشمی که در هند خریدار زیادی نداشت، پرداختند. این بود که متوجه بازار ایران شدند. بنابراین هنگامی که رابرت شرلی در سال ۱۰۲۳ هق / ۱۶۱۴ م عازم انگلستان شد و با مقامات انگلیس درباره تجارت با ایران مذاکره نمود نمایندگان شرکت هند شرقی انگلستان از رابرت شرلی درخواست نمودند تا شرایط مذاکره با شاه را برایشان فراهم آورد.

شاه عباس که به دلیل نداشتن ناوهای جنگی جهت بیرون راندن پرتقالی‌ها، به همکاری یکی از قدرت‌های دریایی، نیاز داشت، به شرکت هند شرقی انگلستان اجازه داد که در سراسر ایران آزادانه به فعالیت‌های بازرگانی خود بپردازند. شاه به این امید که قدرت دریایی انگلستان از نیروی دریایی پرتقال به مراتب قوی‌تر است ووی می‌تواند از کمک نظامی‌اشان در بیرون کردن پرتقالی‌ها استفاده نماید به این امر اقدام نمود. برتری قدرت دریایی انگلستان، زمانی برای شاه عباس روشن گردید که آنها در سال‌های ۱۰۲۱ هق / ۱۶۱۲ م و ۱۰۲۴ هق / ۱۶۱۵ م قوای بحری پرتقال را در نزدیکی بندر سورات شکست دادند.

انگلیسی‌ها بندر جاسک در مدخل خلیج فارس واقع در بیست کیلومتری جزیره هرمز را، از آن لحاظ که در معرض خطر تهدید دائمی کشتی‌های پرتقالی نبود، برای لنگر انداختن کشتی‌های خود از همه جا مناسب‌تر دانستند و آنجا را برگزیدند.

با وجود تمام تلاش‌های پرتقالیان جهت جلوگیری از ورود انگلیسی‌ها، چهار کشتی بازرگانی و یک ناو جنگی وارد بندر جاسک شدند. انگلیسی‌ها از سال ۱۰۲۴ هق / ۱۶۱۵ روابط بازرگانی خود را با ایران آغاز نمودند و در سال ۱۰۲۶ هق / ۱۶۱۷ م، تجارتخانه‌هایی در جاسک، اصفهان و شیراز بنا نمودند.

طبق فرمان شاه و همچنین موافقت طرفین، شرکت هند شرقی می‌بایست کشتی‌هایی از هند به ایران می‌فرستاد و کلیه محصول ابریشم ایران را در جاسک تحویل می‌گرفت و به اروپا می‌فروخت. با این اقدام شاه عباس قصد داشت این شرکت را در بازرگانی هر چه بیشتر ذینفع کند. در حقیقت انحصار بازرگانی ابریشم به شرکت هند شرقی یکی از سیاست‌های وی جهت بیرون راندن پرتقالی‌ها از جزیره هرمز بود.

از آنجایی که اسپانیا انگلستان را دشمن خود می دید و حضور انگلیسی‌ها در اقیانوس هند و آب‌های شرق را تهدیدی بر منافع خویش می‌دانست، سعی می‌کرد از طرق مختلف مانع رفت و آمد کشتی‌های آنها در این آب‌ها و مانع استقرار آنان در ایران گردد تا بدین وسیله

تجارت ایران و سایر نواحی اطراف خلیج فارس را برای خود حفظ نماید. به عنوان مثال، زمانی که در سال ۱۰۲۷ هق / ۱۶۱۸ م، نماینده‌ای از شرکت هند شرقی به نام ادوارد کونوک Edward Conock برای سرکشی کشتی‌های انگلیسی که از هندوستان به جزیره هرمز آمده بودند، به آن جزیره رفته بود با عده‌ایی از همراهانش به طور مرموز و ناگهانی درگذشتند. شایع شده بود که پرتقالی‌ها آنان را با زهر مسموم کرده بودند.

فیلیپ سوم با شنیدن خبر انحصار بازرگانی ابریشم به شرکت هند شرقی، منافع خود را در شرق به شدت از طرف انگلیسی‌ها در خطر دید. از این رو، وی در سال ۱۰۲۹ هق / ۱۶۱۹ م روی فریرا دا آندرادا Rui Ferreira d' Andrada را به فرماندهی پنج کشتی جنگی به همراه کشیش پر ردمتو دو لا کروز Pére Redemeto de la Cruz روانه خلیج فارس نمود. کشیش ماموریت داشت که یک موافقت نامه از سوی پادشاه اسپانیا به امضا رساند و ماموریت روی فریراد آندرادا این بود که در صورت موافقت شاه با پیشنهادات فیلیپ سوم، به دریای سرخ رفته، کشتی‌های عثمانی را تصرف نماید و راه دریا را به روی آنها ببندد و به این صورت با نظارت کامل بر مدخل ورودی دریای سرخ، از هرمز حفاظت نماید و در صورت مخالفت وی، به بحرین، بندر گمبرون و همچنین قشم که مهمترین منبع تامین آب آشامیدنی ساکنان جزیره هرمز بود، حمله نموده و آن را تصرف نماید. در آن قلعه‌ای مستحکم بنا کند و داخل آن نگهبانان پرتقالی بگمارند.

اعزام روی فریرا دا آندرادا به خلیج فارس و ماموریت وی، اعلام آشکار جنگ میان دو کشور بود. سیلوا فیگوئرا این تصمیم فرماندهان اسپانیایی را دیوانگی محض و غیرواقعی‌ترین تصمیم شورای دولت اسپانیا دانسته است. [2] ص. ۲۷۹

فیلیپ سوم در قرارداد تنظیم شده خود به موارد ذیل اشاره کرده بود:

۱. به درخواست رابرت شرلی، شاه در بحر احمر با سلطان عثمانی جنگیده و راه تجاری دریایی را بر او ببندد.
۲. تجار ایرانی می‌توانند بدون پرداخت حقوق و عوارض گمرکی به تجارت ابریشم در هرمز و یا گوا بپردازند. اما می‌بایست دو سوم درآمد حاصل از فروش ابریشم در خاک اسپانیا و یک سوم آن در جزیره هرمز صرف خرید مال‌التجاره گردد.
۳. تجار ایرانی می‌توانند تا ۴ سال اقامت در هرمز، گوا و لیسبون ، تنها نیمی از مالیات و پس از آن دو سوم مالیات معمول را پرداخت نمایند.
۴. برای انجام کارهای خود در لیسبون، می‌توانند کنسولی ایرانی، ارمنی و یا پرتقالی داشته باشند.
۵. دو مامور جهت حل اختلافات میان ایرانیان و پرتقالیان تعیین خواهد شد. [8] ص. ۶۶

وی در ازای پیشنهادات فوق از شاه ایران درخواست نمود که بندر گمبرون را به پرتقالیان بازگرداند، جزیره بحرین به امیر هرمز بازگردانده شود و از تصرف جزیره قشم چشم بپوشد.

شاه عباس از مضمون نامه چنان خشمگین شد که آن را پاره کرده و در پاسخ به فیلیپ سوم اظهار داشت که نه تنها اراضی تصرف شده را بازپس نخواهد داد بلکه به جزیره هرمز نیز حمله خواهد کرد. سپس دسته‌ای از سپاه ایران را به ساحل خلیج فارس فرستاد تا در فرصت مناسب به فرمان وی تمام کشتی‌ها و قایق‌ها توقیف گردند. به امام قلی خان حاکم فارس دستور داد که به جلفار – راس الخیمه کنونی – در جنوب خلیج فارس که تحت حکومت شاه هرمز بود حمله کرده و آنرا به تصرف درآورد. با این اقدام بر پرتقالیان جزیره فشار وارد می‌آمد چرا که کالاهای برخی از بازرگانان هرمز در انبار آن نگهداری می‌شد. دسته‌ای دیگر از سپاه قلعه پرتقالیان در جزیره قشم را محاصره نمودند تا بدین وسیله آنها از آب شیرین جزیره هرمز محروم گردند.

سفیر اعزامی پادشاه اسپانیا در سواحل گینه درگذشت. نامه‌های همراه او به یک کشیش کارملی در اصفهان فرستاده شد تا آنها را ارسال نماید. کشیش کرملی خارج از اختیارات خود به مقامات پرتقالی هرمز اطلاع داد که شاه عباس نواحی تصرف شده را باز پس نخواهد داد، با انحصار تجارت مخالف است، در رابطه با چگونگی تداوم ارتباطات، نیازی به نظرخواهی پادشاه اسپانیا ندارد و همچنین دستورهای پادشاه اسپانیا را هر طور که خود صلاح بداند، اجرا خواهد کرد. با این وصف، مقامات اسپانیایی هرمز و گوا به درستی نمی‌دانستند پاسخ روشن و صریح شاه چه بوده است و بدین صورت مستاصل بودند.

در این میان روی فریرا بر خلاف نائب السلطنه پرتقال در هند و سیلوا فیگوئرا، سفیر اسپانیا در دربار شاه که در آن زمان در گوا به سر می‌برد، موافق جنگ و عملیات نظامی بود. اما فرماندار پرتقالی تلاش نمود به جهت حفظ روابط دوستانه با ایران، وی را از این تصمیم بازدارد. با این وجود روی فریرا دا آندرادا پس از آگاهی از مخالفت غیردوستانه شاه عباس با پیشنهادات پادشاه اسپانیا، عملیات نظامی خود را در سه جبهه آغاز نمود: علیه انگلیسی‌ها در بندر جاسک، علیه ایرانی‌ها در قشم و علیه مردم سواحل بنادر شیبکوه و لارستان.[۱۹]

وی در مسیر خود به سمت خلیج فارس، در نزدیکی خلیج عدن با چند کشتی انگلیسی درگیر شد. این درگیری به غرق شدن دو کشتی انگلیسی و پیروزی روی فریرا دا آندرادا منجر گردید. سپس با چهار کشتی جنگی و سه کشتی بازرگانی انگلیسی که به اسارت

---

[۱۹] نام قدیم آن راس الخیمه است که هم اکنون در خاک امارات متحده عربی واقع است.

گرفته بود، روانه جزیره هرمز شد و در سال ۱۰۲۹ هق / ۱۶۲۰ م وارد آن جزیره شد.

در این زمان تجار انگلیسی بندر جاسک را به عنوان پایگاه تجاری خود انتخاب کرده بودند و تلاش می‌کردند که با اعزام کشتی‌های تجاری به آن بندر، جزیره هرمز را تحت محاصره قرار دهند و کلیه رفت و آمدهای کشتی‌ها را به سوی بندر جاسک سوق دهند. از این رو پادشاه اسپانیا پس از شنیدن خبر ورود انگلیسی‌ها به جاسک، به روی فریرا دا آندرادا دستور داد که روانه بندر جاسک گردد تا مانع گسترش خطر تهدید منافع اسپانیا در خیلج فارس توسط انگلیسی‌ها گردد. آندرادا در نوامبر سال ۱۶۲۰ میلادی با ناوگان جنگی خود مانع ورود دو کشتی انگلیسی به بندر جاسک گردید.

شرکت هند شرقی درصدد آن برآمد که این دوکشتی را به همراه دو کشتی انگلیسی دیگر و دو کشتی پرتقالی که طی یکی از درگیری‌های واقع در اقیانوس هند به اسارت گرفته بود، بار دیگر به بندر جاسک اعزام کند. بدین ترتیب شش فروند کشتی انگلیسی به سمت بندر جاسک حرکت کرد. روی فریرا دا آندرادا با مطلع شدن از این امر، با پنج کشتی بادبانی مجهز از هرمز به سمت جاسک حرکت کرد. اما تلاش‌های وی جهت ممانعت ورود کشتی‌های انگلیسی ناموفق بوده و کشتی‌ها در بندر جاسک لنگر انداختند. سپس نبرد سختی میان دو ناوگان صورت گرفت. در این نبرد آرایش ضعیف نظامی روی فریرا دا آندرادا منجر به شکست وی و تلفات سنگین پرتقالیان گردید و اینچنین ضربه سختی به حیثیت نظامی کشور اسپانیا وارد ساخت.

روی فریرا دا آندرادا با کشتی‌های باقی مانده به هرمز بازگشت و در سال ۱۰۳۰ هق / ۱۶۲۱ م، به منظور تهیه آب شیرین برای جزیره هرمز، عازم جزیره قشم گردید و پس از تسخیر بخشی از جزیره، در آنجا اقدام به ساخت قلعه نمود. این اقدام وی به منزله اعلام آشکار جنگ با ایران بود.

وی پس از اتمام قلعه، تعدادی از سربازان پرتقالی و عرب را در آنجا گماشت و به حملات خود ادامه داده و به روستاهای کرانه خلیج فارس، در سواحل لار و میناب، هجوم برد. آنها را به آتش کشیده، ساکنان را به قتل رساند و اموال آنان را به غارت برد. بازرگانان ایرانی را نیز به اسارت گرفت. پرتقالیان بر این عقیده بودند که با اعمال خشونت و رعب و وحشت می‌توانند شاه ایران را مجبور به موافقت با پیشنهادات فیلیپ سوم نمایند. همچنین می‌خواستند با این عمل، حمل و نقل دریایی ایران را فلج نمایند.

اما دن گارسیا حملات فوق‌الذکر را تکذیب می‌نماید و می‌نویسد چرا پرتقالی‌ها باید «با پادشاهی قدرتمند [چون شاه عباس] که ملت اروپایی هوشمندی چون انگلیسی‌ها، ولو دزد

دریایی یا تاجر، به مدد وی برخاسته بودند، آنهم در کشور خودش، به جنگ دست بزنند.»[۲۰]

شاه عباس با شنیدن این اخبار، یک کشیش آگوستینی مقیم اصفهان به نام پر نیکلا پره Pere Nicolas Peret را فورا روانه جزیره هرمز نمود و به حاکم هرمز پیغام داد که اگر پرتقالی‌ها با انگلیسی‌ها مشکلی دارند می‌توانند مسائل خود را در دریا حل و فصل نمایند و سواحل ایرانی را از تهاجمات خود در امان بگذارند چرا که در غیر اینصورت روابط دوستانه میان دو دولت خدشه‌دار خواهد شد.

روی فریرا دا آندرادا پیغام شاه عباس را دلیل بر ضعف توان نظامی وی تعبیر کرد و بنا بر سیلوا فیگوئرا «ابلهانه به گوا خبر داد که شاه ایران به قدری بیمناک است که به او پیشنهاد صلح داده است و آنان پیشنهاد او را نپذیرفته‌اند»[۲۱]. بنابراین وی با این پنداشت اشتباه خود به غارت نواحی ساحلی بسیاری در ایران ادامه داد.

شاه عباس بدنبال بیدادگری پرتقالیان به مردم بی‌دفاع روستاها مصمم گردید که همراه نمایندگان شرکت هند شرقی انگلستان درصدد یافتن راه حلی مشترک برآیند. تلاش‌های سیلوا فیگوئرا و رابرت شرلی به عنوان آخرین دوره تلاش‌های دیپلماتیک در دهه دوم قرن هفدهم میلادی، برای دستیابی به راه حل سیاسی جهت رفع اختلافات میان ایران و اسپانیا – پرتقال به انجام نرسید.

۷. همکاری نظامی انگلیسی‌ها با ایران

شاه عباس، امام قلی خان حاکم فارس را مامور مذاکره و توافق با شرکت هند شرقی جهت حمله مشترک به پرتقالیان نمود. شرکت هند شرقی یک شرکت خصوصی ولو متکی به پشتیبانی جیمز اول پادشاه انگلیس بود. به همین دلیل نمی‌توانست بدون هماهنگی و دستور پادشاه هیچ تصمیمی بگیرد. با وجود آنکه در آن زمان روابط میان اسپانیا و انگلستان دوستانه بود، آمادگی خود را برای مبارزه مشترک علیه پرتقالیان اعلام نمود. پارسادوست دلایل موافقت این شرکت را به شرح ذیل توضیح می‌دهد: ([1] صص. ۶۷۳ – ۶۶۷)

۷,۱ سختگیری‌های پرتقالی‌ها نسبت به انگلیسی‌ها

هنگامی که کشتی‌های انگلیسی وارد آب‌های خلیج فارس شدند پرتقالی‌ها با خطر بزرگی

---

[۲۰] سفرنامه دن گارسیا دسیلو فیگویرا، ترجمه غلامرضا سمیعی، ۱۳۶۳، تهران، نشر نو. ص ۲۷۴.
[۲۱] فیگوئرا، ص ۴۷۵.

روبرو گردیدند. آنها جزیره هرمز که کانون اصلی بازرگانی اروپایی‌ها با آسیا بود را از آن خود کرده و از آن ثروت سرشاری نصیبشان می‌شد. اما حالا مطلع شده بودند که شرکت هند شرقی انگلستان به راحتی توانسته موافقت شاه عباس را در خصوص تاسیس تجارتخانه‌ایی در جاسک جلب نماید. آنها می‌دانستند که در سال ۹۹۶ هق / ۱۵۸۸ م با ناوهای قدرتمند اسپانیا روبرو هستند.

پرتقالیان برای دور کردن این تهدید بزرگ، سیاست خشونت و تهدید را انتخاب نموده و بدین صورت انگلیسی‌ها را بسیار تحت فشار قرار می‌دادند. به عنوان مثال، پیشتر ذکر شده بود که کشتی‌های بیگانه تنها در صورت کسب پروانه عبور از پرتقالیان می‌توانستند در آب‌های خلیج فارس رفت و آمد کنند. در این خصوص انگلیسی‌ها برای دریافت این پروانه بسیار مورد ظلم واقع شده و مجبور بودند عوارض گمرکی بالاتری پرداخت نمایند. حتی جهانگردان انگلیسی که به جزیره هرمز می‌آمدند از این آزار و اذیت‌ها در امان نبودند. آنها حتی مدیر شرکت هند شرقی و همراهان وی را که به جزیره هرمز آمده تا بار کشتی‌هایی را که به هرمز آمده بودند را تحویل گیرد، با زهر به قتل رساندند. بنابراین انگلیسی‌ها بر آن شدند که هر چه زودتر از شر پرتقالیان راحت شوند.

۷,۲ شرکت هند شرقی و جزیره هرمز

هرمز مرکز مهم بازرگانی در آسیا بود و برای پرتقالیان سود سرشاری را فراهم می‌آورد. شرکت هند شرقی به خوبی می‌دانست که از سویی توان رقابت با آن کشور در جزیره هرمز را نداشته و از سوی دیگر از مزاحمت‌ها و موانع آنها نیز در امان نخواهند بود. بنابراین تنها راه چاره را در بیرون کردن آنها از جزیره می‌دانست. اما برای تصرف دژ آنها نیاز به سپاه جنگی داشته و از این رو به کمک نظامی ایران محتاج بود. بدین منظور جهت جلب رضایت شاه عباس در این امر چهار کشتی جنگی به جاسک اعزام نمود.

۷,۳ دشمنی آشکار پرتقالی‌ها با شرکت هند شرقی

پرتقالی‌ها که نمی‌خواستند امتیاز انحصاری خود را از دست بدهند و سختگیری‌های آنان بر انگلیسی‌ها نیز چاره ساز نبود. لذا دشمنی میان آنان روز به روز شدت بیشتری می‌گرفت. دو بار در سالهای ۱۰۲۱ هق / ۱۶۱۲ م و ۱۰۲۴ هق / ۱۶۱۵ م میان آنها نبرد صورت گرفت و هر دو بار با شکست پرتقالیان به پایان رسید. اما برای بار سوم هنگامی که شرکت هند شرقی اصلا انتظار نداشت، پرتقالی‌ها به ناوهای آنان که در جزیره جاسک توقف کرده بودند حمله نموده و آنها را شکست دادند و این امر بیش از پیش انگلیسی‌ها را خشمگین

نمود.

۷٫۴ جاذبه بازار ایران

بهای ابریشم در ایران در حدود نصف بهای آن در بازارهای دیگر بود و شرکت هند شرقی می‌توانست پنجاه درصد سود نماید. شاه عباس نیز در این خصوص پذیرفته بود که کلیه ابریشم ایران بدون دریافت حقوق گمرکی به بندر جاسک حمل شود و در ازای دو سوم آن کالا دریافت شود و یک سوم آن نقدا پرداخت شود. از طرفی ایران بازار خوبی برای فروش کالاهای انگیسی به خصوص پارچه‌های پشمی آنان بود (به دلیل سردی چند ماهه هوا و درآمد کافی مردم برای خرید کالاها). این سود دوجانبه آنها را ترغیب می‌نمود که این بازار را برای خود حفظ نمایند و روابط بازرگانی خود را گسترش دهند. از این رو پرتقالی‌ها را مانع بزرگی بر سر راه اهداف خود می‌دیدند.

۷٫۵ تهدید و ترغیب شرکت هند شرقی

همانطور که پیشتر نیز اشاره شد شاه دیگر تحمل بیدادگری پرتقالیان را نداشته و به امام قلی خان والی فارس دستور داد که با شرکت هند شرقی به مذاکره نشسته و در خصوص یک اقدام نظامی مشترک بر علیه پرتقالیان در جزایر قشم و هرمز وارد عمل شود. امام قلی خان شرکت را تهدید نمود که در صورت عدم موافقت با درخواست شاه، کلیه امتیازات اعطایی به آنها لغو شده و ابریشم فروخته شده به آنها توقیف می‌گردد. انگلیسی‌ها نیز به دلایلی که در بالا ذکر شد مصلحت را بر پذیرش درخواست شاه دیده و پنج ناو جنگی و تعدادی کشتی روانه خلیج فارس می‌کنند.

۷٫۶ پیشگامی انگلیسی‌ها در پیشنهاد همکاری نظامی

به نوشته اسکندر بیگ [9]، این انگلیسی‌ها بودند که پیشنهاد همکاری نظامی با ایران و تصرف جزیره هرمز را اعلام نمودند. بدین گونه که آنها لازم بود جهت حفظ منافع خود در ایران و خلیج فارس، پرتقالی‌ها را از جزیره هرمز بیرون کنند و برای چنین منظوری نیاز به همکاری نظامی ایران داشتند. ص. ۹۸۱

وثوقی [2] این موضوع را تایید کرده و اضافه می‌نماید که تمایل انگلیس در عقد قرارداد همکاری نظامی علیه پرتقالیان، بیش از تمایل ایران به انجام این امر بوده است. وی دلیل آن را اشتیاق انگلیسی‌ها به حذف حریف خود از صحنه اقیانوس هند، اختلافات آنان با اسپانیا و نیاز شرکت هند شرقی به جلب نظر ایران نام می‌برد. وی اضافه می‌کند که اختلاف

و درگیریهای نظامی اسپانیا و انگلیس در اروپا و دیگر نقاط جهان، هیچ رابطه‌ای به مسائل قشم و هرمز نداشت و اولین درگیری‌های نظامی آنان به سال‌های پایانی قرن شانزدهم میلادی می‌رسد.

این درگیری‌ها در آمریکای جنوبی و اقیانوس اطلس آغاز گردید و در آستانه قرن هفدهم میلادی و با تاسیس شرکت هند شرقی انگلستان، به حوزه اقیانوس هند و خلیج فارس کشیده شد و این مصادف با بروز مشکلات جدی روابط ایران و اسپانیا – پرتقال گردید. روابط انگلیس و اسپانیا در این دوره به شدت خصومت‌آمیز بود و مقامات شرکت هند شرقی نیاز به جلب همکاری ایران برای خارج کردن رقیب از صحنه اقتصادی و سیاسی داشتند. بنابراین، اولین تقاضا برای همکاری نظامی از طرف ماموران انگلیسی بود. [2] صص. ۳۰۴ – ۳۰۳

امام قلی خان با نماینده هند شرقی در خصوص موارد زیر مذاکره و توافق نمودند : [1] ص. ۶۷۴

۱. تقسیم مساوی کلیه غنیمت‌های جنگی میان ایران و شرکت هند شرقی؛
۲. تحویل اسیران مسیحی به انگلیسی‌ها و اسیران مسلمان به ایران؛
۳. کلیه نواحی به تصرف درآمده از جمله دژ هرمز[22] به ایران تعلق گیرد؛
۴. معافیت حقوق و عوارض گمرکی برای کالاهای انگلیسی و تقسیم مساوی درآمد گمرک بندر گمبرون؛
۵. هزینه آذوقه و تدارکات جنگی به عهده هر دو طرف؛
۶. حضور همیشگی دو کشتی جنگی شرکت هند شرقی در خلیج فارس، جهت تامین آزادی کشتی‌رانی و جلوگیری از حمله احتمالی پرتقالی‌ها در بندر عباس.

۸. تصرف جزیره قشم و هرمز

پس از امضای قرارداد جنگ علیه پرتقالیان، شاه عباس در ماه ژانویه ۱۶۲۲ (۱۰۳۱ هق) یکی از سرداران خود به نام شاه قلی بیگ را مسئول تدارک نیرو، حمله به قشم و تصرف قلعه نوساز پرتقالی نمود. خود نیز به سمت شیراز حرکت کرد تا نیروی نظامی را عازم جنوب ایران نماید و به امام قلی خان والی فارس نیز دستور حمله به هرمز را صادر نمود.

کشتی‌های انگلیسی در بندر گمبرون امام قلی خان و سه هزار سرباز را سوار کرده و به سوی جزیره هرمز روانه شدند. در آن موقع نیروی دریایی پرتقالی در جزیره مرکب از پنج

---

[22] البته در خصوص توافق در مورد دژ هرمز اختلاف نظرهایی وجود دارد.

فروند کشتی جنگی، دو کشتی بازرگانی و چند زورق بود. بنابراین پرتقالیان از آنجایی که نیروی خود را در مقابل ناوگان انگلیسی ناکافی می‌دیدند، از جنگ خودداری کردند و به جزیره قشم گریختند.

شاه قلی بیگ در راس سپاهی متشکل از سه هزار سرباز عرب و مردم محلی لارستان، همراه با ناوهای جنگی انگلیسی به قلعه پرتقالی قشم حمله نمودند و آنجا را محاصره کردند. مدافعین قلعه ۲۰۰ پرتقالی و ۲۵۰ عرب بودند که جز از راه دریا گریز دیگری نداشتند. روی فریرا و مدافعین قلعه به دفاع از قلعه پرداختند. وی در شرایط سختی قرار گرفته بود. در چنین شرایطی با نامه‌های متعدد از نائب السلطنه هند تقاضای کمک نمود. حاکم گوا دوازده فروند کشتی بادبانی و یک کشتی بزرگ حمل آذوقه و اسلحه به همراه سیصد سرباز و تعدادی ملاح به هرمز اعزام نمود. اما نیروهای کمکی زمانی به جزیره رسیدند که دیگر دیر شده بود. در این میان روی فریرا یکبار هم تقاضای صلح نمود و پیغام داد که حاضر است تمام خسارت‌هایی که دولت ایران تا آن زمان برای جنگ متحمل شده است را می‌پردازد. اما از آنجایی که امام قلی خان از شاه ایران چنین اجازه‌ایی را نداشت و هیات انگلیسی نیز تلاش نمودند که مانع پذیرش صلح از جانب وی گردند، پیشنهاد صلح را نپذیرفت.

پرتقالیان با این شرط که به آنها اجازه داده شود که با اسلحه و اموال خود به جزیره هرمز بروند و سربازان ایرانی‌ای که در طی جنگ به آنها پیوسته بودند در امان باشند، در اول فوریه ۱۶۲۲ (۱۰۳۱ هق) تسلیم شدند. با آنکه شرط آنها پذیرفته شده بود اما در اجرا، هنگام حرکت آنها به هرمز، سربازان ایرانی و عرب به جرم خیانت به قتل رسیدند و اموال و اسلحه پرتقالیان از آنها گرفته شد.

پس از بیرون راندن پرتقالیان از جزیره قشم، نوبت حمله به جزیره هرمز و تصرف آن بود. دسته‌ایی از سپاه ایران و چهار تن از انگلیسی‌ها در قلعه ماندند تا از آن نگهداری کنند و سایر افراد رفتند که خود را برای حمله به هرمز آماده کنند. فتح قشم به منزله از دست دادن مهمترین منبع آب آشامیدنی هرمز و عملا محاصره جزیره هرمز بود. سیلوا فیگوئرا معتقد بود که تصمیم نابخردانه روی فریرا در ساخت قلعه قشم و استقرار نیروهای نظامی در آنجا، سبب تقسیم توان نظامی آنها گردید در حالیکه هرمز به شدت نیاز به تقویت نیرو داشت.

در آن زمان پرتقالیان ساکن هرمز، بدون در نظر گرفتن سربازهای ازدواج کرده، حدود

دویست خانواده بوده[۲۳] و به حرفه داد و ستد با ایرانیان مشغول بودند[۲۴]. دژ هرمز ابتدا دارای دو برج بود که بر بالای یکی از آنها مجسمه آلبوکرک بنا شده بود. با گذشت زمان دژ گسترش یافته و چهار برج دیگر به آن اضافه شد. با این وجود از نظر دن گارسیا از استحکام کافی و ساختار دفاعی و نظامی مناسبی برخوردار نبود. از این رو وی تلاش نمود تا حاکم پرتقالی هرمز را جهت استحکام دژ و مسلح نمودن برخی از افراد جزیره راضی نماید. اما موفق به این کار نمی‌شود.

دن گارسیا می‌نویسد که پرتقالیان عموما توصیه از افراد داناتر و ارشدتر را نپذیرفته و آن را توهینی به خود تلقی می‌کنند به ویژه زمانی که فرد توصیه کننده پرتقالی باشد[۲۵] ([1] ص ۶۸۲). اما شادرن در رابطه با دژ هرمز می‌نویسد که شرقیان فن ساخت دژ را بلد نبوده و تنها دژ ساخته شده مستحکم در هرمز تا آن زمان دژی است که به دست پرتقالیان بنا شده است[۲۶] ([1] ص. ۶۸۲).

امام قلی خان در فوریه ۱۶۲۲ (۱۰۳۱ هق) به شهر هرمز حمله کرد. از آنجایی که پرتقالی‌ها همراه زنان خود در قلعه آلبوکرک پنهان شده بودند، شهر بی‌دفاع مانده و براحتی مورد حمله و محاصره قرار گرفت. پادشاه هرمز نیز در چنین شرایطی از هیچ اختیاری برخوردار نبود تا در جهت دفاع از شهر اقداماتی صورت بدهد. هنگام حمله سپاه ایرانی، وی به همراه خانواده خویش در قلعه پرتقالی‌ها پناهنده شد. او چنان در طول حاکمیت پرتقالیان از صحنه قدرت سیاسی و اقتصادی حذف شده بود که حتی برای نقل مکان خود از محل سکونتش به قلعه شهر ناگزیر بود که از فرماندار و مسئولین دیگر پرتقالی درخواست مجوز نماید. همچنین مردم هرمز پس از تحمل یکصد سال حضور پرتقالیان و ظلم و ستم آنها حاضر به دفاع از شهر در مقابل نیروهای شاه عباس نبودند. نکته قابل توجه در این نبرد آن بود که حاکم هرمز با وجود در اختیار داشتن تعداد کافی ناو جنگی و سرباز، از هر گونه کمک نظامی به پرتقالیان دریغ ورزید.

با غرق شدن سه تا از کشتی‌های پرتقالیان، پیش از آن توسط انگلیسی‌ها، از قدرت ناوگان جنگی آنها کاسته شده بود. امام قلی خان قلعه هرمز را محاصره کرده و ناوگان انگلیسی آن را به توپ بست. همچنین به دستور امام قلی خان شهر به آتش کشیده شد و گمرک خانه را نیز تصرف کردند.

---

[۲۳] دن گارسیا، ص ۶۰.
[۲۴] پرتقالی‌هایی که در هرمز به دنیا آمده بودند قادر به تکلم به زبان فارسی بودند.
[۲۵] دن گارسیا، ص ۴۱۴.
[۲۶] شاردن، ترجمه اقبال یغمایی، ۱۳۷۴، جلد سوم، تهران، انتشارات توس، ص ۱۱۸۷.

در روز هفدهم مارس سربازان ایرانی با مقاومت شدید پرتقالیان روبرو شدند و بسیاری از آنها کشته شدند. اما ده روز بعد پرتقالیان به علت کمبود آذوقه و آب تحت فشار زیادی قرا گرفته و تعدادی از نگهبانان نیز به بیماری‌های مسری مبتلا شده بودند. کشتی‌های انگلیسی به مدت سه روز قلعه را زیر آتش توپ گرفتند تا اینکه قسمتی از حصار قلعه ویران شد و نیروهای ایرانی توانستند وارد قلعه شوند و به مبارزه خود در داخل قلعه ادامه دادند. پرتقالی‌ها که شکست را حتمی دیدند دست به شورش زده و از روی فریرا دا آندرادا خواستند که تسلیم شوند. برخی از آنان خود را از دیوارهای قلعه به زیر انداخته و تسلیم نیروهای ایرانی شدند و آنها را از ناتوانی پرتقالیان به سبب کمبود آب و آذوقه و کثرت کشته شدگان و شیوع بیماری مطلع نمودند. با این اخبار ایرانیان بیشتر دلگرم شده و حملات را تشدید نمودند.

روی فریرا با چنین اوضاع و به دنبال تلفات سنگین، پیغام داد که اگر سپاه ایران به این محاصره پایان دهد حاضر است مبلغ دویست هزار تومان نقد و سالانه یکصد هزار اکوی پرتقالی به دولت ایران بپردازد. ولی به گفته فلسفی ([8])، مقصود وی از چنین پیشنهادی گذارندن وقت بود تا مگر از هندوستان کمکی برسد. امام قلی خان که دست او را خوانده بود در پاسخ گفت در صورتی که پانصد هزار تومان نقد و سالانه مبلغ دویست هزار تومان خراج پرداخت نماید حاضر است نیروهایش را از جزیره خارج کند[۲۷]. ص. ۸۳

پرتقالی‌ها که دیدند امیدی به ایرانیان نیست، به انگلیسی‌ها متوسل شدند. بدین صورت که با تحریک احساسات مذهبی آنها، با توجه به مسیحی بودن هر دو ملت، از آنها جهت برقراری آتش‌بس یاری طلبیدند. به آنها پیشنهاد دادند که کلیه خسارت‌های آنان را پرداخت می‌نمایند و پیغام دادند که «هیچ علت ندارد تا شما هستید ما خود را تسلیم مسلمانان کنیم.»[۲۸]. اما انگلیسی‌ها به این پیشنهاد پاسخ منفی دادند.

سرانجام روی فریرا دا آندرادا چاره‌ایی جز تسلیم شدن ندید. سرانجام پرتقالی‌ها پس از یک ماه مقاومت، با این شرط که آنها را به قتل نرسانند و همراه خانواده خود با کشتی‌های انگلیسی به مسقط و یا بندر گوا فرستاده شوند، تسلیم شدند. انگلیسی‌ها روی فریرا و افسران پرتقالی را به بندر سورت واقع در هندوستان فرستاده و در آنجا آنها را زندانی کردند.

انگلیسی‌ها پرتقالیان را که قریب سه هزار نفر می‌شدند به مسقط و بنادر ساحلی عمان

---

[۲۷] اما وثوقی در این زمینه به یکصد هزار تومان نقد، پنجاه هزار سکه طلا و پرداخت کلیه درآمد گمرک اشاره می‌کند. [2] ص. ۳۲۶

[۲۸] آرنولد ویلسن، خلیج فارس، ص ۱۶۸.

بردند. اما تعدادی از آنها به علت بیماری جان باختند. جوانان و کودکان نیز به اسارت ایرانیان درآمدند و امام قلی خان آنان را به عنوان غلام به سرداران خود بخشید.

شاه هرمز محمود شاه و وزیرش پیش از آنکه به اسارت گرفته شوند در همان آغاز محاصره قلعه، به پرتقالی‌ها پیشنهاد دادند که حاضرند تمام دارایی خود را به آنها دهند مشروط بر اینکه آنها را به مسقط و یا گوا بفرستند. اما پرتقالی‌ها پیشنهاد آنها را نپذیرفتند. شاه هرمز به همراه همسرش به اسارت درآمدند و به بندر گمبرون تبعید شدند. تمام نظامیان جزیره هرمز به دستور امام قلی خان کشته شدند و سرهایشان به بندر گمبرون فرستاده شد.

۹. دلایل شکست پرتقالیان

پارسادوست [1]علاوه بر اشاره بر خشونت رفتار و آزمندی در برانگیختن دشمنی مردم ایران و همچنین احساس بدبینانه آنها نسبت به اسپانیایی‌ها و در نتیجه عدم علاقه آنها در حفظ مستعمرات خود که به گمانشان تنها به ثروت پادشاه اسپانیا می‌افزاید، علت شکست پرتقالی‌ها در نبرد هرمز را در سه مورد دیگر به شرح ذیل توصیف می‌کند: (صص. ۶۹۰ - ۶۸۵)

الف. آزمندی حاکمان پرتقالی هند و جزیره هرمز. حاکمان پرتقالی هند و جزیره هرمز آنقدر آزمند بودند که به جای احساس مسئولیت در انجام وظیفه، تنها مشغول افزایش ثروت خود بوده و از کشتی‌های تحت فرمان خود برای منافع خود استفاده می‌کردند. حتی فرمانده نظامی شهر در روزهای آخر حملات گسترده سپاه ایران، در خارج از جزیره هرمز در حال انجام امور تجاری خود به سر می‌برد.

هیچ کس به فکر تامین امنیت شهر نبود. نمایندگان پرتقالی اعزامی به هرمز بیش از آنکه به امور نظامی و امنیتی جزیره بپردازند به برپایی جشن و عیش و نوش مشغول بودند و برای ادامه عیاشی‌های خود مردم را مجبور به پرداخت مالیات‌های سنگین می‌کردند. هرگاه درآمدها کفاف نمی‌داد قیمت‌ها را بالا می‌بردند و نظامیان را وادار به کارهای بازرگانی می‌کردند و در سود آنان شریک می‌شدند.

اعمال پرتقالی‌ها باعث شده بود که صاحبان کشتی از مسیرهای بندر گوا به هرمز اجتناب کنند. سختگیری‌های ماموران پرتقالی، مالیات‌های سنگین و بی‌قاعده و نامتناسب بودن تعرفه‌های گمرکی، صاحبان کشتی‌ها را بر آن داشت که مسیر هرمز را ترک کرده و کالاهای خود را از بندرگاه دیگری بارگیری کنند. از این رو در آستانه قرن هفدهم میلادی، رقیبان پرتقالی از این موقعیت حداکثر استفاده را بردند. جاسک به عنوان لنگرگاه جایگزین هرمز

مورد توجه قرار گرفت و به تدریج رشد و رونق یافت. بازرگانان ایرانی نیز دیگر تمایلی به تجارت از طریق هرمز نداشتند و مسیر خشکی و یا بنادر ساحلی را به سوی هند برگزیدند. همین امر منجر به از دست دادن پایگاه‌های قدرت پرتقالی‌ها در خیج فارس و سپس در آسیا شد.

ب. *ناتوانی فیلیپ سوم*. فیلیپ سوم پادشاه اسپانیا، شاهی ناتوان و بی اراده بود که سبب ناتوانی نظامی اسپانیا گردید. از طرفی پادشاه قدرتمندی چون شاه عباس با اتحاد با دولت نیرومند حریف قدری می‌نمود.

ج. *بازرگانی دولتی*. امور بازرگانی جزیره هرمز در دست ماموران دولتی بود که آنها هم زیر نظر نائب السلطنه هند که تحت فرمان پادشاه اسپانیا اقدام می‌نمود، خدمت می‌کردند. عموما ماموران دولتی با دریافت حقوق ثابت ماهانه، نگران سود و زیان موسسه نبودند . گاهی کارمندان مسئول موسسه از تسهیلات عمومی جهت بهره‌برداری‌های شخصی و مال اندوزی خود استفاده می‌کردند.

در جزیره هرمز، حاکم پرتقالی از کشتی‌های آن برای حمل کالاهای خود استفاده کرده و زمانی که برای دفع حملات به این کشتی‌ها نیاز بود از ارسال آنها دریغ نمود. البته وی می‌بایست برای انجام امورات، تشریفات اداری را رعایت می‌کرد و با هماهنگی با مافوق خود اقدام می‌نمود. حاکم هرمز نمی‌توانست بدون اجازه نائب السلطنه پرتقالی هند، تمام ناوهای جنگی پرتقالی در اقیانوس هند را را برای دفاع از شهر به کار بندد. لذا وی گزارشی برای نائب السلطنه فرستاد و تقاضای کمک کرد. پس از تعلل و تاخیر در مراتب تشریفات اداری، سرانجام چند کشتی ارسال گردید که آنها هم هرگز به جزیره هرمز نرسیدند.

۱۰. هرمز و پرتقالیان پس از جنگ

پس از جنگ، شهر هرمز با تمام زیبایی و ثروت انبوهش مورد غارت سربازان ایرانی و انگلیسی قرار گرفت. خانه‌ها و کوچه و خیابان‌های بسیاری به دنبال کنکاش برای پول، طلا و اشیای گران قیمتی که احتمال می‌رفت ساکنان جزیره آنها را پنهان کرده باشند، ویران شدند. بدین صورت هرمز برای همیشه از صحنه فعالیت‌های اقتصادی و سیاسی منطقه خارج گردید.

دژ هرمز نیز ویران شده و به جای آن دژ دیگری برای ایجاد پادگان توسط ایرانیان در کنار قلعه آلبوکرک بنا شد. توپ‌های مستقر در دژ که از دویست تا ششصد عدد گزارش شده

است[۲۹]، همه به تصرف ایران درآمد. به علت کثرت توپ‌ها، برخی از آنها به شهرهای دیگر ایران مانند لار، شیراز و اصفهان انتقال داده شدند[۳۰] ([1] ص. ۶۹۳). البته در خصوص غنایم قلعه که میان طرفین تقسیم شد، فلسفی جزییات بیشتری را ارائه می‌دهد: پنجاه توپ بزرگ برنجی با چرخ و چهار توپ کوچک برنجی، پانزده زنبورک و چند منجنیق و نزدیک به صد و پنجاه عراده توپ‌های کوچک و بزرگ ([8] ص. ۸۴). از دیگر غنائم رسیده به شاه ایران، دو ناقوس از کلیسای هرمز بود که زنان پرتقالی هرمز در سال ۱۰۱۷ هق / ۱۶۰۹ م به کلیسای جزیره تقدیم کرده بودند.

امام قلی خان قلعه شهر را به طور کامل در اختیار گرفت در حالیکه بر طبق قرارداد می‌بایست نیمی از آن را در اختیار انگلیسی‌ها می‌گذاشت. وی دلیل این اقدام را سهم بیشتر ایرانیان در فتح جزیره عنوان نمود چرا که اساسا جنگ هرمز یک درگیری زمینی به شمار میرفت.

نتایج جنگ برای شاه عباس رضایتبخش بود. وی موفق گردید جزیره هرمز را که از زمان شاه اسماعیل اول در تصرف پرتقالیان در آمده بود، همراه تمام سواحل و بنادر خلیج فارس پس گرفته و پرتقالی‌ها را از آنجا بیرون براند. وی مرکز بازرگانی جنوب را از جزیره هرمز به بندر گمبرون که نزدیک‌ترین بندر به این جزیره بود، انتقال داد. وی به دلیل نداشتن قدرت دریایی، جزیره هرمزرا مکان مناسبی جهت دفع حملات احتمالی قدرت‌های دریایی مانند انگلستان، پرتقال و هلند، نمی‌دید. شاه عباس نام این بندر را تغییر داده و نام خود را بر آن گذاشت: بندرعباس

با از دست دادن هرمز، بنیان قدرت پرتقالیان بطورکل متزلزل گردید.این شکست آغاز خروج تدریجی اسپانیا – پرتقال از خط اول صحنه رقابت‌های استعماری در عرصه دریاها بود. آلبوکرک بر این اعتقاد بود که مرکز روابط تجاری آسیا و هندوستان سه نقطه عدن، تنگه مالاکا و از آن دو مهمتر، هرمز است. وی می‌گفت با تسلط بر این سه نقطه میتوان مالک دنیا شد که منظورش از آن کسب تجارت انحصاری هندوستان، ایران و سایر ممالک آسیایی بود. [8] ص. ۸۷

پرتقالیان پس از آنکه به دنبال جنگ هرمز، پایگاه قدرت خود را در خلیج فارس از دست دادند، باز دست از خلیج فارس برنداشتند و اینبار به بندر مسقط در عمان رفتند. آنها بخش

---

[۲۹] لرد کرزن، ص ۵۰۴.
[۳۰] یکی از این توپ‌ها در موزه نادری در شهر مشهد واقع است. بر روی این توپ سنگین، شرح به غنیمت گرفتن آن در جزیره هرمز و انتقال آن به شهر لار و سپس به مشهد توسط نادرشاه که طی حملات مختلف به شهر لار، آن را به غنیمت گرفته بود، حک شده است. [2] صص. ۳۴۳-۳۴۲

عمده‌ای از تجهیزات و نیروهای انسانی و ناوگان خود را به مسقط انتقال دادند و آن را به صورت یک پایگاه نظامی و تجاری درآوردند. آنها جهت حفاظت از مسیرهای ساحلی بنادر عمان، چندین دژ نظامی در شهرها و بنادر مختلفی مانند قوریات، مطرح، صحار، کلباء، خورفکان و مدحا بنا نمودند.

بدین صورت بندر مسقط که ایستگاه اصلی در مسیر خلیج فارس، اقیانوس هند و شرق آفریقا بود، روز به روز توسعه‌ی بیشتری یافت و به مرکز اصلی تبادل کالا در سواحل عمان تبدیل شد. اما مسقط بر خلاف جزیره هرمز که برای ناوهای پرتقالی امنیت می‌آورد، محل امنی برایشان نبود و هرگز اهمیت هرمز را نداشت.

این بندر که در ساحل جنوبی خلیج فارس واقع بود به خشکی راه داشته و عرب‌های محلی برای آنان مزاحمت ایجاد می‌کردند. از سوی دیگر شاه عباس نیز که بیرون راندن پرتقالی‌ها از جزیره هرمز را به منزله پایان حضور آنها در خلیج فارس نمی‌دانست، آنها را آسوده نگذاشت و در صدد حمله به مسقط و بیرون کردن کامل آنها از ایران برآمد.

استقرار پرتقالیان و ناوگان‌های دریایی‌اشان در گوا همچنان تهدیدی برای منافع ایران محسوب می‌شد. بخصوص آنکه با توجه به اهمیت استراتژیک بنادر ساحلی عمان (که در حال حاضر تحت اختیار پرتقالی‌ها قرار داشت) در خلیج فارس، این تهدید بیشتر احساس می‌شد. به همین دلیل، شاه عباس مجددا از شرکت هند شرقی خواست که به بیرون راندن آنها از مسقط به او کمک کنند. اما انگلیسی‌ها با این پیشنهاد موافقت نکردند چرا که از نتایج جنگ قبلی ناراضی بودند. از یک طرف شاه عباس به وعده خود مبنی بر تقسیم مساوی درآمد گمرک بندرعباس وفا نکرده و تنها سالانه مبلغ ثابتی به آنها پرداخت می‌کرد. از طرفی دیگر از آنجایی که بدون هماهنگی با جیمز اول به جنگ با پرتقالیان پرداخته و به موجب آن سبب تیرگی روابط میان اسپانیا و انگلستان شده بودند، شدیدا مورد بازخواست قرار گرفتند.

البته با بیرون راندن پرتقالیان از خلیج فارس، انگلیسی‌ها امنیت دریایی خود و رفت و آمد آزادانه در آبهای خلیج فارس را کسب نمودند. شاه عباس نیز به دنبال کمک آنها در حمله به پرتقالیان، به آنها اجازه داده بود که موسسه تجاری خود را از بندر جاسک به بندرعباس انتقال دهند، در بندرعباس کنسولگری تاسیس نمایند، خرید ابریشم ایران را به خود اختصاص دهند و از مزایای فروش منسوجات انگلیسی در ایران بهره ببرند. شاه عباس دادن امتیازات بیشتر به آنها را عملا به منزله جایگزینی انگلیسی‌ها به جای پرتقالی‌ها در خلیج فارس می‌پنداشت و از این رو بسیار محتاطانه اقدام نمود.

شاه عباس جهت حمله به مسقط سپاهی به سواحل عمان فرستاد. سپاه ایران بنادر صحار و خورفکان را تصرف نمود اما درست در همان زمان که نیروهای ایرانی در ماه می سال ۱۶۲۳ در حال مبارزه در ساحل عمان بودند روی فریرا د آندرادا که از زندان انگلیسی‌ها در سورت فرار کرده و روانه خلیج فارس شده بود، همانطور که همواره فکر انتقام از نیروهای ایرانی و بازپس گیری جزیره هرمز را در سر داشت، با کمک ناوگان اعزامی از گوا با نیروهای ایرانی درگیر شده و توانست آنها را از ساحل عمان بیرون براند و بنادر صحار و خورفکان را مجددا به تصرف درآورد. وی بخشی از نیروهای خود را در اراضی اشغالی مستقر نمود و برای بازپس‌گیری جزیره هرمز آماده شد.

او در مسیر حرکت به سوی سواحل شمالی خلیج فارس، به بندر ابراهیمی در سه فرسخی جزیره هرمز حمله نمود. سپس عازم جزیره قشم شده و آنجا را نیز غارت نمودند. پس از قشم به بندر لنگه رفتند و روستاهای اطراف را آتش زدند و تا بندر ریگ پیش رفتند. همچین قصد داشتند به جزیره هرمز نیز حمله کنند اما به علت نداشتن نیروی کافی موفق نشدند.

اقدامات روی فریرا د آندرادا، موجب نگرانی انگلیسی‌ها و هلندی‌ها گردید. آنها تصمیم گرفتند متحد شده و علیه آنان به مبارزه مشترک بپردازند. در هفتم دسامبر سال ۱۶۲۵ میلادی میان ناوگان آنها جنگی درگرفت اما به هیچ نتیجه‌ایی نرسید. روی فریرا د آندرادا می‌دانست که جهت تصرف مجدد جزیره هرمز ناچار است که با موانع انگلیسی و هلندی روبرو گردد. بنابرین نبرد میان آنها همچنان ادامه داشت. در اکتبر سال ۱۶۲۸ میلادی، هشت فروند کشتی به همراه تدارکات جنگی و نیروی نظامی از هند و نیروهای کمکی از مسقط به سمت خلیج فارس اعزام شدند تا مانع تهدیدات احتمالی نیروهای انگلیسی و هلندی گردند.

روی فریرا د آندرادا به مسقط بازگشت و در آنجا به طرح نقشه حمله به هرمز و تصرف آن پرداخت. در این میان پرتقالیان به بندر بصره راه یافته و در آنجا یک تجارتخانه تاسیس نمودند و در آن بندر تا سال ۱۰۵۰ هق / ۱۶۴۰ م با انگلیسی‌ها به رقابت پرداختند. آنها چندین بار نیز سعی کردند به جزیره هرمز حمله کرده و آن را تصرف نمایند، یکبار در سال ۱۰۳۳ هق / ۱۶۲۴ م و بار دیگر در سال‌های ۱۰۳۹ هق / ۱۶۲۹ م و ۱۰۴۰ هق / ۱۶۳۰ م. اما هر بار با شکست روبرو شدند.

سه سال پس از رانده شدن از هرمز، یعنی در سال ۱۰۳۴ هق / ۱۶۲۵ م پرتقالی‌ها که از تلاش‌های خود برای بازگرفتن آن جزیره به طور کل ناامید شده بودند، به شاه عباس پیشنهاد مذاکره دادند. شاه که جهت دفاع در مقابل حمله احتمالی انگلیسی‌ها و هلندی‌ها

نیاز به یک قدرت دریایی داشت، با پیشنهاد آنها موافقت کرد. به دنبال مذاکرات آنها، پرتقالیان موافقت نموده که تمام دارایی خود در سواحل خلیج فارس را به ایران واگذار کنند و در قبال آن، در بندر گنگ واقع در شمال شرقی بندر لنگه که به جزیره قشم نزدیک بود تجارتخانه تاسیس نمایند، کالاهای پرتقال در آن بندر از پرداخت حقوق گمرکی معاف شود و نیمی از درآمد گمرک بندر گنگ به آنان تعلق گیرد. همچنین در آب‌های بحرین آزادانه به صید مروارید بپردازند. طرفین پذیرفته بودند حتی در صورت جنگ و اختلاف، این قرارداد به قوت قانونی خود باقی بماند.

شاه عباس در ژانویه سال ۱۶۲۹ (۱۰۳۸ هق) درگذشت و طبق وصیت نامه وی، نوه‌اش سام میرزا به نام شاه صفی در فوریه بر تخت سلطنت جلوس کرد.

خلاصه

در این بخش روابط ایران و پرتقال در دوره شاه صفی، ششمین پادشاه صفوی (۱۰۵۲ – ۱۰۳۸هق / ۱۶۴۲ – ۱۶۲۹ م)، بازگو می‌شود. اطلاعات این فصل برگرفته از منابع [1]، [2]، [4]، [8]، [10] و [13] می‌باشد.

امام قلی‌خان والی فارس پس از مرگ شاه عباس، با پرتقالیان یک قرارداد تجاری به امضا رساند. بر اساس آن پرتقالیان بندر کنگ را محلی برای استقرار دفاتر تجاری و ادامه تجارت پیشین خود در خلیج فارس برگزیدند و پذیرفتند که از جنگ با ایران صرفنظر نمایند. البته این قرارداد ظاهرا از سوی طرفین عملکردی موقتی بود تا بتوانند مجددا به اهداف اصلی خود بپردازند. با استقرار پرتقالیان در این بندر کوچک و گمنام، دوره‌های پی در پی سکون، رشد و ترقی، و افول را میتوان مشاهده نمود. در دوران شاه صفی بندر کنگ در دوران سکون به سر می‌برد. در اواخر حکومت وی، سلسله جدیدی به نام «یعاربه » در عمان تشکیل شد که مشکلات فراوانی برای پرتقالیان فراهم آوردند.

شاه صفی (۱۰۵۲ – ۱۰۳۸ هق)

جانشین شاه عباس نوه‌اش شاه صفی مرد نالایقی بود. سوء تدبیر و مستی و بی خبری وی موجب شد که در دوره چهارده ساله سلطنت او، لطمات فراوانی به عظمت دولت صفوی وارد آید.

با مرگ شاه عباس در سال ۱۰۳۸ هق / ۱۶۲۹ م، امام قلی خان با وجود از دست دادن قدرت و موقعیت خود، از تلاش باز نایستاد و سعی نمود مسئله پرتقالیان در خلیج فارس را حل کند. وی مجددا با مسئولین شرکت هند شرقی انگلستان مذاکره نمود تا با کمک هم به مسقط حمله نموده و پرتقالیان را از آنجا بیرون برانند. هنگامی که از تلاش‌های خود به نتیجه‌ایی نرسید، بر آن شد که با پرتقالیان یک قرارداد تجاری منعقد نماید.

از طرفی پرتقالی‌ها نیز پس از یک دوره طولانی جنگ میان سال‌های ۱۶۲۲ تا ۱۶۳۰ میلادی و تحمل خسارات و تلفات بسیار، دیگر تحمل ادامه جنگ را نداشتند. علاوه بر این، حضور رقبای قدرتمند انگلیسی و هلندی مزید بر علت شد که آنان نیز با انعقاد قرارداد موافقت نمایند. بنابراین در سال ۱۰۳۹ هق / ۱۶۳۰ م میان امام قلی خان و روی فریرا د آندرادا که هر دو در آن زمان قدرت خود را از دست داده بودند، توافقنامه‌ای امضا گردید.

در واقع این توافقنامه، یک توافق موقتی بود چرا که ایران و پرتقال هر دو منتظر فرصتی مناسب بودند تا بتوانند جایگاه خود را در خلیج فارس تحکیم بخشند. به همین دلیل روی فریرا د آندرادا، پس از آنکه در سال ۱۶۳۱ میلادی از گوا بازگشت مجددا سعی نمود هرمز را تصرف نماید. امام قلی خان نیز در همان زمان مشغول مذاکرات با انگلیسی‌ها و هلندی‌ها بود تا آنها را جهت حمله به مسقط و بیرون راندن پرتقالی‌ها از آنجا ترغیب کند. در حین این مذاکرات روی فریرا د آندرادا به علت بیماری درگذشت. با مرگ وی توان نظامی پرتقالی‌ها در منطقه خلیج فارس به حداقل کاهش یافت و از آن پس پرتقالی‌ها تنها حضور تجاری و اقتصادی در بندر لنگه داشتند و پایگاه‌ها و تشکیلات نظامی خود را به مسقط انتقال دادند.

در ذیل به شرح مفاد قرارداد میان امام قلی خان و روی فریرا د آندرادا و چگونگی استقرار دفتر تجاری پرتقالی‌ها در بندر کنگ می‌پردازیم.

۱. استقرار دفاتر تجاری پرتقالی‌ها در بندر کنگ

مطابق قرارداد میان دو دولت، پرتقالی‌ها بندر کنگ را برای استقرار دفتر گمرکی و ادامه تجارت خود در خلیج فارس برگزیدند و ایران متعهد شد که نیمی از درآمد گمرکات را به آنان واگذار کند. آنها پذیرفتند که صلح در بندر کنگ حتی در هر صورتی همچنان پابرجا باشد و انگلیسی‌ها و هلندی‌ها حق رفت و آمد در این بندر را نداشته باشند. در مقابل، روی فریرا د آندرادا نیز از جنگ با ایران دست خواهد کشید و والی فارس می‌تواند هر سال دو فروند کشتی به مقصد هندوستان بدون عوارض گمرکی بفرستد. در اینجا از ذکر جزییات این قرارداد اجتناب می‌شود.

بر اساس وثوقی [2]، مهمترین عوامل موثر در به وجود آمدن زمینه‌های این توافق به شرح زیر می‌باشد:

۱. مرگ شاه عباس اول و تضعیف موقعیت امام قلی خان در ایالت فارس و ترس از اینکه دیگر نتواند همچون گذشته در جنوب ایران از قدرت لازم برخوردار باشد.
۲. گسترش ناامنی دریایی با وجود روی فریرا د آندرادا و ضربه خوردن به موقعیت اقتصادی بندرعباس.
۳. عدم همکاری کمپانی هند شرقی انگلستان و هلند با ایران علیه پرتقالی‌ها.
۴. حضور موثر انگلیسی‌ها و هلندی‌ها در بندرعباس و هرمز و تضعیف موقعیت پرتقالی‌ها.

۵. شکست‌های پی در پی ناوگان پرتقالی در نبرد دریایی با ناوگان انگلیس و هلند و از دست دادن بخش عمده‌ای از توان دریایی‌اش در خلیج فارس.
۶. عدم موفقیت روی فریرا د آندرادا در تصرف مجدد جزیره هرمز و ناامیدی او از امکان موفقیت در این زمینه. ص ۳۵۴

بدین صورت، امام قلی خان با درایت و مهارت سیاسی، با عقد چنین قراردادی و ایجاد تعهد تجاری و اقتصادی برای پرتقالی‌ها در منطقه، آنان را از درگیری‌های نظامی دور ساخت. در واقع، حضور پرتقالیان در بندر کنگ کاملا متفاوت از حضور آنها در جزیره هرمز بود. علاوه بر این، وی با عقد این قرارداد شرایط مناسبی برای توسعه و رشد یک بندر کوچک، ناشناخته و نه چندان آباد را فراهم آورد.

بندر کنگ با استقرار دفاتر تجاری پرتقالی، از آن پس به یک شهر پررونق و پرجمعیت و به یکی از ایستگاه‌های مهم تجاری بین‌المللی خلیج فارس تبدیل شد که ملل مختلف در آن آمد و رفت و داد و ستد داشتند. امام قلی خان دو سال پس از عقد قرارداد، یعنی در سال ۱۰۴۲ هق / ۱۶۳۲ م درگذشت و خود نتوانست شاهد باروری تغییراتی که خود به زحمت ایجاد نموده بود، باشد.

اطلاعات مربوط به بندر کنگ تا پیش از استقرار پرتقالی‌ها در آن، بسیار ناچیز و بیشتر به صورت گزارش‌های پراکنده ماموران کمپانی‌های خارجی در ایران می‌باشد. آنها بندر کنگ را مکانی کوچک با کلبه‌های دامداران توصیف نموده‌اند[۳۱] ([2] ص ۳۷۰). اینکه چرا پرتقالیان بندر کنگ را به عنوان محل استقرار دفاتر تجاری خود انتخاب نمودند، بر اساس وثوقی می‌تواند فاصله اندک آن تا بندرعباس، موقعیت ایستگاهی آن برای عبور و مرور کشتی‌ها به سمت بصره و از همه مهمتر خالی بودن آن از رقبای دیگر همچون انگلیسی‌ها و هلندی‌ها، باشد. یکی از موانع مهم توسعه و ترقی این بندر تا آن زمان این بود که مسیر آن به سمت لار، بسیار سخت‌گذر، کوهستانی و بدون آب بود و مسافرت در این مسیر تنها با شتر امکان‌پذیر می‌شد.

بر اساس یکی از نامه‌های ماموران کمپانی هند شرقی، نخستین کارگزار پرتقالی در بندر کنگ، بالتازا بورگیاس Balthazar Borges نام داشت.[۳۲] [2] ص ۳۷۰

پرتقالیان به مدت ۹۵ سال یعنی از سال ۱۰۴۰ هق / ۱۶۳۰ م تا ۱۱۳۵ هق / ۱۷۲۲ م

---

[31] Ibid., Vol. 1, p. 313.
[32] A Chronicle of the Carmelites in Persia, London, 1939, Vol. 2, p. 1115.

(سال‌های پایانی حکومت صفویان) در بندر کنگ به فعالیت‌های تجاری خود پرداختند. اما در سال ۱۰۶۱ هق / ۱۶۵۰م با اخراج پرتقالی‌ها از بندر مسقط که بیشترین توجه خود را متمرکز آنجا کرده بودند، بندر کنگ برای آنها اهمیت بیشتری یافت.

سال‌های ۱۱۰۲-۱۰۶۱ هق / ۱۶۹۰ - ۱۶۵۰ م دوران اوج رونق و ترقی بندر کنگ بود و از سال ۱۱۰۷ هق /۱۶۹۵ م تا ۱۱۳۵ هق / ۱۷۲۲ م دوران افول آن محسوب می‌شود. در این بخش به شرح مختصری از دوران سکون استقرار پرتقالیان در بندر کنگ که مصادف با دوران حکومت شاه صفی بوده است می‌پردازیم. سپس در فصول بعد دوران اوج رشد و ترقی این بندر (به موجب رونق گرفتن دفاتر تجاری پرتقالیان) در دوران شاه عباس دوم و شاه سلیمان و دوران افول آن در زمان حکومت شاه سلطان حسین، از پادشاهان صفوی، شرح داده خواهد شد.

در سال ۱۰۵۰ هق / ۱۶۴۰ م، پرتقالی‌ها خود را از قید سیطره اسپانیا آزاد ساختند و دوباره استقلال خویش را به دست آوردند و از این تاریخ باز سر و کار ایران با پرتقالی‌ها افتاد.

اما به دلیل ناامنی در این بندر، ناشی از عدم همکاری، مخالفت و تهاجم ساکنان بندر نخیلو، آنها نتوانستند آنجا ماندگار شوند و یکسال بعد مجددا به کنگ بازگشتند. از مشکلات دیگر بندر کنگ این بود که حاکم ایرانی شهر از پرداخت سهم پرتقالی‌ها به بهانه‌های مختلف خودداری می‌کرد و به همین دلیل درگیری‌هایی دیپلماتیک پیش آم ه بود.

هنوز مدتی از امضای قرارداد امام قلی خان با پرتقالیان نگذشته بود که شاه صفی که از نفوذ و قدرت خاندان امام قلی خان در ایالت فارس بیمناک شده بود، دستور قتل وی را صادر کرد (۱۰۴۱ هق / ۱۶۳۱ م). با مرگ وی و متعاقبا تجزیه ایالت فارس و تقسیم آن میان حکام مختلف، تغییرات زیادی در ساختار اداری صورت گرفت که این امر مشکلات فراوانی برای کارگزاران پرتقالی در آغاز تاسیس دفاتر تجاری خود در بندر کنگ ایجاد نمود به گونه‌ایی که آنها در همان سال ناچار از بندر کنگ به بندر ریشهر عزیمت نمودند.

اما به دلیل ناامنی در این بندر، ناشی از عدم همکاری، مخالفت و تهاجم ساکنان بندر نخیلو، آنها نتوانستند آنجا ماندگار شوند و یکسال بعد مجددا به کنگ بازگشتند. از مشکلات دیگر بندر کنگ این بود که میان حاکم ایرانی شهر و نماینده پرتقالی، درگیری‌هایی پیش آمد ه بود.

اما شرایط پرتقالی‌ها در بندر کنگ به این شکل باقی نماند. در نیمه دوم قرن یازدهم هجری

/ هفدهم میلادی بدنبال اقدامات آزاردهنده برخی از حکام بندرعباس، بازرگانان ترجیح دادند که کالاهای خود را در بندر کنگ حمل نمایند (۱۰۵۰ هـ ق / ۱۶۴۰ م). بنابراین بنادری چون قلهات، صحار و خورفکان و کنگ که در اختیار پرتقالیان بود، رقیب تجاری بندرعباس گردیدند.

از سوی دیگر، در سواحل عمان، سلسله قدرتمندی به نام «یعاربه» پدید آمد که از سال ۱۰۳۳ تا ۱۱۵۷ هـ ق / ۱۶۲۰ تا ۱۷۴۴ م در این نواحی حکومت کردند. آنها طوایف مختلف را متحد کرده و پس از سرکوب تمام روسای قبایل ساکن نواحی داخلی عمان و توسعه قدرت، بندر مسقط را به تصرف خود در آوردند و پرتقالیان را شکست دادند. در بخش بعدی به این موضوع می‌پردازیم.

خلاصه

در این بخش روابط ایران و پرتقال در دوره شاه عباس دوم، هفتمین پادشاه صفوی (۱۰۷۷ – ۱۰۵۲ هـ ق / ۱۶۶۶ – ۱۶۴۲ م)، بازگو می‌شود. اطلاعات این فصل برگرفته از منابع [1]، [2]، [4] و [14] می‌باشد.

در زمان حکومت شاه عباس دوم، اعراب عمان به مسقط حمله نموده و پرتقالیان را وادار به تسلیم کردند. لذا، پرتقالی‌ها آخرین پناهگاه خود در عمان و مهمترین پایگاه‌های تجاری خود را در منطقه از دست دادند. از این رو، بندر کنگ به آخرین پناهگاه تجاری آنها در خلیج فارس تبدیل گردید.

شاه عباس دوم (۱۰۷۷- ۱۰۵۲ هـ ق)

در سال ۱۰۵۷ هـ ق / ۱۶۴۷ م، سلطان ابن سیف، از امامان یعاربه، با چهار فروند ناو جنگی بزرگ و دوازده فروند ناو باری بزرگ به مسقط حمله کرد. از آنجایی که مسقط از موقعیت سوق‌الجیشی و قلعه و باروی محکمی برخوردار بود محاصره دژ آن چهار ماه طول کشید تا اینکه نهایتا نیروهای عمانی موفق شدند وارد قلعه شده و پرتقالیان را وادار به تسلیم کنند. وی سپس درصدد گسترش حوزه عملیات ناوگان دریایی‌اش به خلیج فارس، ظاهرا به انگیزه جلب همکاری ساکنان سواحل خلیج فارس برای جنگ علیه پرتقالی‌ها اما در واقع به منظور دنبال کردن اهداف توسعه طلبانه خود جهت کسب موقعیت تجاری در نواحی مجاور بندرعباس و بندر کنگ که در آن ایام رقیبان اصلی بنادر عمان محسوب می‌شدند، با روسای طوایف ساکن سواحل یعنی روسای قبایل عرب و بلوچ ساکن بندرعباس و لنگه، ارتباط نزدیک برقرار نمود.

آنها سپس پرتقالی‌ها را از بنادر صور و صحار بیرون راندند و بر نواحی ساحلی دیگری که پرتقالیان در آنها حضور نداشتند نیز چیره گشته و بدین وسیله تسلط خود را بر بنادر عمان کامل نمودند. پرتقالی‌ها با از دست دادن مسقط آخرین پناهگاه خود را در عمان و مهمترین پایگاه‌های تجاری خود را در منطقه از دست دادند. بدین صورت، بندر کنگ به آخرین پناهگاه تجاری آنها در خلیج فارس تبدیل گردید.

پررنگ‌تر شدن حضور تجاری پرتقالی‌ها در بندر کنگ موجب رونق گرفتن این بندر و سود سرشار آن گردید. اما پرتقالی‌ها پس از مدتی پایداری، سرانجام در سال ۱۰۶۰ هـ ق / ۱۶۵۰

م تسلیم امیر مسقط شده و برای همیشه مسقط را ترک کردند. با اخراج پرتقالی‌ها از مسقط، موقعیت آنان در بندر گنگ نیز تضعیف گردید. شهبندر کنگ نیز از پرداخت سهم پرتقالی‌ها سر باز زد. در واقع، قرارداد بندر کنگ تا زمانی که پرتقالی‌ها در مسقط مسلط بودند اجرا شد اما از سال ۱۰۶۰ هق / ۱۶۵۰ م یعنی در زمان سلطنت شاه عباس دوم و اخراج پرتقالیان از مسقط، دولت ایران از ادامه اجرای مفاد قرارداد سرباز زد و به جای پرداخت سالانه صد هزار تومان بابت درآمد گمرکی بندر گنگ به آنها، تنها یک دهم درآمد گمرک یعنی ده هزار تومان به آنها داده می‌شد. تا اینکه نائب السلطنه پرتقال در هندوستان سفیری به دربار شاه عباس دوم فرستاد و طرفین موافقت نمودند که دولت ایران سالانه مبلغ سی هزار تومان (پانزده هزار اکو) بابت عوائد گمرکی بندر کنگ به آنها پرداخت نماید و ایشان از تمام حقوق خود در سواحل ایران چشم بپوشند.

در سال ۱۶۶۶ م، شاه عباس دوم درگذشت و پسرش شاه سلیمان (شاه صفی دوم) بر تخت سلطنت نشست.

خلاصه

در این بخش روابط ایران و پرتقال در دوره شاه سلیمان، هشتمین پادشاه صفوی (۱۱۰۵ – ۱۰۷۷ هـ ق / ۱۶۹۴ – ۱۶۶۶ م)، بازگو می‌شود. اطلاعات این فصل برگرفته از منابع [2]، [4] و [10] می‌باشد.

بندر کنگ حیات اقتصادی خود را با حضور پرتقالی‌ها آغاز نمود و حدود یک قرن بعد به عنوان یکی از بنادر اصلی تبادل کالا در خلیج فارس و رقیب اصلی بنادر مسقط و تا حدودی بندرعباس گردید. اما این موفقیت پایدار نبود و با حمله امام مسقط در سال ۱۱۰۱ هـ ق / ۱۶۹۵ به بندر کنگ، دوره‌ای همراه با ناامنی، جنگ و افول اقتصادی برای این بندر رقم خورد.

شاه سلیمان (۱۱۰۵- ۱۰۷۷ هـ ق)

شاه سلیمان با نام قبلی شاه صفی دوم، فرزند ارشد عباس دوم، پادشاهی نالایق بود و اداره امور کشور توسط صدراعظم وی، شیخعلی خان زنگنه، اداره می‌شد. در زمان حکومت شاه سلیمان، ایران دچار مشکلات داخلی و خارجی فراوانی گردید. از یک سو قحطی و طاعون سراسر کشور را فراگرفته بود و از سوی دیگر عثمانی‌ها مجددا چشم به ایران دوختند. قزاق‌ها نیز بر ولایت ساحلی دریای خزر به طور ناگهانی یورش بردند. و این در حالی بود که شاه نیز در اثر بیماری نقرس و مصرف زیاد مشروبات الکلی روز به روز بیمارتر می‌شد.

اوضاع اقتصادی بندر کنگ همچنان پررونق بود تا اینکه در سال ۱۰۸۵ هـ ق /۱۷۴۴ م در نحوه پرداخت عواید گمرکی این بندر مشکلاتی پدید آمد. پس از شکایات و مذاکرات، سرانجام شاه سلیمان صفوی در سال ۱۰۹۰ طی ابلاغ دستورالعملی به حاکم کنگ، خواهان پرداخت حقوق گمرکی پرتقالی‌ها شد. در همان هنگام مذاکراتی نیز میان مقامات دو دولت مبنی بر عقد توافقنامه‌ای میان فرمانده پرتقالی موسوم به ژنرال دم رودریگو دوداکشتا Dom Rodrigo de Dacosta و مامور مالیه ایرانی (شهبندر کنگ) صورت گرفت و به تصویب رسید.

به موجب این قرارداد طرفین درباره موارد ذیل موافقت نمودند: پرداخت یکجای وجوه پرداخت نشده به پرتقال که جمعا بالغ بر نه هزار تومان شده بود، پرداخت سالیانه مبلغ هزار تومان حق‌السهم به مامور پرتقالی و صد تومان بابت هزینه زندگی و خوراک نماینده

تجاری پرتقال در بندر کنگ، معافیت کشتی‌های پرتقالی حمل کالای پادشاه از پرداخت مالیات، دادن تسهیلات به پرتقالی‌ها و کشتی‌های تجاری آنها، تحویل افرادی که از ناوگان پرتقالی فرار کرده‌اند و برافراشته ماندن پرچم پرتقالی بر فراز مقر گمرک پرتقالی‌ها در بندر کنگ. [10] ص. ۱۱۰

هشت سال بعد، قرارداد دیگری میان ایرانیان و پرتقالیان منعقد شد. بدین ترتیب بندر کنگ - و به تبع آن بندر لنگه - در جنوب ایران رونق اقتصادی فراوان یافت و مرکز تجاری مهمی شد. رشد و ترقی بندر کنگ موجب نگرانی حاکم مسقط به خصوص رئیس سلسله عمانی گردید. از نظر وی بندر کنگ و بندرعباس رقیبان جدی بندر مسقط به شمار می‌آمدند. بنابراین وی از سال ۱۱۰۱ هـ.ق / ۱۶۹۵ م به بعد، اقدامات نظامی خود را بر علیه بندرعباس و کنگ معطوف نمود.

در سال ۱۱۰۱ هـ.ق / ۱۶۹۵ م امام مسقط با پانزده کشتی به بندر کنگ حمله کرد و با برخورداری از حمایت ساکنان پس از گلوله باران بندر، وارد شهر شده و همه چیز را به غارت برد.

دوره سی و پنج ساله پایانی حکومت صفوی (۱۱۳۵ - ۱۱۰۰ هـ.ق) برای بندر کنگ و نواحی اطراف آن، دوره‌ای همراه با ناامنی، جنگ و افول اقتصادی بود. با شکل‌گیری قدرت امام مسقط و اخراج پرتقالی‌ها از سواحل عمان و مصادره کشتی‌های آنان، حمله به ناوگان‌های خارجی و تصرف آنها و مصادره کشتی‌های تاجران هندی، عرب‌های عمانی به قدرت دریایی رسیدند.

شاه سلیمان پس از ۲۸ سال سلطنت در سال ۱۰۷۳ هـ.ق / ۱۶۹۴ م به علت بیماری نقرس و یا نوشیدن زیاد شراب درگذشت و پسرش شاه سلطان حسین جانشین وی گردید.

فصل چهارم

قرن هجدهم

خلاصه

در این بخش روابط ایران و پرتقال در دوره شاه سلطان حسین، نهمین و آخرین پادشاه صفوی (۱۱۳۵ – ۱۱۰۵ هق / ۱۷۲۲ – ۱۶۹۴ م)، بازگو می‌شود. اطلاعات این فصل برگرفته از منابع [2]، [10] و [13] و سایت‌های تابناک (Professional News site) و ایسنا (Iranian Students´ News Agency) می‌باشد.

در دهه‌های پایانی حکومت صفویان، با قدرت گرفتن امام مسقط در دریا و توسعه طلبی‌های دریایی تجاری وی در دیگر مناطق خلیج فارس، دشمنی دیرینه او با پرتقالیان و بنابراین حملات مکرر به منافع آنها در بندر کنگ، شرایط سیاسی و نظامی ناامنی را بوجود آورده بود و این تهدید و ارعاب‌ها از سال ۱۱۰۵ تا ۱۱۳۵ به مدت سی سال ادامه یافت. تحت این شرایط پرتقالی‌ها در اثر ناهماهنگی‌های مسئولان اداری ایران در جهت تامین امنیت و کاروانهای تجاری و عدم توجه کافی دربار به این مسائل موجب گردید بسیار تحت فشار قرار گرفته و قادر به ادامه حیات اقتصادی خود نبودند تا اینکه آخرین پایگاه خود را در خلیج فارس ترک کردند. بندر کنگ نیز که سرنوشتش به حضور پرتقالی‌ها بستگی داشت، با رفتن آنها رکود نمود و اهمیت استراتژیکی خود را از دست داد.

شاه سلطان حسین (۱۱۳۵- ۱۱۰۵ هق)

شاه سلطان حسین، آخرین پادشاه دودمان صفوی بود. وی عملا هیچ قدرتی در اداره امور نداشت و البته خود نیز تمایلی به دانستن اتفاقات اطراف خود و یا اقدامی در مقابل آنها از خود نشان نمی‌داد. کشور ایران دچار هرج و مرج گردید. تا اینکه با قیام افغان‌ها، به رهبری محمود افغان و سقوط اصفهان که در آن زمان پایتخت کشور بود، حکومت وی به پایان رسید و عملا سبب فروپاشی دودمان صفویه گردید. در زیر به شرح اوضاع جنوب کشور در این دوره می‌پردازیم.

در دوران پایانی سلطنت صفویآن، بی‌کفایتی مدیران اداری لار و بندر کنگ موجب نارضایتی شدید مردم گردید. عدم آگاهی کامل دولتمردان صفوی از شرایط داخلی و خارجی، اوضاع نابسامانی را برای بندر کنگ بوجود آورد. در واقع، اقتصاد این بندر از سال ۱۱۳۰ هق به بعد کاملا نابود شد.

در سال ۱۱۰۵ هق / ۱۶۹۴ پرتقالی‌ها به دلیل مشکلاتی که در خلیج فارس با آن روبرو

شدند، دارلتجاره خود را در بصره تعطیل نمودند و دوباره به فکر استقرار در هرمز افتادند. در همان روزها، یعنی در دسامبر ۱۶۹۳ و ژانویه ۱۶۹۴ (۱۱۰۶ هق)، اعراب مسقط به بندر کنگ حمله کردند و شهر را غارت کردند و انگلیسی‌ها و هلندی‌ها با وجود داشتن نیروی کافی در خلیج فارس، به سرکوبی آنها هیچ کمکی نکردند.

حملات پی در پی ناوگان امام مسقط به بندر کنگ و بحرین به تدریج توان اقتصادی کنگ را فلج نمود. تهاجمات وی به بندر کنگ و دشمنی میان او و پرتقالیان، موجب نزدیک شدن ایران و پرتقال جهت مبارزه مشترک علیه وی گردید. بدین صورت که نائب السلطنه پرتقال در هند به شاه ایران پیشنهاد کمک دریایی علیه امام مسقط نمود و ناوگان دریایی پرتقال به فرماندهی فرانسیسکو پریرا داسیلوا به خلیج فارس اعزام شد. نائب السلطنه محرمانه از فرانسیسکو خواسته بود که چنانچه امام مسقط به وی پیشنهاد صلح داد تنها در صورت واگذاری یک قلعه در مسقط و پرداخت نیمی از درآمد گمرک و امضای قرارد صلح پیشنهاد وی را بپذیرد.[۳۳]

در سال ۱۱۰۷ هق / ۱۶۹۶ میان دو دولت رونوشت یک قرارداد تجاری تهیه گردید. پیشنهادات نائب السلطنه در مورد قرارداد با ایران به شرح زیر می‌باشد: [2] صص. ۳۹۴-۳۹۳

۱. ایران نیروی زمینی خود را بسیج کرده و پرتقال ۲۰ فروند ناو جنگی برای حمله به عمان در اختیار ایران بگذارد.
۲. پرتقال ۶ فروند قایق جهت دفاع از بندر کنگ و ایران کلیه کشتی‌ها و قایق‌های تاجران ایرانی را در حمله به مسقط شرکت بدهد.
۳. در طول عملیات جنگی، فرماندهی با فرماندهان پرتقالی باشد.
۴. شاه ایران در هر بار حمله، سالانه مبلغ دو هزار تومان به عنوان مخارج افراد بپردازد.
۵. کشتی‌های دشمن پس از تصرف، تحویل نیروهای پرتقالی داده شود و محموله آنها میان دو طرف تقسیم گردد.
۶. تمامی بنادر ساحلی عمان در صورت تصرف، به استثنای بندر مسقط، متعلق به ایران باشد.
۷. پرتقالی‌ها اجازه‌ی تاسیس دفتر تجاری در کلیه بنادر متصرف شده را داشته باشند و امتیازی مشابه امتیاز بندر کنگ به آنها اعطا شود.

---

[۳۳] اسناد روابط تاریخی ایران و پرتقال «رهنمودهای محرمانه دون پدرو آنتونیو نائب السلطنه به فرانسیسکو پریرا داسیلوا فرمانده دریایی»، ص. ۳۵۵.

۸. هیچ یک از طرفین به طور جداگانه تن به صلح ندهد و با کشورهای دیگر اتحاد نظامی تشکیل ندهد.
۹. فروش باروت و اسلحه به امام مسقط از سوی اروپاییانی که دفاتر تجاری در ایران دارند، ممنوع باشد.
۱۰. درآمد گمرک بندر کنگ مانند سابق بین دو طرف تقسیم گردد.

در روز ۱۲ مارس ۱۶۹۶ (۱۱۰۷ هق)، نائب السلطنه پرتقال در هند سفیری به نام گرگریو فیدالگو Grègorio Pereira Fidalgo را به دربار شاه ایران فرستاد تا متن قرارداد را به امضا رساند. سفیر مذکور در ۲۳ دسامبر به حضور شاه رسید. اما شاه ایران در پاسخ گفت که در طول راه‌هایی که قشون می‌بایست از آنها بگذرد، آب و آذوقه کافی وجود ندارد و امسال نمی‌توان قرارداد را به اجرا گذاشت و باید آن را به سال بعد موکول نمود[۳۴] و بدین صورت اتحاد نظامی عملی نگردید.

به گفته نوائی [10]، دلیل اینکه چرا شاه با وجود آنکه در آن زمان در به در به دنبال متحدی برای حمله به راهزنان عرب خلیج فارس بود و حتی برای این منظور با انگلیسی‌ها و فرانسوی‌ها نیز مذاکره نموده بود، این حمایت داوطلبانه را جواب رد داد، می‌تواند بخاطر عملکرد پرتقالیان در هرمز و خلیج فارس و تجاوز آنها به مردم هرمز و قشم پنداشت. سفیر مذکور نیز بسیار متکبر بوده و رفتار خشنی داشت. وی در لار توقع داشته که حاکم لار به دیدن او برود و در مراسم شرفیابی به حضور شاه که تمام افراد ایرانی و غیر ایرانی از جمله سفرای خارجی در دربار ایران، از اسب پیاده شده و منتظر ورود شاه بودند، وی همچنان سوار بر اسب خود باقی ماند و تنها وقتی که شاه به مقابل او رسید، پیاده شد. این تکبر مورد نارضایتی شاه بود و وعده نائب السلطنه نیز مبنی بر ارسال بیست فروند کشتی جنگی نیز توخالی و بی ارزش می‌نمود. کما آنکه وی تنها سه کشتی به خلیج فارس اعزام نمود که یکی از آنها به علت وزش بادهای مخالف و یا خیانت و مخالفت‌های برخی از ملاحان به گوا بازگشت. ص. ۱۱۳-۱۱۲

با وجود اینکه این قرارداد به امضا نرسید روابط میان ایران و پرتقال قطع نگردید و مکاتبات ادامه داشت. شاه ایران نمی‌خواست تا جواب قطعی از فرانسوی‌ها نگرفته است، به پرتقالی‌ها جواب رد بدهد. پرتقالی‌ها نیز همچنان در پی تصرف مجدد هرمز و بندرعباس بودند. بنابراین حفظ روابط در سیاست هر دو کشور امری ضروری بود.

---

[۳۴] اما وثوقی دلیل آن را به گونه‌ایی دیگر بیان می‌کند: در آن زمان دربار ایران دچار تفرقه و دودستگی شده بود و نمی‌توانست تصمیم قاطعی بگیرد، بنابراین این سفارت بدون کسب نتیجه‌ای لازم بازگشت. [2] ص. ۳۹۴

در سال ۱۱۲۴ هق / ۱۷۱۴ م ناوگان امام مسقط بار دیگر به بندر کنگ حمله نمود. هدف آنها تصرف دفتر تجاری بندر کنگ بود که به ناکامی انجامید. این امر سبب شد که یکبار دیگر پرتقالی‌ها درصدد جلب رضایت شاه ایران برای حمله مشترک به امام مسقط برآیند. در ۲۰ فوریه ۱۷۱۵ م / ۱۱۲۵ هق، ژنرال فرانسیسکو پریرا از طرف نائب السلطنه برای مذاکره با ایران برای اتحاد نظامی عازم ایران شد. در همان هنگام ناوگان امام مسقط به بندر کنگ حمله کرد و محل گمرک پرتقالی‌ها را به آتش کشید و سپس از آنجا دور شد.

اعراب عمان در سال ۱۱۲۸ هق / ۱۷۱۶ م جزیره بحرین، لارک و قشم را به تصرف درآوردند. شاه سلطان حسین که تا آن زمان در انتظار جواب فرانسوی‌ها بود، پس از آنکه از عدم کمک آنها اطمینان یافت، در سال ۱۱۳۱ هق / ۱۷۱۹ م سفیری به نام تهمورس بیک به نزد نائب السلطنه پرتقال در گوا، دم لوئیس دومنسش کندو داالسیرا Dom Luis de Meneses Conde da Ericeira، فرستاد و موافقت خود را به پیشنهاد نبرد مشترک علیه اعراب مسقط اعلام نمود. پرتقالی‌ها به امید بازیافتن موقعیت قبلی خود در خلیج فارس، چند فروند کشتی جنگی اعزام نمودند.

این دو کشور در سال ۱۷۱۹ م (۱۱۳۱ هق) دو بار با اعراب به مبارزه پرداختند. در نبرد اول پرتقالیان با کمک سربازان ایرانی موفق شدند که بحرین را تصرف کنند اما نتوانستند مسقط را بازپس گیرند. آنها در قبال آزادی بحرین، از شاه ایران به عنوان مخارج جنگ، امتیازات تجاری طلب نمودند. شاه ایران موافقت نکرد و تنها پذیرفت که سالانه مبلغ بیست و یک هزار اکو بابت حق‌الزحمه به آنها پرداخت شود.

اما پیش از اینکه نبرد دوم به نتیجه‌ای برسد، افغان‌ها که جزو مردم ایران بودند، به دنبال ظلم و ستم حاکم قندهار[۳۵]، به رهبری محمود افغان بر ایران شوریدند و اصفهان را محاصره کردند. محاصره شهر ماه‌ها به طول انجامید. سرانجام شاه سلطان حسین تسلیم شد و سلطنت را به محمود افغان تقدیم کرد. حملات گسترده بلوچان، افغان‌ها و امام مسقط سبب سقوط حکومت صفویه گردید و همزمان با آن حیات اقتصادی پرتقالی‌ها که از سال ۹۰۵ تا ۱۱۳۵ هجری در بندر کنگ حضور طولانی داشته، در خلیج فارس نیز به طور موقت پایان یافت.

در آوریل ۱۷۲۲ میلادی، تمام مناطق شمالی و جنوبی خلیج فارس، کرانه‌های تنگه هرمز،

---

[۳۵] م- قندهار در زمان شاه عباس دوم به تصرف ایران درآمد.

بوموسا، قشم و بحرین، از حضور پرتقالیان پاک گردید.[۳۶] روز شکست نهایی و خروج پرتقالی‌ها از ایران (روز ۱۰ اردیبهشت)، در تقویم رسمی کشور، روز ملی خلیج فارس نام‌گذاری شده است.[۳۷]

سالهای فروپاشی صفویان دوران پر آشوبی بود. فساد سازمان حکومتی، غارتگری‌های حاکمین شهرها، ولخرجی‌های هنگفت شاه، مالیات‌های کمرشکن، سقوط بازرگانی و نظایر آن، منجر به از هم پاشیدگی کامل اقتصادی ایران و تبعا بندر کنگ گردیده بود. پرتقالی‌ها با دیدن این اوضاع آشفته در بندر کنگ که اساس حضورشان در این بندر منوط و مرتبط با دریافت حق‌السهم گمرکات آن بود، دیگر دلیلی برای ماندن در این شهر نداشته و آخرین پایگاه خود را در خلیج فارس ترک کردند. دو فروند کشتی تجاری به بندر کنگ آمده و وسایل و تجهیزات دفتر تجاری را تخلیه نمود. پرتقالی‌ها پس از آن هم با وجود تلاش‌های گسترده نتوانستند بازگشتی موفقیت آمیز به خلیج فارس داشته باشند.

---

[36] http://www.tabnak.ir/fa/news/397119/392--سال-۴۴-سال-پس-از-آزادی-خلیج-فارس-و-پس-از-جدایی-بحرین

[37] http://isna.ir/fa/print/94021006090/-خلیج-فارس-برای-همیشه

۹۵

خلاصه

در این بخش که تاریخ حضور پرتقالیان در ایران در دوره شاه تهماسب دوم، دهمین و آخرین پادشاه دودمان صفوی (۱۱۴۸ – ۱۱۳۵ هـق / ۱۷۳۲ – ۱۷۲۲ م)، به پایان می‌رسد، روابط ایران و پرتقال mm مورد بررسی واقع می‌گردد. اطلاعات این فصل برگرفته از منابع [1]، [4] و [10]، سایت دانشنامه شهری ایران (citypedia.ir)، ماهنامه اینترنتی ایران دیدار (Online Periodical of IranDidar)، و سایت رسمی سفارت ایران در لیسبون می‌باشد.

شاه تهماسب دوم (۱۱۴۸ – ۱۱۳۵ هـق)

اگرچه با تسلیم تاج پادشاهی به محمود افغان، سلسله صفوی به پایان رسید، دو فرد دیگر از این دودمان همچنان نام پادشاهی بر خود داشتند: شاه تهماسب دوم و شاه عباس سوم. این دو شاه را شاهان اسمی صفویه می‌نامند.

در سال ۱۷۲۳ میلادی، شاه تهماسب دوم، فرزند شاه سلطان حسین، که از اصفهان به قزوین گریخته بود، خود را پادشاه ایران خواند. وی برای مدتی بر بخشی از ایران حکومت کرد اما در سال ۱۷۲۹ میلادی، وی به دنبال عقد یک قرارداد نامساعد صلح، از عثمانی شکست خورد. نادر قلی (نادر شاه) از سرداران سپاه شاه تهماسب دوم و بعدها حکمران خراسان، به بهانه انعقاد معاهده صلح، وی را از سلطنت برکنار و شاه عباس سوم را شاه خواند و برای حفظ قدرت خود را نایب السلطنه نامید. نادرشاه در سال ۱۷۳۶ میلادی شاه عباس سوم را نیز برکنار نمود و خود بر تخت نشست. آخرین پادشاه صفوی، عباس سوم، در سن شش سالگی درگذشت.

در زمان شاه تهماسب دوم، یعنی در سال ۱۱۴۲ هـق / اکتبر ۱۷۲۹ م، پرتقالی‌ها برای تصرف مجدد هرمز و بحرین تلاش‌هایی نمودند اما این تلاش‌ها نافرجام ماند و با روی کار آمدن نادر شاه دفتر ۲۳۰ ساله روابط ایران و پرتقال بسته شد و پرتقالیان متجاوز ستمگر مغرور و متکبر از سال ۱۷۳۰ به بعد خلیج فارس و ایران را رها کردند. [10] ص. ۱۱۳

پرتقالیان با وجود رقیبان سرسختی همچون انگلیسی‌ها و هلندی‌ها در بازرگانی آسیا و به علت تحلیل قدرت دریایی‌اشان در صده هفده، سرانجام پایگاه‌های خود را در جزیره ملوک، سراندیب (سیلان) و بخش عظیمی از اراضی هندوستان به رقیبان خود واگذار کردند.

از نیمه قرن هجدهم تا سال ۱۳۵۰ هجری شمسی که سفارتخانه پرتقال در ایران باز شد، روابط سیستماتیکی میان این دو کشور وجود نداشته است. (سفارت ایران در پرتقال در سال ۱۳۶۳ هجری شمسی بازگشایی شد.)[۳۸]

با وجود آنکه ۳۹۴ سال از زمانی که پرتقالی‌ها از ایران خارج شدند، می‌گذرد، بقایای قلعه‌های پرتقالی واقع در بیشتر مناطق حاشیه خلیج فارس، مانند بندر قشم، کنگ، عمان، راس الخیمه، قشم، جزیره هرمز وجاهای دیگر، هنوز بخشی از جذابیت‌های توریستی ایران را تشکیل می‌دهند. در زیر تصاویری از قلعه قشم، قلعه چابهار و دژ هرمز مشاهده می‌شود.

قلعه‌ی پرتقالی‌ها

۱. جزیره‌ی قشم[۳۹]

۲. دژ هرمز[۴۰]

38 http://lisbon.mfa.ir/index.aspx?fkeyid=&siteid=54&pageid=8869

39 http://irandidar.com/index.php?option=com_content&task=view&id=30

40 http://irandidar.com/index.php?option=com_content&task=view&id=30

۳. تصاویری از قلعه چابهار[41]

---

[41]http://www.citypedia.ir/قلعه-پرتقالی-ها-چابهار/

٩٩

١٠٠

فصل پنجم

نتیجه

نتیجه

پرتقالی‌ها بیش از حدود صد و سی سال در خلیج فارس حضوری فعال داشتند و جزیره هرمز از مراکز اصلی استقرار آنان بود. آنها، طی قرن شانزدهم و سه دهه نخستین قرن هفدهم میلادی تاثیر بسزایی در تحولات اوضاع سیاسی و اقتصادی جنوب ایران داشتند. از آنجاییکه قدرت و توان نظامی آنها در دریا خلاصه می‌شد، بیشتر حوزه نفوذ آنان در سواحل، جزایر و بنادر بود. از این رو در خصوص ایران نیز حضور آنها تنها به جنوب ایران یعنی حوزه خلیج فارس، محدود می‌شد.

کشف راه دریایی جنوب آفریقا توسط آنها، در آغاز لطمه بزرگی به بازرگانی زمینی ایران وارد آورد. تا پیش از آن ایران به علت موقعیت جغرافیایی خود راه اصلی انتقال ابریشم و کالاهای شرق از چین و هندوستان به اروپا بود. با کشف راه دریایی، بازرگانان اروپایی ترجیح دادند کالاهای خود را با کشتی به مقصدهای خود برسانند و دیگر نگران عدم امنیت راه‌های زمینی و وجود راهزنان نباشند. بدین صورت ایران اهمیت بازرگانی زمینی خود را از دست داد. با این وجود، با داشتن خلیج فارس همچنان مرکز مهم بازرگانی میان شرق و غرب به شمار می‌آمد.

پرتقالی‌ها پس از تسلط بر خلیج فارس، در جزیره هرمز دژی ساخته تا بتواند بر عبور و مرور کشتی‌ها در آبهای خلیج فارس نظارت داشته و بدین وسیله پایگاه مهم دریایی خود را در جزیره حفظ نمایند. آنها انبارهای بزرگی برای نگهداری کالاهای بازرگانی خود در جزیره بنا نمودند.

به دنبال مرگ آلبوکرک، پرتقالی‌ها شروع به تصرف و تسخیر سرزمین‌های تحت تسلط امیر هرمز نمودند، بر بحرین و بندر گمبرون استیلا یافته و در بندر گمبرون دژی بنا نمودند و ناوهای جنگی خود را آنجا مستقر کردند. آنها در امور بندرهای خلیج فارس دخالت می‌کردند و با ایرانیان بدرفتاری کرده و نیازمندی‌های خود را با بهای کمتر از قیمت آنها پرداخت نموده و یا در قبال آن کالاهای بی ارزشی که مورد نیاز مردم جنوب نبوده، به آنها تحویل می‌دادند. آنها به هیچ کشتی‌ای بجز کشتی‌های پرتقالی اجازه عبور از آبهای خلیج فارس را نمی‌دادند و و یا در قبال دریافت مبلغ هنگفتی به آنها پروانه عبور می‌دادند و به نوعی به این دزدی دریایی خود ادامه می‌دادند. بازرگانان ایرانی نیز که می‌خواستند برای رفتن به هندوستان، از جزیره هرمز عبور کنند می‌بایست ابتدا پروانه عبور از ماموران پرتقالی دریافت می‌کردند و گاهی مجبور بودند کالاهای انبار آنها را با قیمت تعین شده آنها خریداری کنند.

اشغال بنادر و جزایر آن، رفتارهای خشن و بی‌رحمانه، تحمیل سلطه‌ی استعماری و

قراردادهای سیاسی و تجاری ناعادلانه و ظالمانه آنها سبب خشم و انزجار و قیام‌های مردمی در شهرهای مختلف گردید.

با این اوضاع و با وجود قصد شاه عباس در استفاده نکردن از راه‌های عثمانی جهت حمل ابریشم به کشورهای اروپایی و باز کردن راه‌های بازرگانی خلیج فارس به روی تمام بازرگان آسیایی و اروپایی جهت توسعه اقتصادی ایران، وی مصمم گردید که پرتقالیان را از جزیره هرمز بیرون کند. از این رو شاه عباس با نمایندگان کمپانی هند شرقی انگلستان به مذاکره نشست و در قبال اعطای امتیازاتی چون انحصار تجارت ابریشم به آنها، از آنها خواست که در نبرد علیه پرتقالیان به او کمک کنند. این شد که شاه عباس اول به کمک انگلیسی‌ها توانست پرتقالی‌ها را از هرمز بیرون کند.

اما بیرون راندن پرتقالی‌ها از هرمز به منزله خروج کامل آنها از خلیج فارس نبود. آنها بندر جاسک را برای استقرار نیروهای خود و بندر کنگ را محلی برای استقرار دفاتر تجاری خود برگزیدند. حضور پرتقالیان در بندر کنگ کاملا متفاوت از حضور آنها در جزیره هرمز بود چرا که ایران با عقد قراردادی تجاری بندر کنگ با پرتقالیان و ایجاد تعهد تجاری و اقتصادی در منطقه برای آنها، آنان را از عملیات نظامی دور ساخت. بدین صورت بندر کنگ در این دوره بسیار رشد و ترقی نمود. تا اینکه با ظهور امامان مسقط و نگرانی آنها از این رقیب تجاری و به دنبال شورش آنها در مقابل تسلط تجاری پرتقالی‌ها، پرتقالیان آخرین پناهگاه خود را نیز از دست داده و به طور کل ایران را ترک کردند.

مراجع ذکر شده در متن

[1] م. پارسادوست، شاه عباس اول: پادشاهی با درس‌هایی که باید فراگرفت، جلد ج ۲، تهران: انتشار شرکت سهامی، ۱۳۹۳.

[2] م. ب. وثوقی، پرتقال در خلیج فارس، تهران: وزارت امور خارجه، مرکز چاپ و انتشارات، ۱۳۹۰.

[3] ح. صفاکیش، صفویان در گذرگاه تاریخ، تهران: سخن، ۱۳۹۰.

[4] ز. صادقی، تاریخ ایران در عصر صفوی، تهران : بنگاه ترجمه و نشر کتاب پارسه، ۱۳۹۱.

[5] ج. ق. مقامی، "مسئله مرموز در روابط ایران و پرتقال،" *مجله بررسی‌های تاریخی،* جلد ۹، شماره ۳، صص .۲۱۱-۲۸۰، ۱۳۵۲.

[6] ع. ه. مهدوی، تاریخ روابط ایران از ابتدای دوران صفوی تا پایان جنگ جهانی دوم ۱۹۴۵ – ۱۵۰۰، تدوین هشتم، تهران: امیرکبیر، ۱۳۸۱.

[۷] خ. بیانی، تاریخ نظامی ایران، جنگ‌های دوره صفویه، تهران: انتشارات ستاد بزرگ ارتشداران، ۱۳۵۳.

[۸] ن. فلسفی، تاریخ روابط ایران و اروپا در دوره صفویه : قسمت اول روابط ایران با پرتقال و اسپانیا و هلند و انگلستان و آلمان، تهران : سازمان کتابهای جیبی، ۱۳۶۱.

[۹] ا. منشی، تاریخ عالم آرای عباسی، دوم تدوین، ا. ایرج، تدوین، تهران: امیرکبیر، ۱۳۵۰.

[۱۰] ع. نوائی، روابط سیاسی و اقتصادی ایران در دوره صفویه، تهران : سمت، ۱۳۷۷.

[۱۱] ا. طاهری، تاریخ سیاسی ایران، از مرگ تیمور تا مرگ شاه عباس، تهران : انتشارات کتاب‌های جیبی، ۱۳۴۹.

[۱۲] م. ا. پناهی سمنانی، شاه عباس کبیر، مرد هزار چهره، تهران: آرمان، ۱۳۶۹.

[۱۳] ا. تاج بخش، تاریخ صفویه، شیراز: نوید شیراز، ۱۲۹۵.

[۱۴] ا. فاضل، شاه عباس دوم صفوی و زمان او، تهران: موسسه فرهنگی هنری ضریح، ۱۳۷۴.

[۱۵] غ. همایون، اسناد مصور اروپاییان از ایران، جلد دوم، تهران : دانشگاه تهران، ۱۳۴۸.

مراجع پیش زمینه

ا. تاج بخش، *تاریخ صفوی* ، شیراز: نوید، ۱۳۸۱.

ح. حاجی پور و ز. نظری لیراوی، پایان اشغال بندر عباس توسط پرتقال و نقش آن در شکوفایی تجارت این بندر در دوره صفویه ، *تاریخ در آیینه پژوهش*، ۱۳۸۰، جلد ۸، شماره ۲، صص. ۱۳۳-۱۵۶.

خ. بیانی، *تاریخ نظامی ایران در دورهٔ صفویه*، تهران: طلوع، ۱۳۸۴.

.

ذ. ثابتیان، *اسناد و نامه های تاریخی دوره صفویه*، تهران: ابن سینا، ۱۳۴۳.

ر. بیطرفان، *سیاست خارجی صفویان در خلیج فارس*، ۱۳۹۳.
http://rasekhoon.net/article/show/715787/سیاست٪۲۰خارجی٪۲۰ص فویان٪۲۰در٪۲۰خلیج٪۲۰فارس

ع. مشایخی، *خلیج فارس و بوشهر* ، بوشهر: مؤسسه مطالعات تاریخ معاصر و بنیاد بوشهرشناسی، ۱۳۸۶.

ع. نوایی، *ایران و جهان از مغول تا قاجاریه*، تهران: نشر هما، ۱۳۶۶.

ع. نوایی، *تاریخ روابط خارجی ایران و اروپا در عصر صفوی* ، تهران: انتشارات ویسمن، ۱۳۷۴.

غ. زعیمی، *تنگه هرمز*، تهران: دفتر پژوهشهای فرهنگی، ۱۳۸۱،

م. حافظ نیا، *خلیج فارس و نقش استراتژیک تنگه هرمز*، تهران: سمت، ۱۳۷۱.

م. شهابی، نگاهی بر امپراتوری باشکوه پارس : *روابط میان ایران و پرتقال در عصر جدید (۱۵۰۷-۱۷۵۰)* (ترجمه)، تهران: انتشارات وزارت امور خارجه، ۱۳۹۴.

م. میراحمدی، *دین و دولت در عصر صفوی*، تهران: انتشارات امیرکبیر، ۱۳۶۳.

م. موسوی، *روابط ایران با اسپانیا و پرتقال در عهد صفوی*، http://www.aftabir.com/articles/view/applied_sciences/geograohy_history/c12_1327754864p1.php/روابط-ایران-با-اسپانیا-و-پرتقال-در-عهد-صفوی.

م. وثوقی، *تاریخ مهاجرت اقوام در خلیج*، شیراز: دانشنامه فارس، ۱۳۸۰.

ن. فلسفی، *تاریخ روابط ایران و اروپا در دورۀ صفویه، قسمت اول*، تهران: چاپخانه ایران، ۱۳۱۶.

ن. فلسفی، *سیاست خارجی ایران در دوران صفویه*، تهران: سازمان کتابهای جیبی، ۱۳۴۱.

ن. فلسفی، *شاه عباس اول*، تهران: انتشارات علمی، ۱۳۶۹.

ن. صالحی، اهمیت و ضرورت ترجمه متون تاریخی عثمانی به زبان فارسی: مطالعه موردی تاریخ عثمان، *پژوهشنامه انتقادی متون و برنامه های علوم انسانی*، ۱۳۹۰، جلد ۱۱، شماره ۲، صص. ۵۱-۶۵.

ه. مهدوی، *تاریخ روابط خارجی ایران (از ابتدای دوران صفویه تا پایان جنگ دوم جهانی) (۱۵۰۰م - ۱۹۴۵م)* ، تهران: انتشارات امیرکبیر، ۱۳۷۵.

Teles e Cunha, João. (2015). *Olha da Grande Pérsia o Império Nobre: Relações entre a Pérsia na Idade Moderna (1507-1750)*, Teerão: Publicações de Ministério dos Negócios Estrangeiros.

۱۱۰

١١١